Walter Mehring

Die höllische Komödie

Drei Dramen

Die Frühe der Städte
Die höllische Komödie
Der Kaufmann von Berlin

Ullstein Taschenbuch

Ullstein Buch Nr. 37028
im Verlag Ullstein GmbH, Frankfurt/M – Berlin – Wien

Ungekürzte Ausgabe

Umschlaggrafik: George Grosz

Printed in Germany 1981
Druck und Verarbeitung: Mohndruck Graphische Betriebe GmbH, Gütersloh
ISBN 3 548 37028 4

August 1981

CIP-Kurztitelaufnahme der Deutschen Bibliothek

Mehring, Walter:
Taschenbuchausgabe: aufgrund d. von Christoph
Buchwald ed. Werkausg. / Walter Mehring. –
Ungekürzte Ausg. – Frankfurt/M; Berlin; Wien:
Ullstein
NE: Buchwald, Christoph [Hrsg.]; Mehring, Walter: [Sammlung]
Die höllische Komödie: 3 Dramen. – 1981.
(Ullstein-Buch; Nr. 37028: Ullstein-Werkausg.)
Enth.: Die Frühe der Städte. – Die höllische
Komödie. – Der Kaufmann von Berlin
ISBN 3-548-37028-4

Inhalt

DIE FRÜHE DER STÄDTE · 7
DIE HÖLLISCHE KOMÖDIE · 39
DER KAUFMANN VON BERLIN · 135

Die Frühe der Städte

I. Bild

Eine weiße Wand
Drei Türen, zu denen Stufen steigen
Ein Tisch
Ein Stuhl
Das grüne Sofa
Das Profil einer ältlichen Frau im Brautschleier

DER SOHN *(erscheint in der Tür trägt die Hacke):* Nie starb und keiner kennt Goldhaar erhängt die Klinge wächst aus allen Räumen

DIE MUTTER *(sitzt)*

DER SOHN: Nie ahnt wo blutend lebt Schnittreife mäht die Träume kahl Um Kreuze Weinen Kreuz zerfällt der Tag Schwarz gittert Gold
Mutter, ich will das Grab bauen Schwesterchens Körper

DIE MUTTER *(lacht)*

DER SOHN *(wirft die Hacke ins Zimmer)*

DIE MUTTER *(geht nach der Hacke durch das Zimmer)*

DER SOHN: O Du ja Du nach allem kommst Du geschlichen Meine Schwester hast Du auch

DIE MUTTER *(legt die Hacke auf den Tisch)*

DER SOHN *(hängt nach der Hacke)*

DIE MUTTER *(lächelt flicht ihr goldenes Haar)*

DER SOHN *(streckt die Hand aus):* Schwesterchen

DIE MUTTER *(Schwesterchens Stimme):* Brüderchen Willst Du nicht neben mir sitzen

DER SOHN: O Mutter Du trugst mich über harte Erde In Deinem Schoße wurzeln meine Wunden Du hast mich aus der Welt gelöst

DIE MUTTER: Du bist ja mein *(führt ihn an der Hand zum Tisch)*

DER SOHN: Du mußt mir sagen wo Sie ruft immer Aus allen Nächten Die Tage schrein Ruft Mutter Und Streicheln splittern weiche Hände mich.

DIE MUTTER *(ohne Bewegung)*

DER SOHN *(greift)*

DIE MUTTER *(blickt nach der Hacke)*

DER SOHN: Ich knie ja Und Du hast sie geboren Ich bete Und Du hast sie geboren Du trugst das Grab in alle Welt Auf fremder Trauer wachsen meine Tränen.

DIE MUTTER *(summt und streicht das Haar):* Dein Vater, der die Welt gebaut

DER SOHN: Ich will das Grab bauen ich will den Himmel schließen Ich will die Welt in meine Träume sargen, damit ich an ihrem Grabe knie.

DIE MUTTER:

Zwei Sterne die am Kreuze stehn
Die strahlen alle Augen blind
Ein goldener und ein weißer
Schlaf Kindchen schlaf

DER SOHN: Wie schön Du bist Mutter Du wölbst Dich heilig über mir Rings um die Schmerzen brennen Deine Worte Stern tropft Dein Schaun Mein Leben rauscht zur Tiefe Deines Schoßes

DER SCHLEIER *(strömt)*

DIE MUTTER *(öffnet sich)*

DER SOHN: Schwesterchen

DIE MUTTER *(heiß inbrunstend):* Küsse mich

DER SOHN *(graust zurück)*

DIE MUTTER *(nah):* Du Kind meiner Liebe

DER SOHN: Wie Du alt bist

DIE MUTTER *(hüllt den Schleier um)*

PASSANTEN gehen vorüber grüßen tief

TRAUERNDE sammeln sich vor der mittleren Tür

DER SOHN *(geht mitten durch die Trauernden)*

DER SOHN: Wer ist die Tote

MANN: Wir hatten so gehofft

DER SOHN: Ist meine Schwester in dem Haus

FRAU: Die arme Seele hatte sich zu Tod verflogen Die kalten Mauern

DER SOHN: Das Haus sargt uns ja alle ein

DIE HACKE reißt die Hände hoch

MANN *(tritt zwischen):* Ihr Vater hat die Stadt gebaut

DIE MUTTER *(schreitet):* Ich bin die Braut

EIN RUF *(von innen):* Sas Sas

DIE MUTTER *(bebt alle verneigen sich)*

DIE MUTTER: O Du geliebter Bräutigam Öffnet doch die Tür

DIE TÜR *(öffnet nicht)*

SINGEN VON INNEN:

Mein Vater der die Stadt gebaut
Mein Mutter grub den Liebsten ein
Du rot geringt um meinen weißen weißen Hals

DER SCHLEIER *(entblößt den Nacken)*
DER SOHN *(reißt die Hacke hoch)*
DAS LICHT zersplittert   Schreie fliegen auf
DIE MUTTER *(sitzt)*
DER SOHN *(schläft an der linken Tür)*
DER SCHLEIER *(nistet auf dem Tisch)*
EIN MÄDCHEN *(naht von rechts trägt drei graue Beutelchen)*
DAS MÄDCHEN *(geht von Tür zu Tür hängt zwei graue Beutelchen schreitet zum Tisch)*
DIE MUTTER *(trägt einen roten Schal)*
DAS MÄDCHEN: Sonne kriecht nach mir   Mond atmet mich an   Mich fröstelt
DIE MUTTER *(fröstelt)*
DAS MÄDCHEN: Erwachen zehrt den bleichen Tag   Tränenkälte rinnt in meinen Schoß   Eis blüht Sterne meine Hand   Gibt mir den Schleier Mutter
DIE MUTTER *(legt den Schal um sie)*
DAS MÄDCHEN: Wie das brennt Mutter   Es lastet mich nieder
DIE MUTTER: O Kind das ich am Herzen trug   Der Schleier ist so erdenschwer   Ich habe ihn um Dich getragen
DAS MÄDCHEN: Gib mir den Schleier Mutter
DIE MUTTER: Du Wesen, das ich nie gebar   Dich log meine Liebe   Dich starb die Sehnsucht   Dir baut der Vater das Grab unserer Liebe
DAS MÄDCHEN *(greift)*
DIE MUTTER *(blickt nach dem Schleier)*
DER SCHLEIER *(flattert, hängt am Haar des Mädchens)*
DIE MUTTER: Dich trug ich nie   Dich mordet mich Dein Bruder   Und Du schreitest meine Seele himmelüber den leeren Schoß
DIE STIMME des Mädchens *(von innen):* Mein Vater, der die Welt gebaut
DAS MÄDCHEN: Mein Bruder wird die Brücke bauen, die mich zu ihm hinüber trägt

DAS MÄDCHEN *(schreitet blau schreitet hinterher)*
DIE MUTTER *(erlischt)*
DAS ZIMMER *(erlischt)*
DAS MÄDCHEN *(weit hinten):* Ich trage um Dich

EINE ELEKTRISCHE GLOCKE *(lacht an der linken Tür)*
DIE MUTTER *(sitzt)*
DER SOHN *(sitzt)*
DIE LAMPE *(glimmt das Zimmer an)*
DIE ELEKTRISCHE GLOCKE *(läutet schrill weiter)*
EIN KLEID weht die Tür auf
EDITH *(Gelb seide Rosa sieden Knie knospen)*
EDITH: Nein Haben Sie? Die Glocke fiebert Ich sehnte immer Und jetzt sind wir Nachbarn
DER SOHN *(steht)*
EDITH: Ich will das grüne Sofa sehen Wie Sie blicken Sie machen die Lampe blind
DER SOHN *(hebt die Hände)*
EDITH: Kleiner Heiliger Ich will das Zimmer Unser taufen Unsere Schultern werden sich küssen Und wir beten uns nackt
DER SOHN: Nein Sie dürfen nicht Wir haben nur das Sofa Nachts knie ich vor ihrer Tür
EDITH: Ich will auf dem grünen Sofa sitzen Da muß mein Kleid blühen. Wer meine Sehnsucht pflanzen kann Ihre Blicke knospen
DER SOHN: Noch nie kam jemand Durch alle Türen gingen nur Fremd weidet kahl Du nahst Dich nah in meine Seele Dich und waldest Dich um meine Einsamkeit
EDITH: Du Knabe Du mein Gärtner Nun will ich Deine Liebe blühen Nun will ich deine Gluten schatten Deine Blicke beten
DER SOHN: Und führe mich nicht in Enttäuschung

II. Bild

Der goldene Hintergrund
Drei schwarze Türen
Das grüne Sofa
Passanten schreiten ein buntes Band von Passanten Passanten Gewimmel

Die mittlere Tür *(schließt sich)*
Zwei elektrische Glocken *(schrillen)*
Die linke Tür *(wird geöffnet)*

EDITH *(ruft)*: Ich komme schon *(der gelbe Sonnenschirm spannt flug die Stäbe auseinander)* Zu mir kommen alle Vor meiner Tür geht Allewelt Ich bin alle Welt Es hat geklingelt

EIN OFFIZIER *(geht vorüber)*

EDITH: Herr Offizier Ihre Sporen klingeln

DER OFFIZIER: Verzeihung Ich habe mich verabredet Meine Verlobte

EDITH: Wie blutjung Sie sind Ja Männer liebe ich zu wem ich aufblicke Und Ihre Augen stehn am Himmel

DER OFFIZIER: Ich habe gelogen Mein Freund hat sich verlobt

EDITH: Wollen wir Freunde sein? Auf dem grünen Sofa habe ich immer von andern geträumt Wir zwei sind eins

EDITH DER OFFIZIER *(schreiten zum grünen Sofa)*

DER SOHN *(kommt):* Haben Sie den roten Militär gesehen?

PASSANT: Sie spielt mit ihm Draußen hat er drei Kanonen gestürmt sein eigenes Blut getrunken Sie taucht ihre kühlen Hände in seine Schläfe Ihre Liebe spielt Fangeball mit seinen Kinderängsten

DER SOHN: Aber ich baue die Brücke Ich brücke meine Sehnsucht Sternzustern In meinem Nacken fang ich ihr Umflattern Mein Atem tropft in ihres Schreitens Wehn Sturm bläst die Brunst in meiner Seele Segel Mein Sein ertrinkt Und stern ersticht mein Herz Aber ich baue die Brücke Sternzustern brücke ich Dir, Edith, mich

NACHT

Der Offizier hat den blanken Säbel auf den Tisch gelegt, kniet vor ihr

FREUND UND FREUNDIN *(beieinander)*

DER SOHN Begegnen

DER SOHN: Euch suche ich nicht

FREUND UND FREUNDIN: Wir haben uns gefunden

DER SOHN: Ich suche hinüber, weil ich das Glück finden will Morgen ist alles zu Ende

FREUND UND FREUNDIN: Das Glück endet in uns

DER SOHN: Aber die Nacht vergeht

FREUND UND FREUNDIN: Unsere Tage sind unsere Nächte Jetzt ist es Tag

DER SOHN: Jetzt geht die Sonne unter

FREUND UND FREUNDIN:
Wir leben durch alle Tage
Wir leben durch alle Nächte
Wir leben in alle Ewigkeit
Wir leben alles in uns

FREUND UND FREUNDIN
MÄDCHEN
DER SOHN
Begegnen

DER SOHN: Was schreitest Du

MÄDCHEN: Ich schreite tausend Sterne in den gewölbten Himmel

MÄDCHEN: Ein Stern fiel in meine Brust Jetzt blicken alle Leute nach mir

DER SOHN: Was blickst Du

MÄDCHEN: Schmale sehnige Finger greifen nach meinen Sternen herzauf

DER SOHN: Ich greife nach Sternen und lasse sie durch meine schmalen sehnigen Finger rieseln

MÄDCHEN *(stöhnt)*

DER SOHN: Wer greift nach Dir Wer kraust Dein Haar auf Wer greift mit seinen blutenden Fingern nach Deinen nackten Schultern –

MÄDCHEN *(Schellen Kichern)*

DER SOHN: Ich presse meine blutenden Finger um das Silbersicheln Eures Lächelns

DIE MÄDCHEN *(Schellen Kichern)*

DER SOHN: Da fiel ein Stern

FREUND UND FREUNDIN *(beieinander)*
MÄDCHEN
DER SOHN
EDITH DER OFFIZIER
Begegnen

DER SOHN: Warum hast Du mich verlassen

EDITH: Unsere Liebe verließ mich nie Um uns ist Unser Und Du und Unser Und Sterne und Unser Und Tanzen Taumel Küssen Unser alle Erde

DER SOHN: Aber das grüne Sofa

EDITH: Alle knien vor mir Du kleiner Heiliger Und Du leidest für sie um Deiner großen Liebe willen

DER SOHN: Meine Liebe zerreißt die Härte meiner Scham Die Schwäche meiner Liebe, an der Du leidest Mein ganzes Sein zerstücken Himmel Nie Und Ewig kreuzigt mich an Dein Beschreiten

EDITH: Unsere Liebe schreitet in dem Ringe unserer Hände Ewig nie

DIE MÄDCHEN: Nie schließt unsere Hände ineinander Und wir begegnen uns ewig

DER FREUND UND DIE FREUNDIN: Unsere Hände begegnen sich ewig Und wir entringen die Zeit

DER SOHN: Begegnen blutet auf, krampft Ewig Nebeneinander Unser Schreiten weiß um unsere Nacktheit

EDITH: Aber die Scham hat unsere Träume erlöst Du Erlöser was kreuzigst Du die Sehnsucht

MÄDCHEN: Unsere Scham besäumt Rosen unsere Frühe

FREUND UND FREUNDIN: Unsere Scham zerreißt den Glanz der Sterne

DER OFFIZIER: Auf der Schneide meines Schwertes tanzt der Himmel Scham in Scherben

EDITH: Knabenhaar hat mich in Moos gebettet Meine Scham zerprunkt die Knabennacht

ALLE schreiten auseinander

DER SOHN: Herzen hängen in Sternen Brücken auf Hängebrücken tragen mich hinüber Ich brücke mich über den Abgrund der Scham.

EINE ALTE FRAU *(schleicht)*

DIE STERNE *(wandern)*

DER FREUND DIE FREUNDIN *(kreisen)*

EDITH DER OFFIZIER *(fassen sich bei den Händen)*

DIE ALTE FRAU *(bettelt blind):* Mir starb mein Haus Meine Träume kriechen in hohlen Gestirnen unter Gebt goldenes Sein meinem schwarzen Herzen

DIE STERNE *(wandern wandern)*

DIE MÄDCHEN *(knicksen):* Liebe Mutter

FREUND UND FREUNDIN *(werfen einen Stern in ihren Schoß)*

DIE MUTTER *(schleicht)*

EDITH *(erschrickt Goldglanz bricht aus ihr hervor)*

DIE MUTTER: Das Herz Meines Kindes Herz Aus meinen Augen brachst Du mir den Stern Mein blindes Schaun geht betteln »Gebt goldenes Sein« um meines Kindes Herz

DER OFFIZIER *(Edith klammert sich an):* Meine Haare Es verbrennt mich Ihre Blicke Du bekriechen meinen Hals Du Liebster ich bin ja Dein

DER OFFIZIER *(greift die Hände fallen ihm ab)*

DIE ALTE FRAU *(trägt eine Hacke)*

EDITH: Ich liebte ja Ich wußte nie Meine Mutter gebar mich so Meine gute Mutter trug die ganze Welt Meine Brüste wollen überreifen die sie immer gestreichelt Um ihrer tiefen Schmerzen willen Ich log nie nie In alle Ewigkeit Amen

DER SOHN *(springt auf):* Ich erschlug alle Brücken Mich trug kein Hinüber Ich habe vor Eurer Sehnsucht gekniet Da erschlug Gott meine Träume Mein Schlaf ist ausgerodet Meine Träume sind waldeinwärts gewandert Mein Herz pocht an einen leeren Sarg Über mir im Gezweig meiner Nächte singt meiner Schwester Seele von der Brücke ihres goldenen Seins

DIE MUTTER *(erkennt, kriecht heran, fängt Feuer)*

DER SOHN *(reißt empor)*

DER OFFIZIER *(zieht sein flammendes Schwert)*

DIE MUTTER *(sinkt getroffen, betet auf):* Ich trug an aller Welt um Dich Sas Sas hebe meine blinden Augen in Deine Sterne empor.

DAS SCHWERT zerbricht an einer Hacke

Der goldene Hintergrund erdröhnt schwarz
Allen Raum zerschrumpft dunkles Erdröhnen
Alle Fernen (läuten)
Die Sterne (sind untergegangen)
Das Frühlicht (hebt sich, trägt die Ferne)

Über den Türen läuten Glocken
Die rechte Tür *(öffnet sich)*

EIN HERR in Trauer *(trägt einen Kranz)* Es schneit

DER HERR IN TRAUER: Hast Du ihr den weißen Schleier gegeben?

DIE MUTTER *(schleiert die Hände vors Gesicht)*

DER HERR IN TRAUER: Hast Du Deine weißen Hände auf ihr Grab gelegt?

DER HERR IN TRAUER: Siehst Du meine Finger fielen dorr in Deinen Schoß Daraus wuchs meine Sehnsucht kreuz in alle Welt Mein Leiden wuchs aus aller Welt in mich Und ich habe Deine Hände gesegnet, damit sie meine Sehnsucht tragen

DER HERR IN TRAUER *(legt den Kranz an der Türe nieder):* Aber meine Sehnsucht war so unendlich Darum ward sie nie erfüllt Darum erfüllt sie sich in dem Grab unserer Liebe

DER HERR IN TRAUER: Alle Wesen suchen Dich Du Wesen meiner wesenlosen Sehnsucht Alle begehren Dich Du meine Braut Du schreitest die Geliebte Du lächelst ihr Berühren Du streifst alle Heimlichkeit von Deiner Seele Rosenweiß Du bist Aller Seelen Alle Herzen läuten Alle Wesen singen den Psalm Deines goldenen Seins!

Die mittlere Tür *(öffnet weit)*

ALLE erwarten, aber es geschieht nichts

DER HERR IN TRAUER *(fortgewendet, hebt die Hand)* Tausend weiße Hände Der Himmel flockt Hände Schichten sich falten beten greife hinüber in tausend weiße Hände Die Stadt wächst spitz in einen Stern empor Und der Himmel wölbt sich zur Tiefe unserer Träume Die Glocken läuten in die Stadt hinein

DER HERR IN TRAUER

DER SOHN schreiten einander vorüber

FREUND UND FREUNDIN *(schreiten vorüber, reichen dem Herrn die Hand, dankbar):* Du hast uns unsere Stadt gebaut

DER SOHN *(nebenher):* Ich baue die Brücke Euch hinüber

FREUND UND FREUNDIN: Hände ketten Brücken Brücken ketten Herzen Brücken baut die Ewigkeit Tausend Brücken ketten Wir *(schreiten fort)*

DIE MÄDCHEN *(knicksen):* Vater unser

DER SOHN *(nebenher):* Ihr meine Schwestern Nehmt meine schweifende Sehnsucht in Euer Schreiten hinüber

DIE MÄDCHEN *(kichern leise):* Der Mond unser kleiner Bruder Unsere Sterne und unser Vater, der unsere Träume immer den blauen Prinzen schenkt *(schreiten fort)*

DER SOHN *(neben Edith):* Ich habe Dir mein Beten geschenkt Du Blonde hast meine Augen erblindet Schenke mir den Glanz Deiner Nächte

EDITH: Mein kleiner roter Offizier ist ein großer Eroberer

DER SOHN: Aber ich baue die Brücke Uns.

EDITH: Sein gutes Schwert schlägt alle Wege ein *(schreitet fort)*

DER HERR IN TRAUER DIE MUTTER *(stehen beieinander)*
DER SOHN *(schleicht vorbei und sucht):* Sas Sas
VATER UND MUTTER: Wir ruhen Wir Tragenden Wir werden getragen Hinüber schwingt unsere Ruhe
DER SOHN *(suchmüde kauert an der linken Tür)*

III. Bild

Eine weiße Brücke ist empor gewachsen
Ringsum wölbt Blautiefe
Schweigen staut sich Menschen ketten schräg zur Brücke

Blonden *(Edith)*
Der rote Militär *(der Offizier)*
Der Herr in Trauer *(der Vater)*
Schleichenden *(die Mutter)*
Schreitenden *(die Mädchen)*
Kreisenden *(der Freund die Freundin)*
Trauernden *(die Passanten)*

Ganz vorne unter den ersten Sas *(das Wesen)* einen Fuß auf die Brücke gehoben und in sich ruhend.

HÄMMERN *(die Tiefe)*
HARTES KLOPFEN *(die Höhe)*

STEINE *wandern unablässig hinunter hinauf*

STIMMEN HINAUF: Steine runter

STIMMEN HINUNTER: Mensch wir steigen immer Alle Luft geht aus

STIMMEN HINAUF: Reißt doch Stücken Himmel Det Ding steht auch so

STIMMEN HINAUF: Was Ihr Herren immer von oben runter Ausruhn Jeder Atem zentnert Uns zerkeucht das Herz

STIMMEN HINAUF *(brüllen):* Ausruhn – Eisen schient die Brust Sterben muß ewig tragen eingemauert Augen brüllen Tod

STIMMEN HINAUF *(stöhnen):* Mörtel frißt alten Bruder auf Ruht sterben aus den Kopf in den Schoß gelegt Grau frißt alles Sehen auf Kind wimmert so 'n bißchen Licht Kopp is Stein Schläfern sickert rot aus'm Schädel – Kleine Wunde – patscht – heiße Hände – an – die – Backe – – – weich Wat hat'n – Sterne kleenet Wurm

DIE STEINE hängen in der Luft

STIMMEN OBEN *(steigen):* Kerls spannt letzten Atem höher immer höher Wir steigen immer Schwindel schleppt Treppen mitten in die Luft Wer trägt der Himmel lacht Schwindel! Brückenschwindel Ein Stern tanzt seil in einem roten Rock Die Sonne äfft Und tausend Tiefen klettern an meinen Adern in die Brunst der Sterne

DIE STIMMEN *(klettern Wahnsinn in die Angst)*

EIN SEHNSUCHTSSCHREI *(hat sich verstiegen):* Brückenlügen Bogen lachen Die letzte Sehnsucht spannt Nur noch eine Spanne Himmel

STIMMEN HINAB: Vaflucht Da stürzt Köppe die Köppe weg Ich springe die Erde springt Der Mond kommt angeritten Die Himmelängste reiten Alle Sterne wiehern Ich springe Der Abgrund lacht Trümmern

DIE BRÜCKE *(versinkt)*

Weiß hinauf hinab weit und nah
Weiß: Die oberen Bögen der Brücke
Weiß: Die rote Sonne und die Sterne

DER JUNGE OFFIZIER *(sucht Wege atemlos):* Die Ferne waist vor mir die Wege fliehen nah Verirrt raucht der letzte Schlund einer Kanone Kreisrund um kichernde Schrappnells

DER JUNGE OFFIZIER *(sucht Wege herzenlos):* Schrei adert ein letzter Baum Mein Blut verästelt schwarz und schleppt die Einsamkeit Eine Träne küßt meine Augen blind Eine blonde Schleppe löscht mein heißes Sehen

DER JUNGE OFFIZIER *(sucht Wege sonnenlos):* Glühe Haare berieseln mich heiß Rosenrot küßt mich Eiskälte Astern blüten ihr süßes Fleisch Ein blüher Blitz grünt eingefangen mir im Blut Und meine Augen rauschen auf in Schauen

EDITH *(in einem Silberpelz tritt nah hinter ihn):* Du was blaßt Du mein kleiner rosenroter Offizier Ich schäme mich Ich will mich tief in Dir verbergen

DER OFFIZIER *(verschließt seine Blicke)*

EDITH: Was schließt Du Deine Blicke über meinem Licht Ich fürchte mich Ich lasse ewig Deine Küsse in mir brennen Unser Geheimnis bewacht meinen Schlaf

DER OFFIZIER: Edith, mein Sehnen siegt um Deiner Sonnen Tod, aber meine Träume erfroren in Deiner wachen Liebe

EDITH: Was fliehst Du mein Erinnern kleiner Offizier Ich fange Deine Träume in mir ein Ich greife Dich mit meiner blonden Seele Mein Berühren lodert von Deinen Küssen

DER OFFIZIER *(greift zurück ihre Hand)*

EDITH *(schreit auf):* O Du Dein Haß erwürgt alle Heimlichkeit Dein Haß reißt alle Nähe entzwei Und Einsam schließt die Ferne Dich und mich

DAS GRÜNE SOFA hebt das Weiß empor, aber sie sehen es nicht

EDITH DER OFFIZIER *(entschreiten sich)*

Auf der andern Seite

FREUND UND FREUNDIN *(kommen herabgeschritten)*

DER FREUND *(den Rock hochgeschlagen, die Hände in die Taschen gestemmt)*

DIE FREUNDIN *(trägt den Kopf in den Nacken gebürdet)*

DER FREUND *(steht und blickt)*

DIE FREUNDIN *(schreitet, ihre Hände krümmen sich zur Schale)*

DER FREUND: Du schreitest Wir steht ewig stille alle Wege kehren leer in mich zurück

DIE FREUNDIN: Ich kehre ewig unsern Weg zurück und suche, wo wir uns gefunden

DER FREUND: Unsere Wege entringen den Kreis Unsere Ringe zersprengen unsere Finger Und unsere Hände greifen hart sich selbst

DIE FREUNDIN: Ich will Gebet um Deine Wege pflanzen Ich werde überall hervorblühen

DER FREUND: Jetzt schließt uns ewig aus dem Kreis Jetzt schließe ich Dein poches Herz in einen fernsten Stern Jetzt reift mein Herz die Liebe der Planeten

DIE FREUNDIN *(wendet ab, beide schreiten)*

DER FREUND DIE FREUNDIN *(begegnen am grünen Sofa)*

DER FREUND *(reißt an sich hingerissen):* Wir sind Wir ist Wir ist die Welt Unsere Sinne besonnen neue Glut

DIE FREUNDIN: O Du Deine Sinne brausen über meine nackte Seele Mein Atem Du ertrinkt in Deinem Kuß

DER FREUND: Perl perlt Dein Duft in meinem Atem auf Ich schlürfe Rosenrot von Deiner Haut Rausch brennt die Nacht in Tausend einen Morgen

DIE FREUNDIN: O Du willst mich? Wir sind ja Freunde Wir

DIE FREUNDIN: Träume Wir träumten Ich liebe den Tag *(wirrt sich los und läuft fort)*

EINE SCHWARZE TÜR *(schließt schnell zu)*

DER FREUND *(will nach wurzelt fest die Arme starren Strekken)*

KRISTALLE *(wachsen herab)*

DER FREUND *(verwächst kristallen)*

KRISTALLE *(saaten)*

KRISTALLE *(trauben)*

KRISTALLE *(gräsern halmen)*

KRISTALLE *(platzen raketen)*

PALMEN *(kristallen)*

ASTERN *(kristallen)*

KRISTALLE *(wiesen)*

KRISTALLE *(wesen)*

ZWEI WESEN *(Kristalle)*

DIE MÄDCHEN *(tappen durch die Waldeshelle der Kristalle)*

MÄDCHEN: Rankes Licht umspannt meine Knie Ich sinke in die Scham

MÄDCHEN: Helle trinkt die Süße meiner Lippen In meinen Adern wiegt mein müdes Herz

MÄDCHEN: In meinen Lidern wiegt die Helle sich und saugt die Müdigkeit aus meinen Augen

MÄDCHEN: In meinem Schoße samt ein dunkler Stern und Dunkel fruchtet aus zwei kosen Händen

MÄDCHEN: Die Helle zerpflückt mein Herz

MÄDCHEN: Die Helle zerschimmert mein Blut

MÄDCHEN: Weiß schluchzt Birken
MÄDCHEN: Dunkel schluchten Berge
MÄDCHEN: Ich berge mich im Weiß der Birke
DIE MÄDCHEN *(finden die schwarze Tür, läuten)*
DIE GLOCKE *(antwortet nicht)*
DIE MÄDCHEN *(strähnen ihr dunkles Haar)*

EIN KRISTALL *(läutet)*
KRISTALLE *(läuten)*
ALLE KRISTALLE *(läuten)*
Die Fuge der Kristalle
KRISTALL: Haß und Haß
KRISTALL: Haß und Sehnen
KRISTALL: Haß ermordet alle Helle
KRISTALL: Liebe küßt das Dunkel hell
KRISTALL: Haß sehnt Liebe
KRISTALL: Haß küßt Sehnsucht
KRISTALL: Liebe liebt
KRISTALL: Haß die sternenlose Liebe
KRISTALL: Haß die traumverhöhnte Sehnsucht
KRISTALL: Haß vergilbt das Gold der Träume
KRISTALL: Scham und Mitleid
KRISTALL: Haß und Sehnen
KRISTALL: Ich küsse die Träume blond brennt mein Beten
KRISTALL: Ich lache die Sehnsucht Knabennacht samtet das Beet meiner Scham
KRISTALL: Ich trage den erloschenen Stern Ich lösche meine Träume aus Meine Schmerzen lallen Kinderjauchzen
KRISTALL: Dein Kindermund zerlächelt meine Träume
KRISTALL: Meine Liebe hat Dich zum Kind gestreichelt Du Erlöser Wer meine Träume zwingt Mein Lächeln siegt die Sehnsucht aller Welt

KRISTALL: Haß Dein grenzenloses Mitleid
KRISTALL: Haß die uferlose Sehnsucht
KRISTALL: Haß die weltenlose Liebe
KRISTALL: Sehnsucht betet die brünstige Scham
DAS LICHT *(verwächst kristallen)*
DAS WACHSEN *(kristallt)*
DAS RUHEN *(kristallt)*
EIN KRISTALL *(Sas das Wesen):* Ich schreite hinüber Mein Bruder baut von Sternzustern Seine sehnenden Hände tragen

IV. Bild

Die drei Türen weit offen

SAS *(in grauem Kittel, die Haare gelöst, hockt auf der untersten Stufe)*

DER HERR IN TRAUER *(tritt heraus)*

DER HERR IN TRAUER: Deine Augen wachen in meinen Blick Deine goldenen Tänze sind erloschen Fremde spielen mit den Wundern meiner Einsamkeit

SAS *(spielt welke Blätter durch die Finger)*

DER HERR IN TRAUER: Warum beugst Du Deine Augen in meinen Weg Deine Blicke reichen nicht zu mir Mein Warten spannt die lange Zeit und geht Mich trägt die Zeit und meine Flügel reichen um die Erde

SAS *(steht auf und geht fort)*

Ein Haus schmalt weißhart auf
Buschwerk bauscht sich zur Seite

Blauglanz glast über Orange
Auf Wipfeln flimmen Kehlklinger

MÄDCHEN schlendern dreieingefügt
MÄDCHEN: Die Stunde wächst golden reif
MÄDCHEN: Pflücken Pflücken
MÄDCHEN: Morgen ich und morgen reif Wir liebkosen Morgenfrühe
SAS *(reiht sich los):* Wer wartet Ich bin reif Wer wacht Ich komme traumgeschritten Wer küßt Meine Tänze überschütten rosenrot Ich streife den Morgen nackt von meinen Tänzen
MÄDCHEN *(bewundern)* Geheimnis gläsert Deinen Körper
SAS *(hascht mit raffem Griff Geschmeide auf eine gläserne Kugel daran zerspringt)*
SAS *(schrickt zusammen)*
DIE MÄDCHEN *(bergen ihren Kopf in Händen)*
FREUND *(stürmt vor stürzt die Knie ihr zu Füßen)*
DER FREUND: Rette mich Meine Hände morden Du bist auch ein Kind und kannst einen ansehn Wer rettet mich vor meinem Angesicht
DER FREUND: Ich kann nichts sehn Ich sehe alles Die Welt starrt aus zwei brechenden Augen Meine Augen sprangen in zwei Höhlen hinab Blutnacht ist ewige Helle
SAS *(weint auf die gekrampften Hände)*
DER OFFIZIER *(springt Stufen zur mittleren Tür):* Aug um Auge Kein Beten birgt
DER FREUND *(zertritt alle Wege):* Beter lachen Mein Morden höhnt
DER OFFIZIER *(schaudert zurück):* Wir beide waren Kinder
DER FREUND: Wir spielten unsere Sünden
DER OFFIZIER: Wir lachten wie aus Wunden

DER FREUND: Sterne sangen ihr Morden Ein Kind hat geschrien ich spiele mit der Angst der Sterne

DER OFFIZIER *(zieht den Säbel)*

DER SÄBEL *(erschlägt den Offizier)*

DIE MÄDCHEN *(fliehen zu den Büschen)*

Die Büsche schlagen grün zusammen

ZWEI SCHREIE *(kämpfen in den Lüften):* Sas

DER FREUND *(blickt):* Sas

SAS *(blickt):* Meine goldenen Tänze sind erloschen

DER FREUND *(trägt den toten Offizier die Stufen hinan ins Haus)*

Erdreich ausgemuldet

SAS *(löst sich von der Erde empor):* Das Gestern träumt das Heut ist satt Tanze doch mein Schatten Er ist trüb Erloschen sind meine Tänze Klingen schneidet weh die Lüfte

SAS *(legt nieder):* Graben schollert Graben grabt Ich soll nicht mehr jung sein Sie zerren meine Jugend Grabt Sie begehren meine Jugend Grabt ein Scharren kratzt in Erde

SAS: Mein Schauen trug mich Mein Fühlen hielt mich im Schoße Ich schreite fröstelnd Ich Ich trete wache Erde

SAS *(schließt die Hände aneinander)* Stimmlaute surren taumelnd nieder

SAS *(schreit leise auf schiebt mit dem Fuße beiseite schüttet Erde drüber)*

DER HERR IN TRAUER *(verläßt das Haus durch die mittlere Tür)*

SAS: Du gehst zu den Sternen

DER HERR IN TRAUER: Ich gehe zu den Sternen ein Mein Sehnen strahlt aus mir hinüber

SAS: Mein Herz erblaßt in Deinem Gluterschaun Alle Sterne verneigen sich vor Deinem Aufgang

DER HERR IN TRAUER: Alle Sterne erfrieren in der Glut meiner Sinne Der Himmel neigt Die Sterne küssen meinen Glanz

SAS *(bringt dar):* Auf Deinen Lippen sternt mein Leib zu Gott

SAS *(bringt dar):* Aus meinen Tänzen springt mein Herz zu Dir

SAS *(bringt ihr Verzücken dar):* Nimm mich zu Deinen Sternen Vater

DER HERR IN TRAUER *(weicht zurück):* Ich begehre Dich nicht

SAS *(schmiegt den Kopf an seine Hände)*

DER HERR IN TRAUER *(berührt Sas)* Ihre Schultern sinken herab Die Büsche brausen grün auseinander Das Haus lodert weiß in die Sterne

Grün ist Nacht
Blau funkelt Stern
Der weiße Turm
Eine Eisentreppe dreht Spiralen zur Höhe
Ein Toter (liegt weit ausgestreckt)
Passanten (knien zur Seite)

MÄDCHEN *(knien unbeweglich)*

SAS *(Schreiten ins Blau der Sterne)*

ZWEI RUFE *(kreisen):* Sas

SAS *(kreuzt die Arme, preßt den Kopf an die linke Schulter schreitet wühlen tiefen Sand)*

SAS *(blickt)*

DIE STERNE *(schneien blau in brache Augen)*

RUFEN *(die Höhe):* Sas

SAS *(steigt die Eisentreppe in die Höhe)*

Die Mitte des Turmes
Das erste Turmzimmer

DER FREUND *(will zur Tür raus)*

SAS *(erscheint in der Tür)*

DER FREUND: O Du hast Augen Die finden immer

SAS: Ich suche hinüber Hier blickt kein Stern

DER FREUND: Mich findet keiner

SAS: Wir finden beide zu den Sternen

DER FREUND: Kannst Du öffnen? Ein Toter liegt vor der Tür die ganze Stadt

SAS: Zu den Sternen dort finden wir uns

DER FREUND: Ich habe gemordet Wir finden nie in aller Welt Man sucht mich

SAS: Ich habe Dich gefunden

DER FREUND: Man sucht uns

SAS: Wir finden hinüber

DER FREUND: Wir finden beide zu den Sternen beide beide uns hinüber

SAS UND DER FREUND *(strecken die Arme zueinander)* Klagen weht die Türen auf

SAS UND DEM FREUND *(sinken die gestreckten Arme)* Wehklagen wellen wortlos grenzenlos

DER FREUND: Wir fliehen nah uns näher hinüber zu den Sternen

SAS: Die Sterne fliehen Deine Seele weht mein Herz zu Eis Anklagen (tausend) Rufe: Mörder Mörder Uns hinüber Unsern Führer

DER FREUND: Wir werden uns besitzen

SAS: Du hast gemordet

DER FREUND: Ich habe um Dich gemordet

Eine Glocke *(schlägt an)* Glocken schlagen an die Sterne Sternkugeln glocken erdröhnen den Himmelsdom

DER FREUND *(trägt Sas auf seinen Armen in die Sterne)*

Die Höhe des Turmes
Das zweite Turmzimmer
Das grüne Sofa (blickt) Ein einzelner Stern (kreist) Glokken läuten (die Tiefe)

EDITH

DER SOHN

EDITH *(läuft zum grünen Sofa)*

DER SOHN *(ruft an):* Edith

EDITH: Ja

DER SOHN: Nein Du darfst nicht

EDITH: Hast Du Furcht

DER SOHN: Ich glaube nicht an Gespenster

EDITH: Meine rosa Strümpfe von damals

DER SOHN: Meine Träume sind Deine Brücke heute

EDITH: Mein Herz das ist ein Bühnenhaus Ich spiele was die Herzen träumen

DER SOHN: Du spielst meine Träume

EDITH: Ich spiele mit Deinen Träumen

DER SOHN: Du lächelst meine Träume

EDITH: Ich will tanzen

DER SOHN: Du träumst mein Schauen

EDITH: Ich will tanzen

DER SOHN: Ich will Dich

EDITH: Kleiner Heiliger

DER SOHN: Ich bete Dich

EDITH: Rosa ist Heiligenschein um meine Knie

DER SOHN: Ich knie Rosenrot brennt mein Beten

EDITH *(lächelt):* Knien

DER SOHN: Spielen

EDITH: Tanzen

DER SOHN: Beten

EDITH: Narren Gelächter (tausend) Tanzen

EDITH *(lacht)* Beten (tausend): Führe uns hinüber

DER SOHN *(tritt vor Edith hin)*

EDITH *(lacht)*

DER SOHN: Ich trage was ich litt Du spielst mein Leiden Mich trägt Dein Spiel um meine tiefe Liebe

EDITH *(verlacht)* Das Lachen hallt die Glocken wider Der einzelne Stern (hallt) Die Glocken lachen in der Tiefe Der Stern singt (die Höhe) Sas

SAS *(schreitet die Stufen herab zum grünen Sofa)*

EDITH DER SOHN *(stehen nebeneinander)*

STIMMEN (tausend) drohen Höhe Tiefe: Mörder Mörder

SAS *(bricht vor Edith und dem Sohn zusammen)*

EDITH *(streichelt):* Kindchen

SAS *(krümmt in Schmerz zusammen)*

EDITH *(zerrt Sas hoch zu ihm):* Küßt Euch

EDITH *(springt Jauchzen zur Tür)* Zwei elektrische Glokken (schrillen)

DER SOHN *(hält Sas in seinen Armen)* Die drei Türen brechen ein

MENSCHEN (tausend) brechen durch die Türen Zwei weiße Türme rechts und links Eine eiserne Brücke von Turm zu Turm Eine Nische (hält das grüne Sofa)

MENSCHEN massen

DER SOHN *(steht, seine Arme halten Sas)*

MASSEN *(wogen ihr Begehren)*

MENSCHEN: Steine ran die Brücke ran Wir wollen rüber

MENSCHEN: Brücken rüber Über Menschen rüber Unsre Brücken

MENSCHEN: Tanzen rüber Drüben rüber Drüben tanzen

MENSCHEN: Tanzen drüben

MENSCHEN: Lachen drüben

MENSCHEN: Schöne Mädchen drüben

MENSCHEN: So'n schönet Mädchen kann doch tanzen

MENSCHEN: Tanzen Tanzen
MASSEN *(lechzen):* Brücken Brücken
DER SOHN: Ich weihe die Brücke
MENSCHEN: Uns die Brücke Uns die Brücke
MASSEN: Tanzen uns Schöne Mädchen uns die Brücke uns
MENSCHEN: Die Brücke jocht uns nieder Tanzen
DER SOHN *(entschleiert Sas)*
MENSCHEN *(wogen Jubel)*
SAS *(hebt sich in den Tanz)*
MASSEN *(jubeln):* schönet Mädchen
MENSCHEN *(jubeln):* Unser Mädchen
SAS *(hebt sich in den Tanz)*
MASSEN *(jauchzen):* Kindchen
MENSCHEN *(branden):* Unser Kind
SAS *(hebt sich in den Tanz tanzt strauchelt stürzt)*
DER SOHN *(hebt Sas hoch und bettet sie aufs grüne Sofa)*
DIE MASSEN *(brüllen):* Weiter Tanzen
DIE MENSCHEN *(durchbrechen die Massen wogen heran)*
DER SOHN *(steht)*
DIE MENSCHEN *(bogen einen Halbkreis aus)*
DIE MASSEN *(branden Schweigen)*
DIE MENSCHEN *(wogen Schweigen)*
DER SOHN *(betet Schweigen)*
SAS *(öffnet die Hände)*
EIN EINZELNER STERN *(fällt herab in ihre Brust)*
EINE GLOCKE *(läutet)*
MENSCHEN MÜTTER *(wiegen tausend)* Sas
MENSCHEN VÄTER *(beten tausend)* Sas
DER SOHN: Heiliget
DIE MENSCHEN *(knien alle)* Sas
DER SOHN: Ehrfurchtet
DER SOHN: Uns ward geboren

Die Menschen (schauern): Sas
Das Brausen der Städte: Sas
Das Brausen der Glocken: Morgen
Das Jauchzen der Menschen: Morgen
Das weiße Frühlicht brandet den goldenen Tag

Ende

Die Höllische Komödie

Dramatis Personae

In der Unterwelt:

SATAN, *erster Vorsitzender des Höllischen Zentralkomitees*

LILITH, *Kameradin, Chef der roten Teufelinnengarde*

BEELZEBUTH, *Vorsitzender des Inferno des Innern*

ASTAROTH, *Chef der Außerordentlichen Höllenkommission A.H.K.*

ASMODI, *Vorsitzender des Gehenna des Äußeren*

HAMMON, *Vorsitzender des Kommissariats für Finanz und Handel*

BEHEMOTH, *Vorsitzender des Kommissariats für die öffentliche Sicherheit*

ADRAMELECH, *Vorsitzender des Wohlfahrtsausschusses*

LEVIATHAN, *Vorsitzender des Kulturausschusses*

(Außerdem sind alle Genannten Vorsitzende des Terrestinfern)

Teufelsgenossen A, B, C, D, E, spätere Verschwörer
Teufelsgenossen F, G, H

1. Arbeiter 2. Arbeiter 3. Arbeiter 4. Arbeiter Aufseher Ein Neger Prof. Pasch, *Stockholm* Kammerer, *Siebmacher* Walker, *Apotheker*	*Im Schwefelpfuhl*

Die Himmelbraut, *eine Supermondäne*

und auf Erden:

CESARE, *italienischer Soldat, dann Reporter, dann Fürst*
Der schwedische Streichholzkönig

PLUTUS JUNIUS AUDAX	*Deutsche Reporter im Völkerbund*

PAUL BONCOURT, *Député radical-socialiste, attaché à la S.D.N.*
Ein unbekannter Mann
Eine Espe
Eine Eiche
Ein Rabe
Sekretär des Fürsten
Teufel
Teufelinnen
Journalisten
Verstorbene
Engel

Die Schauplätze

I.	Im Phosphor- und Schwefelpfuhl
II.	Schlachtfeld des großen Krieges
III.	Versammlungsraum des Terrestinfern
IV.	Hall im Hôtel des Bergues zu Genf
V.	Spiegelsaal im Gehenna
VI.	Arbeitskabinett des Fürsten
VII.	The Orpheus Bar im Tartarus
VIII.	Wald am Acheron
IX.	Versammlungsraum des Terrestinfern

Zeit von ca. 1915–1930, jedes Bild um etwa zwei Erdjahre später als das vorhergehende.

Alle Personen der Unterwelt sowie Paul Boncourt sind historisch – die andern freie Erfindung.

I. Bild

PROLOG
Andächtige Zuschauer! Konzentrieren Sie sich! Holen Sie tief Atem! Entspannen Sie sich! Versenken Sie sich! Und, wenn der Vorhang aufgeht, werden Sie einen Blick in die Hölle tun. Das ist ganz einfach. Jeder von Ihnen hat wohl schon einmal einen modernen Großbetrieb am Fließband, die Akkordarbeit kennengelernt, sei es aus eigener Erfahrung, sei es aus Statistiken. Was Sie nun gleich zu sehen bekommen, ähnelt einem solchen Industriewerk; nur daß die Tätigkeit jedes einzelnen Werktätigen kollektiv verewigt ist. Einzig unheilbare Krankheiten oder der Tod, der alles gleichmacht, könnten die Indische Komödie stoppen. Aber verändern kann auch die Hölle sie nicht. Denn: »ihr Los – das Los der Verdammten – wird sein der See, der flammt von Feuer und Schwefel«, wie es geschrieben steht in der Apokalypse. Sie befinden sich damit im Schwefel- und Phosphorbad, das dem Purgatorium angegliedert ist und die Behei-

zung liefert. Die Herstellung der Zündhölzer wird hier noch nach dem alten Verfahren betrieben. Die Schwefelmasse, die in einem Backsteinbett vorbeifließt, muß ständig auf 150 Grad Reaumur gehalten werden. Sie formt beim Eintauchen der Hölzchen den Zündholzkopf. Zur Linken befindet sich das Thermometer. Die Treppe im Hintergrund führt zur Aufseherbrücke empor. Von rechts werden die noch rohen Holzstifte eingeschleust; einzeln, später schockweise in siebartigen Rahmen. Dieses System hat sich dank den Konkurrenzkriegen zwischen der kapitalistischen Freihandelswirtschaft und der Klassengemeinschaft kolossal vervollkommnet ... unaufhaltsam, immer rapider – auch seit der Niederschrift dieser Komödie 1930, in der zwei Archetypen der Unter-Weltmacht sich bis auf die Diktatur bekämpfen.

DIE SÜNDER: *(rhythmisch)* Tunken! Ziehen! Tunken – ziehen!

STIMME des AUFSEHER: Wieviel Grad?

DIE SÜNDER: 143,4!

STIMME des AUFSEHER: Nachfeuern!

DIE SÜNDER: Nachfeuern! *(Sie öffnen den Kessel und werfen Kohlen nach)*

NEGER WATSON: *(springt zurück)* Ach! Ach! Heiß!

1. SÜNDER: Na, Du bist doch auch nicht am Nordpol aufgewachsen! *(Gelächter)*

DIE SÜNDER: Tunken! Ziehen! Tunken – ziehen!

NEGER WATSON: *(beginnt zu singen)*

Down! Down!
Goin' down
Ol' Man's River!
We can't stand still
Can't stan' still
When we get up in glory!

Gimme dat ol'time religion
And praise the Lord –
Our Landlord!

1. SÜNDER: Halt's Maul! Zum Verrücktwerden diese ewigen Spirituals!

STIMME des AUFSEHER: Ruhe da unten!

2. SÜNDER: Jawoll, Ruhe! Is ja schon happig genug, daß man hier seine Sünden abschmort! Aber uns mit Negern zusammenzustecken: Pfui Deibel!

AUFSEHER: *(wie der Wind die Treppe runter)* Was hast Du gesagt, Kerl? Sag das noch mal!

2. SÜNDER: Ich hab gesagt . . . ich hab gesagt . . . ich hab garnischt gesagt! . . . Was soll ich denn gesagt haben?

AUFSEHER: Kerrel! Ich hab Ohren, wie 'ne Fledermaus! Du hast gelästert! Du! . . . Und hier sind noch andere, die aufbegehren! Aber ich kenne Euch alle! Ein Muckser noch – und die ganze Bande fliegt ins Schwefelbad!

DIE SÜNDER: *(singen)*

Tunken! Ziehen! Tunken! Ziehen!
Dem Sündenpfuhl willst Du entfliehen?
Was bildest Du Prolet Dir ein
vom Mutterleib kriechst Du zur Hölle rein!
Tunken ziehen!

AUFSEHER: *(brüllt dazwischen)* Wieviel Grad?

DIE SÜNDER: 153 schon!

AUFSEHER: *(auf der Treppe)* Nachfeuern!

3. SÜNDER: Das ist doch die größte Sau vom ganzen Bezirk!

4. SÜNDER: Wenn der vom Dienst ist, das zählt zehnfachen Ablaß!

3. SÜNDER: Den haben sie erschossen, weil er zwei Weiber zu Tode gepeitscht hat!

KAMMERER: In welchen Diensten tat er solches?

4. SÜNDER: So – auf 'ner Gummiplantage!

KAMMERER: Und die Herrschaft?

4. SÜNDER: Na, die sitzen im Himmel! Wo denn sonst?

KAMMERER: Ei, Du Dunnerlittchen! Tat aber solches doch vor die Herrschaft!

4. SÜNDER: Philosophier nicht! Paß auf!

RUFE von rechts: Doppelrahmen!

DIE SÜNDER: Doppelrahmen!

1. SÜNDER: Jawoll! Hier herrscht Hochbetrieb!

2. SÜNDER: Drei Jahre! Wann kommt denn die Ablösung? Die Ablösung?

1. SÜNDER: Ablösung! Von wegen!

4. SÜNDER: Was jetzt runterbefördert wird! das ist Bruch! – Das will eingeheizt sein!

3. SÜNDER: Soviel Sünder hat's schon lange nicht gegeben, seit ich hier bin!

1. SÜNDER: Na ist doch Weltkrieg! Da ist der Umsatz x-fach!

STIMME des AUFSEHER: Aufpassen! Tunken! Ziehen! Tunken – ziehen!

2. SÜNDER: Sag mal, ist Dir eigentlich hier schon mal ein General untergelaufen?

1. SÜNDER: Hast wohl Petroleum gesoffen! General! Die höheren Chargen kriegen doch Extramessen!

3. SÜNDER: Aber das Seelenheil . . . für Alle?

(Allgemeines Gelächter)

1. SÜNDER: Kommunismus, gefällig?

NEGER WATSON: *(beginnt wieder zu singen)*

I hear de bell – an' the whistle
In the hell is room for many more –
Ol' Satan's a-sittin' on a red-hot seat
Burn me – Burn me
Black an' White!
Nearer, my Satan, to Thee!

1. SÜNDER: *(schreit)* Aufpassen! Aufpassen!

(Das Holz des Negers fängt Feuer. – Alles springt zurück. – Des Negers Gesang aus der Feuergarbe)

NEGER WATSON: *(singt)* Hilf Afrika! Schick alle Sonnenglut! Daß sie uns reinbrennt! Christlich-weiß und gut! Hallelujah!

DIE SÜNDER: Abstoppen! Abstoppen! – Ablöschen! – Holt ihn doch raus!

1. SÜNDER: Den hat's weg!

2. SÜNDER: Unfall Pfuhl 18.

AUFSEHER: *(hinunter)* Meldung! Was ist denn kaputt?

1. SÜNDER Kleines Betriebsmalheur!

2. SÜNDER: Der hat sich übersungen.

AUFSEHER: Na was denn? Wer denn nu?

3. SÜNDER: Der Watson! Der, wo sie wegen Streichholzschmuggel in Peru gelyncht haben!

AUFSEHER: Wo ist der Kerl?

4. SÜNDER: Futsch, Herr Aufseher.

1. SÜNDER: Der brennt längst 'ne Etage tiefer!

2. SÜNDER: Ganz gerechte Strafverschärfung! Was hat der's immer mit der Frömmigkeit!

3. SÜNDER: Je mehr man macht, um so tiefer gerät man!

AUFSEHER: Wegschaffen! Weitermachen!

1. SÜNDER: Was denn? Was denn? Auf den Schreck hin können wir doch erst den üblichen Erholungsschluck genehmigen!

AUFSEHER: Keine Müdigkeit vorschützen! Wir kriegen Besuche!

2. SÜNDER: Ach Besuch! Wer will denn nu schon wieder kontrollieren?

AUFSEHER: Kamerad Beelzebuth hat Besichtigung angemeldet! Aber daß mir hier alles nur so blitzt und flitzt! *(ab über die Treppe)*

4. SÜNDER: Beelzebuth! Hast Du gehört? Beelzebuth!

3. SÜNDER: Du, der is anständig!

1. SÜNDER: Anständig? Na, trau Du einem, der unten ist!

3. SÜNDER: Seid doch vernünftig! Den müssen wir uns warm halten!

1. SÜNDER: Warm halten? Das kann er haben! Die Hölle heiß machen, aber radikal!

STIMME von rechts: Aufpassen! Dreifach-Rahmen!

DIE SÜNDER: Aufpassen! Dreifach-Rahmen!

AUFSEHER: Tunken – ziehen! Tunken – ziehen! Tunken – ziehen!

1. SÜNDER: Da hast Du's! Anständig! Schon geht's los!

2. SÜNDER: Man halb so wild, Herr! Mehr als verkohlen kann der ärgste Gauner nich!

(Es treten ein: Kamerad Beelzebuth, Kommissar des Inferno des Innern – Astaroth, Kommissar der Außerordentlichen Kommission – zwei Nebenteufel und Aufseher)

AUFSEHER: *(meldet)* Tunkerabteilung 18! 96 Mann! Höchstleistung 118 Kisten gegen 93 im Vorjahr!

BEELZEBUTH: Danke, Genosse! Wieviel ist denn täglich zu verbrennen?

AUFSEHER: ca. 2000 Mann! Etwa 70% Chargen vom Feldwebel abwärts! Das übrige Mannschaft!

BEELZEBUTH: Na, die treiben es ja ganz munter da oben! Und wieviel schaffen Sie?

AUFSEHER: Fast die Hälfte Genosse! . . . Es sind eben besondere Zeiten! Je länger die Chose dauert, um so bestialischer werden sie! Im Stellungskrieg, wenn sie sich so von beiden Seiten treffen, da fallen ja mal ab und zu ein paar gute Taten ab! Aber jetzt bei der Offensive, da heißt's: rette sich, wer kann! Und da stehen die Sünder bei uns an wie nach Kommißbrot!

ASTAROTH: Ja, wie soll denn das weitergehen?

AUFSEHER: Sowie die neuen Maschinen eintreffen, werden ja wieder Leute von uns frei und können in's Schwefelbad versetzt werden!

1. SÜNDER: Wie denn? Ins Schwefelbad?

AUFSEHER: Maul halten!

2. SÜNDER: Wieso denn wir ins Schwefelbad? Wir haben doch nichts mehr ausgefressen?

3. SÜNDER: Beim besten Willen können wir hier nichts ausfressen!

BEELZEBUTH: *(mit einem gewissen Lächeln zu Astaroth)* Mir scheint, es gärt!

ASTAROTH: Tüchtig hinterhaken! Dann vergeht das!

BEELZEBUTH: So? Ich bin nicht der Meinung Genosse Astaroth, daß man die Frage so löst!

ASTAROTH: Sie werden sich noch den Mund verbrennen, Kamerad!

BEELZEBUTH: Besser den Mund als die Gesinnung! *(zum Aufseher)* Lassen Sie abstoppen! . . . Kinder, hört mal zu! Wie Ihr wißt, sind auf Erden besondere Umstände eingetreten, Umstände, die für uns arbeiten! Eine Umwälzung steht bevor! Jetzt heißt es: durchhalten, jeder Mann – und keine Dummheiten machen! Der Endsieg ist dem sicher, der den Bankrott übersteht! Je mehr sie ins Feuer schicken, die Herren der Oberwelt, um so mehr verstärken sie unsre Reihen! Mit jeder neuen Regierung, die in den Erdkrieg gerissen wird, mit jeder neuen Menschenreserve, die sie hineinpfeffern, häufen sie Sprengstoff unter alles, was ihnen heilig ist: Staat, Glauben und Besitz, bis alles zum Teufel geht! Es muß zum Teufel gehen! Kein Kompromiß mit

BEELZEBUTH: der Erlösung! Wer von der Unterwelt noch von der ewigen Seligkeit träumt, verrät die Bewegung, die uns zu Himmelsstürmern wachsen läßt!

ASTAROTH: Kamerad Beelzebuth führt eine gefährliche Sprache mit den Leuten!

1. SÜNDER: Durchhalten! Das hören wir schon eine Ewigkeit lang!

2. SÜNDER: Endsieg! Paradies! Die alten Redensarten von oben!

BEELZEBUTH: Genossen! Führt jemand Klage!

ASTAROTH: Also, wer hat hier aufzumucken?

BEELZEBUTH: Nicht einschüchtern, Kamerad! ... Genossen, Ihr habt Mut genug, gerade herauszusprechen! Ich gebe Euch dreißig Sekunden! Wählt Eure Wortführer! *(Die Sünder treten zusammen und beraten. Man hört sie sagen: Los, Kammerer! Los, Pasch! Ihr habt die feine Ausdrucksweise!)*

KAMMERER: *(tritt vor)*

ASTAROTH: *(zum Nebenteufel)* Protokoll aufnehmen! Name?

KAMMERER: Kammerer Siebmacher und Erfinder ausch dem Württembergschen!

ASTAROTH: Weswegen hier?

KAMMERER: Ja, ich hab seinerzeit die erschten Zündhölzer gemacht aus Phosphor und Kaliumchlorat!

WALKER: *(tritt vor)* Das ist gelogen! Erste Zündhölzer hab ich gemacht!

KAMMERER: Zündhölzer! Dasch waren ja Raketen! Aber keine Zündhölzer net!

ASTAROTH: Einer nach dem andern! Wer ist der Mann?

KAMMERER: Dies isch der Apotheker Walker ... aus Stockton! Aber dem seine Zündhölzel ...!

ASTAROTH: Keine wissenschaftlichen Vorträge hier!

1. SÜNDER: Schick Du einen Intellektuellen vor!

PASCH: *(tritt vor)* Ich erbitte das Wort!

ASTAROTH: Heißen?

PASCH: Prof. Pasch, Stockholm! Ich muß protestieren! Was jene Herren erfunden haben, war, bei aller Bedeutung, Ursache einer der furchtbarsten Krankheiten: der Phosphornekrose! Ward solche erst als Syphilis verleumdet! Hat über 1000 Arbeiter in einem Betrieb zu Grund gerichtet!

BEELZEBUTH: Ja, das war eine überholte Methode! Wir sind mit der Syphilis in unserm Kampf gegen das Seelenheil nicht weitergekommen!

PASCH: Und darum geht es! Ich habe vor nunmehr 70 Jahren Tändstickor utan Phosphor och Swefel hergestellt! Aber natürlich, die Herren Fabrikanten sträubten sich! Sie fürchteten für ihre Industrie! Ein Leben lang habe ich gekämpft! Nach meinem Tode griffen die Herren dann darauf zurück – und mein Verfahren hat der Industrie meines Landes den Weltmarkt geöffnet! Und nun, hier unten, treffe ich diese alte, verderbliche Art weiter im Gebrauch!

KAMMERER: Ei ja! Da pflichte ich dem gelehrten Herrn Professor bei! Mich haben sie ausgewiesen, weil ich bei den 48ern dabei war – in der Revolution! Ins Narrenhaus haben s' mich gesteckt – mein Laboratorium auf Hohenasperg konfisziert und Geschäfte mit meiner Erfindung gemacht! Das isch unmenschlich, das!

PASCH: Sehen Sie sich doch mal die Arbeiter der andren Pfuhle an, Kameraden! Mit Zahnschmerzen beginnt's; dann stinken sie aus dem Maul, daß sich jeder Teufel ekelt! Dann fangen sie an, zu verfaulen! Das ist keine Sündenbuße mehr! Das ist *irdische* Hölle!

1. SÜNDER: *(tritt vor)* Und deswegen fordern wir: Abschaffung des weißen Phosphors! Einführung hygienischer Maßnahmen! Utan Phosphor och Swefel! Das ist unsere Losung!

ASTAROTH: Diese Losung verstößt gegen die Idee! Auf persönliche Leiden kann hier keine Rücksicht genommen werden! Keine Halbheiten! Keine Schwächlichkeiten! Der weiße Phosphor allein garantiert uns die Vorherrschaft auf dem Weltmarkt! Wir werden Leuten, die sich schon 48 auf der Erde verdächtig gemacht haben, strengstens auf die Finger sehen!

1. SÜNDER: Da hast Du's! Himmel und Hölle einig! Das ist eine Gesellschaft!

BEELZEBUTH: Genossen! Der Kamerad Astaroth hat Euch schon auseinandergesetzt, was unsere verdammte Pflicht und Schuldigkeit ist! Mit rotem Phosphor, mit Milderungen des Infernalischen durch etwas Himmelsgüte, durch einen Sozialismus von oben erobert man sich nicht das Paradies! Laßt Euch nicht verführen durch den Rausch der Gnadenapostel! Verstopft Euch die Ohren gegen das Frohlocken der geretteten Seelen! Antwortet mit Heulen und Zähneklappern gegen die Engelsmusik der paar Auserkorenen, der Seliggesprochenen, der Heiligen! Genossen! Auch in unsere Bezirke ist die Hierarchie eingedrungen! Setzen wir der Hierarchie des Himmels die Anarchie der Unterwelt entgegen! Ohne das werden wir die Welt nicht kurieren, von keiner Syphilis, von keiner Phosphornekrose!

BEELZEBUTH: Ehe wir nicht die heilige Ordnung zwingen, sich selbst und ganz und gar an diesem Feuer zu verbrennen und aufzuflammen in der neuen Flamme einer neuen Weltherrschaft: der unterirdischen! Noch einmal: nicht Verbesserung, nicht Milderung der Fabrikationsteufeleien, sondern Verschärfung ad absurdum! Radikalisierung!

SCHREIE: Hilfe! Zu Hilfe! Die Gase strömen aus! Schwefelgas! Schwefelgas!

1. SÜNDER: Kammerer hat den Abzug geöffnet! Schwefelgas strömt aus! Auf die Erde!

ASTAROTH: Hunde! Wo ist der Ausgang! Das sind Ihre Methoden, Beelzebuth!

STIMME KAMMERERS von der Brücke: Jawohl! Radikalisierung! Schwefelgas auf die Erde!

SCHREIE: Gasmasken her! Wir ersticken! Wir ersticken!

ASTAROTH: *(zum 1. Sünder)* Die Gasmaske her!

SCHREIE: Nieder die Hierarchie! Es gibt keine Hölle mehr!

Und alles verschwindet im Schwefeldampf . . .

II. Bild

Nirgendwo auf irgendeinem Schlachtfeld.

(Im Gasnebel, unerkenntlich, ringen Unwesen um ihre Gasmasken – und zwei Stimmen, die in Todesangst gegeneinander losschreien)

1. STIMME: Veux-tu lacher! Veux-tu lacher?

2. STIMME: Maske her, Du Krepierer!

1. STIMME: Veux-tu lacher? Veux-tu lacher? Nous crevons tous les deux!

2. STIMME: Du oder ich! Maske runter!

1. STIMME: Nom d'une pipe! Sacré Nom de ... – et merde pour toi!

2. STIMME: Du mich auch! Ich ersticke!

1. STIMME: J'étouffe! J'étouffe! Diantre!

2. STIMME: Aber dalli, Du Franzosenbastard!

1. STIMME: Boche! Boche!

BEIDE STIMMEN: *(verröchelnd)* Mutter! Mutter! Maman! Maman!

(Und dann: Schweigen. Der Gasnebel verflüchtet sich – und eine Landschaft taucht auf, die keine mehr ist – nur noch Granatlöcher. – Aus einem Stollen schält sich ein Lehmklumpen mit Gasmaske)

DER LEHMKLUMPEN: *(reißt die Maske ab und holt tief Atem)* Au, verflucht! Hier haben sie aber aufgeräumt! Hier is kein Auge trocken geblieben! . . . *(zu einem andern Lehmklumpen aus einem Erdloch)* Halt! Wer da! Franzose? Français?

DER ZWEITE: *(reißt die Maske ab)* Nonono! tttt! Italiano!

DEUTSCHER: Nanu? Wie kommen denn hier Italiener her? Ich: Deutscher! . . . *(Der Italiener hat das Parabellum gezückt)* Ach, Mensch! laß doch sein! Was hier liejt, schmort schon im Fegefeuer! Alles tot! Ratzekahl!

ITALIENER: Non capisco!

DEUTSCHER: Non capisco? Ich sage: tutti morte! . . . futschicato! Gehen wir ruhig wieder nach Hause! Domo! Domo! Hier können wir nachträglich 'ne Vergiftung abkriejen! Non capisco?

ITALIENER: Si parla francese?

DEUTSCHER: Francese? Oui! Oui! Tout mort! Vous avez fait gaz! et tout crevé!

ITALIENER: Ah no no no! Voi!

DEUTSCHER: Moi? Nous? Wir? Da hört doch alles auf! Ich hab doch deutlich gesehen – is von euren Gräben – eueren tranchés – abgeblasen worden!

ITALIENER: Bugiardo! Menteur! Menteur! Maledetto tedesco!

DEUTSCHER: Was? tedesco? Du ich lang Dir eine! . . . *(geht auf ihn los – langt aus, und läßt die Hand sinken, lachend)* Ach Schiet! Merde! C'est égal! Egale!

ITALIENER: *(grinst, sieht sich um – langt in die Hosentasche, nimmt ein Etui raus)* Prego, Signore!

DEUTSCHER: Au! Mensch! Zigaretten! Bin so frei! Merci! Grazie! Avez-vous feu? Fuoco!

ITALIENER: Ah no no no! Niente!

DEUTSCHER: Doll! Liegt man drei Monate im Feuer! Und wenn man's braucht, hat man's nicht! ... Achso! Nous sommes dans la guerre et n'avons pas feu! *(lacht)*

ITALIENER: *(lacht)* Pronto! *(hebt zwei Steine auf und schlägt Feuer, entzündet ein Stück Papier und bietet an.)*

DEUTSCHER: Merci! Très bon! Prima! ... *(memoriert einen Satz, den er dann umständlich von sich gibt)* Un soldat ... äh ... doit toujours savoir que faire ... Et quand nous hommes savons toujours faire tout seul, sans les fabricants, nous serons sauvés!

ITALIENER: *(begeistert)* Bravo! Bravissimo! I fabbricanti sono i colpevoli!

DEUTSCHER: Oui! Oui! Les Gasmasken-fabricants sont les coupables! Les fabricants ont aussi fait les Gas! Et nous sommes Idioten, nous tuer pour les fabricants! Vous avez fait Gas! ... nee! ich meine das ja nich so! Vous ou nous! ça est égal! ... Aber sach'ma, Mensch! Wie kommst Du bloß an die französische Front ... Pourquoi tu es en France?

ITALIENER: *(blickt erstaunt auf)* Francia?

DEUTSCHER: Was denn! Das hast Du noch garnich gemerkt? Tu ne sais pas?

ITALIENER: Che devvero! C'è la Francia qui?

DEUTSCHER: Na nu schlägt's dreizehn! Na das is ja gelacht! Toi Italiano et moi Allemand! Was haben wir hier eigentlich in Frankreich verloren? Ça ont fait les fabricants!

ITALIENER: *(in furor)* Allora si deve asfissiare i fabbricanti!

DEUTSCHER: Comment?

ITALIENER: Si deve ammazzare i fabbricanti col loro gas – gli uomini dello stato e i generali!

DEUTSCHER: Mensch! Hör auf! Wenn uns einer hier hört! . . . Non! Non! pas tuer les Generäle! C'est défendu! . . . Vielleicht – peut-être – après la guerre!

ITALIENER: Dopo la guerra? Alora noi saremo tutti morti!

DEUTSCHER: Na, es werden schon noch ein paar übrigbleiben, die mit den Herrschaften abrechnen! Aber . . . comment faire!

ITALIENER: Tutti i proletari del mondo devono marciare insieme contro i generali!

DEUTSCHER: Was denn! ensemble marschieren . . . wir . . . gegen die Generäle? Wir sind doch Feinde? Ennemis!

ITALIENER: *(auf ihn zu)* Camerade!

DEUTSCHER: *(schluchzt – greift in die Hintertasche, der Italiener prallt zurück – der Deutsche lacht)* Keene Bange *(reicht ihm eine Flasche)* boire! Schnaps! Ton nom?

ITALIENER: Cesare! di Predappio!

DEUTSCHER: Moi Wilhelm de Berlin! Mensch! Cesare! ham wir das netig gehabt? Wir beide?

ITALIENER: Evviva Guilelmo! Evviva la pace!

DEUTSCHER: Prosit, Cesare! aus . . .

ITALIENER: Predappio! Predappio!

DEUTSCHER: Vivat!

(Peng! hagelt ein Schrapnellregen auf sie nieder)

(Der Deutsche und der Italiener mustern sich Aug in Auge)

ITALIENER: Maledetto tedesco!

DEUTSCHER: Elende Maccaronifresser!

(Dann nehmen sie voreinander Reißaus – in Deckung)

III. Bild

(Nacheinander mischen sich ein: die englische, italienische, russische sowie die Nationalhymnen aller andern kriegführenden Staaten, bis sie einen verworrenen Lärm bilden, der übergeht in das Brausen der Unterwelt.
Sie sehen nun den großen Sitzungssaal des Terrestinfern. Ein nüchterner Hemizykel aus aufsteigenden Holzbänken, der als einzigen Schmuck rote riesige Spruchbänder trägt mit den Aufschriften: Lasciate ogni speranza, voi ch'entrate – Menetekel u-pharsin – Per fas et nefas – The right man in the right place. Zur Linken die Tribünen der Kommissare – im Hintergrund ein großer Paternoster-Aufzug – rechts und links davon englischer Kamin: die Flammen des Fegfeuers.
Bedienstete Teufel sind beschäftigt, die Sitzreihen abzustauben. Eine kleine Gruppe von Teufelsdeputierten steht bereits zusammen – gekleidet wie alle andern in rote Kasacks, rote Hosen, rote Stiefel – auch die Haare sind rot.

Die Teufel A, B, C, D, E, F, G, H.)

TEUFEL E: *(mit Akentasche, kommt sehr geschäftig herein, sieht sich erstaunt um)* Was? Es hat noch nicht angefangen?

TEUFEL A: Die Sitzung ist um eine Stunde verschoben worden!

TEUFEL E: Und ich hab mir die Lunge aus dem Hals gehetzt! Acht Tage unterwegs – ich muß Ihnen gestehen, daß der Eindruck deprimierend war. In Genf ruft Briand unter dem Jubel des ganzen Völkerbundes: Solange ich hier bin, wird es keinen Krieg mehr geben! Und ein Abbé – ich habe mich als Vertreter von Times ausgegeben – ein Abbé hat mich abgeküßt . . . Burrrr! . . . und gesagt: Das sollte unser Erlöser sehen. Aber Er sieht es – Er sieht es! . . . Dann in Berlin: Inflation! Aufstände der Arbeiter in der Ruhr: ganz günstig! Bloß den Sozialdemokraten nicht zu trauen . . . Der Reichspräsident in Gesellschaft der Pfaffen und die Bourgeoisie: Katholiken, Protestanten, Juden geeint in Frömmigkeit, gemildert durch Gottesdienst. In England: Sacharoff nach Ankauf der Vickers-Armstrong Waffenwerke geht zur Beichte . . . In Frankreich Regierung für Errichtung der Papstgesandtschaft. Mit einem Wort: der Sieg, der zum Greifen nahe schien, vernebelt wieder in der Annäherung der Großen. Die Krise ist beigelegt! *(bei diesen Worten ferne Detonationen, er erschrickt)* Was ist denn das?

TEUFEL B: Die Krise ist beigelegt, Kamerad!

TEUFEL C: Etwas Indien! Sie sind ein unverbesserlicher Schwarzseher!

TEUFEL E: Ja, aber ich habe doch mit eigenen Augen . . .

TEUFEL D: Sie haben einige Kleinigkeiten übersehen! z. B. meine bescheidene Mitarbeit zusammen mit Genossen Mammon an der Fusion der Chemietrusts: I. G. Farben

Glanzstoff-General-Electric-Produits chimiques – Spanien ... Amerika ... etc. pp. Gar nicht zu verachten: Fast sämtliche Großstaaten, Wirtschaft, Proletariat eingespannt in die Giftgasproduktion ... Und wenn das zunächst noch utopisch scheint, die Leute werden sich schon – und das wird keine Ewigkeit dauern – dieses Materials bedienen. Denn auf Erden läßt man nichts umkommen!

TEUFEL F: Aber wir, Kamerad, haben ja noch andere Eisen im Fegfeuer: Petroleum, Weizen, Streichhölzer!

TEUFEL E: Da muß ich aber einwenden, daß die Konkurrenz des Sowjetaphta ...

TEUFEL A: *(unterbricht energisch, weil ein vierter hinzutritt)* Pscht! ... Ja, wie gesagt, es ist sehr wahrscheinlich, daß Er sprechen wird!

TEUFEL G: Grüß Satan, meine Herren! Sie sagten, daß Er sprechen wird?

TEUFEL A: Ich sagte nur: es ist wahrscheinlich!

TEUFEL G: Na, da können wir uns ja auf etwas gefaßt machen!

TEUFEL B: Aus was hinauf denn?

TEUFEL G: Beelzebuth hat sich nämlich auch zu Wort gemeldet!

TEUFEL A: Das soll wohl öfter vorkommen!

TEUFEL G: ... als Führer der Opposition!

(Allgemeines mit Mißtrauen gemischtes Erstaunen)

TEUFEL A: In der Hölle eine Opposition?

TEUFEL F: Wenn Sie schon etwas wissen, dann reden Sie doch ... Höllischer als die Hölle kann man doch nicht sein!

TEUFEL G: Da irren Sie aber gewaltig! Gerade die Entwicklung der letzten Erdepoche hat uns eigentlich hier unten als äußerst rückständig gezeigt. Wir waren es zwar, die, wie gewöhnlich, das Ganze inszeniert hatten, aber man muß es der Menschheit lassen: In der Ausführung hat sie uns bei weitem übertroffen. Nehmen Sie bloß mal eins: die Verquickung von Massenmord und Erlösungsfähigkeit! Ja, liebe Freunde, da kommen wir uns wohl leise weinend wie Embryos vor!

TEUFEL C: Erlauben Sie, Kamerad! Das sind doch die alten Tricks aus der Inquisition! Und danach, im dreißigjährigen Religionskrieg hatten sie doch wieder ganz wacker für uns gearbeitet!

TEUFEL A: Und abgesehen davon, haben wir doch den Sozialismus!

TEUFEL G: *(hochironisch)* Wie bitte?

TEUFEL A: Ich meinte: der Sozialismus! ... Opium für das Volk!

DER TEUFEL: Sehr richtig!

TEUFEL G: Ja, aber liebe Freunde! Gerade der Sozialismus ist doch im wesentlichen nichts anderes ... *(unterbricht sich)* Na ja!

TEUFEL F: Zum Teufel! Mach nicht immer bloß Anspielungen! Red schon!

(Langsam füllen sich die Sitzreihen)

TEUFEL G: *(nach einem Blick in die Runde)* Aufklärung des Volkes ... Vertreibung der Popen ... welch infernalische Perspektiven! Aber das menschliche Hirn ist ein zu feiner, zu nervöser Empfangsapparat. Immer wieder ausgesetzt den störenden Schwingungen von Oben! ... Immer wieder wird es vor der Television, vor dem höllischen Funken zurückschrecken ... immer wieder Askese, Entsagung, Unterordnung! Immer wieder, wenn es revoltiert hat, frostet es in der himmlischen Kälte; der starrsten Dogmatik! Auch Christus war mal hier unten auf einen kurzen Besuch ... und die Jakobiner ... und die Sozialdemokraten: was haben sie jetzt: Rangordnung

TEUFEL G: – Richtlinien – Moral! Kameraden! Sie werden mich nicht verraten, wenn ich Ihnen erzähle: der Kampf geht immer wieder los ...

TEUFEL H: *(tritt störend dazwischen)* Sind die Plätze für die Genossin Lilith und die Gefallenen-Engel-Garde reserviert?

TEUFEL E: Ach? Kommt Lilith auch zur Sitzung?

TEUFEL H: Ja! Deswegen haben wir doch die Verzögerung!

TEUFEL A: Natürlich! Wenn Weiber in der Hölle mitreden; man sollte dieser Scheinheiligkeit wirklich nicht so trauen!

TEUFEL F: Wir können doch beim besten Willen nicht Antifeminismus treiben!

TEUFEL A: Die weiblichen Heiligen haben alle in der Hölle angefangen, und dann um so größere Karriere da oben gemacht!

TEUFEL E: Ganz meine Meinung! Der Antrag, den seinerzeit Beelzebuth auf Ausstoßung der Hexen und Ehebrecherinnen ...

TEUFEL B: Beelzebuth? Der interessiert sich aber in letzter Zeit auffällig für Frau Lilith!

TEUFEL H: Schau einer an! Und was sagt dann Satan dazu?

TEUFEL B: Dasselbe, was er zu ihrem Verhältnis mit Mammon gesagt hat!

TEUFEL D: Erlauben Sie gütigst! Das ist gar nicht dasselbe! Mammon ist einer unserer Besten! Die gesamte kapitalistische Macht, Vertrustung, Konzernbildung, Proletarisierung, basiert auf seinen Berechnungen. Es war also linientreu, daß Satan immerhin, zugunsten der Idee, seine persönlichen Empfindungen hintenansetzte! Während bei aller Wertschätzung für den Kameraden Beelzebuth ...

TEUFEL F: Beelzebuth ist der reinste Infernus! Das sage ich Ihnen!

TEUFEL G: Ich danke Ihnen Kamerad!

TEUFEL H: Achso! Das wird hier gespielt? Ohne mich! Mein Glaube ist der Opportunismus ...

(In diesem Moment erhebt sich vom Hintergrund ein klägliches Gewinsel. Satan mit Gefolge tritt ein)

RUFE: Heil Satan! Satan Heil!

(Die Teufel haben sich alle erhoben und stimmen die Infernale an)

Entflammt die Höllenfanale!
Mit Volldampf zur Erde gehetzt!
Stimmt an die Infernale!
Und die Segel des Hasses gesetzt!
Das Steuer des Fortschritts gewendet
Mit Kurs auf den tobenden Wahn,

DIE TEUFEL:

Bis die Fahrt der Vernunft wieder endet
In des Irrglaubens Ozean!
Bis verloren im Sturm sie sich raufen
Und der Nächste den Nächsten verrät
Bis Mensch gegen Mensch sie versaufen
Im Namen der Humanität!
Bis sie sich opfern Stück für Stück
Für ihrer Habgier Sendung!
Zurück! Zurück!
Wohin sie schaun
Schlägt die Verblendung ihren Blick!
Der Sünde unerbittlich Muß
Te Satanam laudamus!

(Satan, jovial grüßend, immer mit seinem verzogenen Lächeln, schreitet langsam mit breiten Schritten zur Tribüne)

TEUFEL G: Ein Affentheater!

TEUFEL A: Seien Sie doch vorsichtig! Um Teufels willen! Seien Sie vorsichtig!

TEUFEL G: *(in Rage)* Gebärden sich, als ob sie im Himmel wären! Diese feierlichen Ovationen . . . Ah! Beelzebuth! Bravo Beelzebuth!

BEELZEBUTH: *(sehr erregt mit einigen Teufeln)* Das kann nicht so weiter gehen! Teufel sind Teufel, ob sie im Schwefelpfuhl arbeiten oder in der erlauchten Kommission! Wäre ja noch schöner, wenn wir den Standpunkt einnähmen: es seien bloß . . . bloß! Sünder!

TEUFEL G: *(enthusiastisch)* Heil Beelzebuth!

EIN TEIL DER LINKEN: Heil Beelzebuth!

TEUFEL A: Die sind ja von allen bösen Geistern verlassen!

BEELZEBUTH: *(winkt seinen Freunden zu und geht händeschüttelnd durch die Reihen)*

(Jetzt haben auch die übrigen Kommissäre ihren Platz auf der Tribüne eingenommen: Astaroth – Asmodi – Adramelech – Leviathan – und Mammon)

SATAN: *(der die ganze Zeit nervös auf den Tisch getrommelt hat, leise zu Astaroth neben ihm)* Ist alles vorbereitet! Sind die Wachen instruiert?

ASTAROTH: Er wird sofort in den Schacht befördert! So oder so!

ADRAMELECH: Es ist wirklich die Frage, ob der Kerl auf Erden nicht noch mehr Unheil anrichtet!

SATAN: Die Erde ist die Fremde! In der Fremde gibt es keinen Zusammenhang! Dort kann man dem Nächsten nicht trauen. Das ganze Menschengeschlecht konspiriert! Das ist das Ende aller Konspirateure!

ASTAROTH: Trau einer dem Beelzebuth!

MAMMON: Na und wenn! Wenn er Mensch unter Menschen wird, macht er ihren Zauber von alleine mit! Wer erst mal in mein Kapitalsystem hineingerät, dem hängen wir hinterher leicht etwas an! Um so treffsicherer werden wir ihn hier unten dann in Empfang nehmen!

LEVIATHAN: Mammon! Du bist ein Köpfchen!

ASTAROTH: Also offener Staatsstreich? Aber mit wem?

SATAN: *(verbissen)* Lieber mit dem Himmel zusammen, als eine Handbreit von unserer Macht! Himmelsmacht oder Höllenmacht! kein System kann ohne . . .

ASTAROTH: Achtung!

BEELZEBUTH: *(ist an die Tribüne getreten)* Sündenfrontheil! Kameraden! Kamerad Satan! Ich habe Dir etwas mitzuteilen! Ich liebe die Offenheit . . .!

SATAN: Es ist mir bekannt, Kamerad Beelzebuth, daß Du an seltsamen Anwandlungen leidest!

BEELZEBUTH: Und mir ist zu Ohren gekommen, daß Du mich kaltstellen willst, was in Anbetracht der mir zuträglichen Temperaturen, meiner Vernichtung gleichkommen würde!

SATAN: Der Kamerad Beelzebuth pflegt immer witzig zu werden, wenn es anderen tierischer Ernst ist! Ich habe mir in meiner Jugend auch manchen Scherz geleistet, aber die Pointe war immer blutig. Mein teurer Kamerad Beelzebuth hat eine Dialektik am Leibe, die mich lebhaft an meinen schlimmsten Gegner *(er spuckt aus)* erinnert!

BEELZEBUTH: Ich bin nicht zu Witzen aufgelegt, wenn es sich darum handelt, ob die Unterwelt zum Satan gehen soll!

SATAN: *(aufgeregt)* Unterlaß diese . . . alttestamentarischen Wortspiele! . . . Warum fangen wir nicht an?

ASTAROTH: Weil uns die Kameradin Lilith warten läßt!

SATAN: *(brüllt so los, daß alle Teufel zusammenfahren, und die Hölle winselt)* Höllenarsch und Wolkenbruch! Die Lilith kommt zur Sitzung? Und kein Deibel sagt mir ein Wort? Aber ich werde Ordnung schaffen, daß Heulen und Zähneklappern ist, bis in unsere Reihen . . . Kamerad Beelzebuth, wann waren Sie das letzte Mal mit der Kameradin Lilith zusammen?

(Nun ist der ganze Saal in Bewegung, um zuzuhören)

BEELZEBUTH: Ich habe sie zufällig auf einer Dienstreise in einer Berliner Bar getroffen!

SATAN: Wer hat hier zu regieren: der Zufall oder ich? Zufälle: das sind himmlische Ausreden! Anhimmeln der Angebeteten! Seligkeit der Wollust! Paradies der Wonne! Mit Stumpf und Stiel müssen diese conterinfernalischen, diese Giftkulturen ausgerottet werden.

(Die Teufel umdrängen die Tribüne)

BEELZEBUTH: Kamerad Satan! Ich verbitte mir jede Kritik! Das Verhältnis von Mann zu Weib ist unantastbar, selbst in der Hölle! Die Verneinung der Lebensfreude, die soziale Kasteiung, das marxistische Mönchstum, die neue Parteigläubigkeit: das treibt die Menschen zurück in die Arme der alleinseligmachenden Reaktion! Hüte Dich, Satan! Wir fordern statt der Leiden das Frohlocken der Verdammnis!

(Ein Teil der Umstehenden bricht in spontanen Beifall aus. Satan, seiner nicht mehr mächtig, ist aufgesprungen. In diesem Augenblick aber tritt Lilith mit Gefolge – der rotgekleideten Garde gefallener Engel – ein. Alle ähneln sich wie eine Girltruppe – alle tragen Uniformen wie die Männer)

(Die Versammlung erhebt sich und stimmt den zweiten Vers der Infernale an)

Wenn die babylonische Hure
Zur Hochzeit fährt mit der Zeit,
Dann spannt die Herrn vor die Fuhre
Und haltet das Blutbad bereit!
Und laßt die Kanonen läuten
Das gibt ein herrliches Paar
Und was wir an Menschen erbeuten,
Das braten zur Tafel wir gar!

Wir werden Euch zur Sintflut traun!
Dann seid Ihr uns verfallen!
Stimmt an! Stimmt an!
Das Hohe Lied!
Den Mehrwert allen schönen Fraun!
Des Geldes unerbittlich Muß
Te Feminam laudamus!

LILITH: *(geht mit einem Unschuldsgesichtchen zur Tribüne, freundlichst dankend, nimmt sie neben Satan Platz)* Wartet Ihr schon lange? Es war wiedermal kein Rouge da! . . . *(Sie legt ihrem Arm um Satan)* Wonach riechst Du denn? Hast Du wieder Schwefel getrunken?

SATAN: Du warst auf der Erde?

LILITH: Ich? Nein! Wieso?

SATAN: Das ist gelogen!

LILITH: Ja! Das ist gelogen! Ich hatte in einer Berliner Nachtbar zu tun! Es war rein dienstlich!

SATAN: Und was hatte dabei der Genosse Beelzebuth zu suchen?

LILITH: Der war gar nicht da! D. h. er war da! Und wir haben die Gelegenheit benutzt, um ein paar Flaschen Sacharin-Champagner einzunehmen, weil das in der Inflation bei der Bevölkerung böses Blut macht!

SATAN: Habt Ihr Euch geküßt?

LILITH: Nein! Ja! Natürlich! Aus Propagandagründen!

SATAN: Ich verbiete hiermit sämtliche Lustreisen auch unter dem Vorwand der Propaganda! Die amourösen Methoden sind längst als veraltet erkannt. Alle Geschlechtskrankheiten haben einen Dreck genutzt! Ich werde das auf die Tagesordnung setzen!

LILITH: Du bist ja wieder in reizender Verfassung! Majestät sind mit dem linken Huf aufgestanden!

ASTAROTH: *(erhebt sich und läutet die Glocke. Alle neh-*

men ihre Sitze ein) Ich eröffne hiermit die 1921. alljährliche Vollsitzung des Terrestinfern in Gegenwart des obersten Rates der Höllenkommissare, des Außenkommissariat der Vorhölle, des Inferno des Innern, sowie der außerordentlichen Kommission zur Bekämpfung conterinfernalischer Umtriebe: des Seelenfanges, des Ablaßwuchers, sowie der durch die Heiligung des Krieges entstandenen Verluste an Verdammten. Es liegt zunächst ein Antrag des Kameraden Beelzebuth um Erteilung des Wortes vor, über den ich abzustimmen bitte.

RUFE: Zur Tagesordnung! Nieder mit Beelzebuth! Hoch Beelzebuth! Anhören! Anhören!

TEUFEL G: *(auf den Stufen der Tribüne)* Kameraden! Fern sei es von mir, hier parlamentarische Sitten einführen zu wollen! *(Huhugeschrei mit Bravo!)* Aber das Verbot der Redefreiheit gehört zu den Prinzipien der Conterinfernale, deren sich immer Kirche und Staat bedient haben! Im Namen der diabolischen Dialektik: hört Beelzebuth an!

(Neues Geschrei – Astaroth klingelt)

Abstimmung!

(Die Majorität fuchtelt mit den Händen)

ASTAROTH: Der Antrag ist angenommen! Ich erteile dem Kameraden Beelzebuth das Wort!

(Minutenlanger Lärm)

SATAN: Freiheit der Rede! So was haben wir früher mit geschmolzenem Blei in den Schlund erledigt! Wir sind wahrhaftig tief in die Güte gesunken!

ASTAROTH: Ruhig reden lassen! Im Anfang war immer das Wort – und zum Schluß haben wir immer gehandelt!

SATAN: Was sagt denn unsere Kameradin Lilith dazu?

LILITH: Ich finde ihn einfach bezaubernd! Welch ein Geist!

SATAN: Seit wann schwärmst Du denn für Geist?

LILITH: O seit je! Zur Sünde gehört nämlich sehr viel Geist, mein Lieber!

BEELZEBUTH: *(auf der Tribüne mit Stentorstimme)* Kameraden! Hört mich an! Meine Stimme ist die schwächste, es ist die Stimme der Vernunft! Der Räson! Ich habe sie zum letzten Male bei der großen Französischen Revolution erhoben. Und wäre sie durchgedrungen, wäre sie nicht verbürgerlicht, popularisiert worden, es würde heute besser um die Zukunft bestellt sein.

ZURUFE: Hört, hört! Und 1914?

BEELZEBUTH: Ich habe damals gewarnt vor diesem Experiment! Und die Zeit hat mir recht gegeben! Die Opfer des Krieges haben sich nicht gelohnt!

ZURUFE: Skandal! Das grenzt an Todeslästerung unseres besten Alliierten! Der Sieg war unser!

BEELZEBUTH: So? Und welcher Teufel von Euch hätte denn prophezeit, daß der Name, in dem sie ausmarschiert sind, vaterlands- und massengrabweise, noch immer patentiert bleiben würde? Daß nach solchen Holokausten Menschen noch glauben können – an ganz gleich was? Nein! Machen wir uns – uns kein Blendwerk vor! Belügen wir uns nicht – statt die Vielzuvielen! Betrogene Teufel waren und sind es geblieben!

ZURUFE: Defätist! Er diffamiert das Gehenna!

BEELZEBUTH: Die Augen schließen und die Hände falten: das ist Demut! Das ist nicht unsere Sache! Die Augen auf und die ganze, teuflische Wahrheit: das allein ist guthöllisch! Und was geschah denn groß! Millionenhaufen armer, verführter Sünder hat man uns geschickt, kleine Malefikanten der landläufigen Bestialitäten jedes Krieges, Mörder aus Zwang und Hunger ohne Überzeugung, ganz zu schweigen von den Dienstverweigerern, Deserteuren, Pazifisten, Ostjuden und sonstigen Parias! Aber sah je einer von Euch einen der großen Schuldigen, der Führenden, hier unten? Durchwandert alle sieben Kreise des Inferno; nicht einen General, nicht einen Mann des Staates und der Wirtschaft werdet Ihr entdecken! Unverrückbar herrscht die Hierarchie des Himmels: das Vorrecht auf Erlösung! Ablaß und Totenmesse für die Besitzenden – das Fegfeuer für das Proletariat!

SATAN: *(steht auf – eisiges Schweigen bannt die Versammlung. Er spricht mit heiserer Stimme)* Es ist mir neu, daß der Kamerad Beelzebuth das Gehenna des Äußeren vertritt, das allein zuständig für die Fragen der Außenpolitik mit den himmlischen Gewalten ist. Ich muß daher seine Rede unterbrechen und Stellungnahme unseres Außenkommissars Asmodi fordern!

ASMODI: *(etwas zögernd)* Verhandlungen über die Abgrenzung der Himmelsmacht und des Höllenzwanges sind mit Oben eingeleitet worden!

(Große Bewegung und: Hört! Hört!)

BEELZEBUTH: Ja! Hört Ihr es Kameraden? Verhandlungen mit Oben! Ein Pakt, ein Kompromiß! Sie arbeiten Hand in Hand: die Herren von Oben und von Unten und schieben Kegel mit der Menschheit! Nein, Kameraden! Nicht ein seliges Kompromiß! Umsturz des Systems von Himmel und Hölle ist die Lösung! Wir wollen aus dieser Hölle das neue Paradies schaffen; denn hier – hier unten treffen sich die erleuchteten Geister der Menschheit; hier ist das Rendezvous von Seelen der durch Hunderttausende Erdjahre leidensgeläuterten Kreatur; hier, bei uns, steht das Heer der Sklaven, Hexen, Aufklärer, Anarchisten! Wir wollen stolz auf solche Heerschau sein! Der Erde wollen wir zurufen: Kommt zu uns! Bei uns ist das wahre, echte Paradies der Enterbten und Verleumdeten! Nicht jenes, in das die Reichen eingehen wie die Kamele durch's Nadelöhr! Aber um das zu erreichen, müssen wir die Hölle auf den Grundsätzen der Humanität, des Sozialismus, der

Wirtschaftserkenntnisse aufbauen! Jene, die da sagten, ihr Reich sei nicht von dieser Welt, haben sie Schritt für Schritt dank dem ingeniösen Einfall des Genossen Mammon, dank dem Kapital uns entrissen!

MAMMON: *(springt wütend auf und brüllt)* Nihilist! Nihilist! Intellektueller!

ASTAROTH: *(leise)* Laß doch! Er redet sich immer tiefer hinein!

BEELZEBUTH: Der Kapitalismus, der die Erbschaft von Kirche und Feudalismus antrat, ist die Ursache einer weit schlimmeren Hierarchie geworden! Wir haben ihr den Nihilismus entgegengesetzt, aber auch ihn hat sie korrumpiert! Und nun hat sie sich unserer Tiefen bemächtigt! Seht Euch doch um! Auch hier herrscht Rangordnung! . . . Kameraden! Wenn Luft und Firmament das Eigentum des Himmels sind, in den die Menschen starren, um ihrer irdischen Leiden zu vergessen, so ist unser das Feuer und die Fabrikation der Brennstoffe!

Die Verbreitung des Phosphors auf der Erde und seine Verwendung zu Zündhölzern war eine zweite Prometheus-Tat: ein proletarischer Gebrauchsartikel kam unter die Menschheit! Leider hat das Umsichgreifen der schrecklichen Nekrose unter den Arbeitern des weißen Phosphors gerade dem Kapitalismus neuen Zündstoff geliefert! Und als dann durch die Erfindung des roten Phosphors und der Streichhölzer ohne Schwefel und Phosphor die Krankheit zu schwinden begann, da geschah das Ungeheuerliche! Unter dem Vorwand, daß diese hygienischen Maßnahmen der Sündenbegehung abträglich sein könnten, in Wirklichkeit aber, weil gewiße Abmachungen zwischen den Verwaltern der Himmelsschätze der toten Hand und der Hölle getroffen waren, wurde durch den ersten Vorsitzenden des Höllenkommissariates Genossen Satan die Fabrikation des weißen Phosphors fortgesetzt und das Monopol auf den roten an irdische Konzerne fortgegeben! Kameraden! Ich komme soeben aus den Betrieben des Sündenpfuhls mit der Resolution von über 300000 dort Arbeitenden, die strengste Untersuchung verlangen!

(Höllenlärm der Versammlung)

SATAN: *(mit einem Organ wie Donnergrollen alles übertönend)* Es war mir bereits berichtet worden, daß hinter der Revolte der Schwefelarbeiter der Genosse Beelzebuth steht. Ich erhebe hiermit die Anklage des Hochverrates gegen den Genossen Beelzebuth . . .

(Auf das Wort Hochverrat verstummt der ganze Saal)

Trotz ausdrücklichem Verbote des Außenkommissariates hat ein Arbeiter, der Siebmacher Kamerer, Erfinder des Streichholzes, das jene Nekrose erzeugt hat, und einer der Anstifter der 48er Revolution, weswegen er zur Hölle fuhr, die Abzugsklappen geöffnet und die Giftgase auf die Erde strömen lassen. Das Ausströmen der Giftgase aber und deren Verwendung durch die irdischen Industrien hatte eine Steigerung des hochkapitalistischen Systems zur Folge, die uns um den Endsieg des Krieges betrog!

(Satan setzt sich und trocknet sich den Schweiß von der Stirn. Die Stummheit dauert an. Astaroth erhebt sich)

ASTAROTH: Es liegen also zwei Anträge . . .

(Aber nun ist Lilith, die in sichtlicher Erregung, mit gekrampften Händen, der Entwicklung gefolgt ist, aufgesprungen und ruft dazwischen):

LILITH: Ich erbitte das Wort!

ASTAROTH: *(sehr verblüfft über diese gegen alle Regeln des Parlamentarismus verstoßende Art)* Ja, das ist doch völlig unzulässig!

(Die Versammlung ist anderer Ansicht. Die Stimmung

für Satan scheint gar nicht gesichert. Jetzt aber ertönen von der Mehrzahl energische Rufe)

RUFE: Reden lassen! Die Kameradin Lilith soll reden! Hoch Lilith! *(und einige)* Hoch Beelzebuth!

ASTAROTH: *(der sich zu Satan gebeugt hat, setzt sich achselzuckend)*

LILITH: *(sobald sie sich der Versammlung gegenüber sieht, hat ihre äußere Sicherheit wiedergewonnen)* Ich weiß, daß selbst in unserm Reich wie auf Erden die Rolle der Weiblichkeit, gerade infolge der Gleichberechtigung, gegen die ich mich immer gesträubt habe, nicht mehr als voll gewertet wird!

RUFE: Oho! . . .

LILITH: . . . Ich danke! Oh, es gab eine Zeit, da war Satan jung und stark, und mein Einfluß hat manches dazu beigetragen, was nicht zu Eurem Nachteil in puncto puncti Seelenheil ausgeschlagen ist!

RUFE: Hört, hört!

LILITH: Es haben die schönen Hetären, Mätressen und Damen mehr Große der Erde zur Hölle befördert als Euer ganzer Sozialismus!

SATAN: Zur Sache!

LILITH: Verzeihung, Satan! Das ist die Art der Frauen, zur Sache zu sprechen!

VERSAMMLUNG: Bravo!

SATAN: Deswegen endet Ihr auch alle als Betschwestern im Himmel!

LILITH: So gering meine Verdienste sein mögen . . .
(erneutes: Oho!)
. . . Oh, danke! . . . mein bescheidenes Amt: der Luxus übt stets noch seine Reize im großen Spiel!
(Hier macht Lilith eine kleine Kunstpause – sie hat ihren Begleiterinnen einen Wink gegeben, und diese marschie-

ren in kokettem Reigen unter ihr vor der Tribüne auf, begrüßt von einem spöttischen: Ah! der Versammlung)
. . . Schaut Euch, Kameraden, meine Teufelinnen an! Sind sie nicht bezaubernd? . . . Alle genormt für arm und reich, alle in Kunstseide! Nun, Kameraden, diesem verachteten Luxus, diesem Hang nach geeinter Schönheit verdanken wir das Aufblühen eines wichtigen Konzerns: der Vereinigten Glanzstoff; und somit der Dynamit- und Giftgasfabrikation! Das unscheinbare Zellulose-Molekül: Sie finden es im Strümpfchen einer kleinen Kokotte, Sie finden es im Sprengstoff des gottseligen Herrn Nobel! Sie finden in der betörenden Leuchtkraft der Anilinfarbe dasselbe Molekül wie in den Giftgasen!
(Großer Beifall)
Sie sehen: Luxus, Koketterie kann etwas sehr Materialistisches sein! Mit einem Seidenfähnchen kann man immer noch die Welt erobern! Kameraden! Eine Frau spricht zur Sache! Manchmal mehr sogar als der Mann! Kameraden! Vertraut dem Spürsinn einer Frau, die Euch rät: Stimmt für Beelzebuth! Satan ist alt wie Gott und in Ehren ergraut – 6000 Jahre brauchte Satan, um die Welt zu erschüttern! Keine vier Jahre ist es her, daß das Giftgas auf die Erde kam! Und Beelzebuth ist jung! Und die Sünde ist immer mit der Jugend! Stimmt für Beelzebuth! Stimmt für die Jugend! Und *(sie gibt ein Zeichen den Teufelinnen)* die Jugend wird mit Euch sein!
(Ein Jazzorchester stimmt an. Die Teufelinnen singen das Lied von der Sünde und tänzeln dabei durch die Versammlung, die gierig die Hände nach ihnen reckt)

ASTAROTH: Sind wir hier in einem Bordell?
(Lilith ist zu Beelzebuth geeilt, der ihr die Hand küßt. Aber Satan gebietet der Musik Ruhe und erhebt sich von neuem)

SATAN: Da ich sehe, daß sich die . . . Gunst des Terrestinfern zu meinem lieben Kameraden Beelzebuth hingeneigt hat, so beuge ich mich dieser Entscheidung der Mehrheit, ja, ich schließe mich ihr an!
(Donnerndes Bravo)
Ich gebe zu, daß ich vielleicht die hohen Ideale, von denen die Intentionen meines lieben Kameraden Beelzebuth geleitet wurden, verkannt habe! Ich habe stets verneint! Es ist meine – die Hölle verzeihe mir das conterinfernalische Wort: persönliche Art, zu mißtrauen! Doch dieses Mißtrauen entwächst nur der Strenge meiner Postulate! Jetzt, da es beseitigt ist, beantrage ich selbst einen Ehrenposten *(Bravo!)*, einen Ehrenposten, auf dem die leuchtenden Fähigkeiten des Kameraden Beelzebuth zu höchstem Glanze kommen sollen! Den höchsten Ehrenposten, den die Hölle zu vergeben hat, den ich selbst einmal innegehabt in jener Zeit, von der die Kameradin Lilith Euch sprach, den biete ich dem Kameraden Beelzebuth an und bin gewiß, daß er, von höchsten Idealen geleitet, ihn nicht ausschlagen wird, nicht ausschlagen kann: als Vertreter unserer diabolischen Tendenzen in Menschengestalt auf Erden . . . Und dies mit sofortiger Wirkung!
(Größte Verblüffung im Saal! Auf einen Wink Behemoths ist die Teufelswache aufmarschiert und bildet vor Beelzebuth Spalier zum Fahrstuhl)

BEELZEBUTH: *(der sieht, das es keinen Ausweg gibt)* Satan! Ich nehme den Kampf dort oben an! Auf Wiedersehen und Satan befohlen!

LILITH: Beelzebuth! Beelzebuth! *(zu Satan)* Du bist doch das satanischste Stück zwischen Erde und Hölle!
(Höllengelächter antwortet aus der Tiefe. Im Augenblick, da Beelzebuth den Fahrstuhl betritt: Blitz, Donner, während der Fahrstuhl hinaufgleitet. Und unmittelbar darauf Jazzmusik)

IV. Bild

(Wir befinden uns nunmehr im Hall des Hôtel des Bergues in Genf. Eine Beschreibung erübrigt sich; die Hotelhallen der Erde sehen alle aus, als ob sie von dem gleichen Innenarchitekten entworfen worden wären. Ein großes Wandpanneau, das das Chateau de Chillon und davor eine Barke mit gekreuzten Segeln zeigt, genügt, um etwas Lokalkolorit zu geben. In der Mitte des Hintergrundes wieder ein Fahrstuhl. Den Vordergrund erfüllen vier Tische mit Korbsesseln. An einem der Tische hat ein Paar Platz genommen: die Dame, schlank und blond gefärbt, gehört zu jenem Typ internationaler Eleganz, der das Inventar aller Hotelhallen bildet; ihre ätherische Erscheinung kontrastiert mit ihrer ungeheuren Redseligkeit; ihr Partner, ebenso groß, schlank und weißblond, ist im Gegensatz von jugendlicher Schüchternheit und Wortkargheit. Am Nebentisch brütet ein gleichgültiger Herr vor einem Whisky. Ein lordhafter Ober langweilt sich – nebenan spielt eine Jazzband. Das Ganze trägt einen mondänen, faden Charakter.)

DIE DAME: *(die natürlich Champagner trinkt, plaudert)* Wir sind vier Stunden im Auto herum bis Montreux! Und denken Sie sich: keine Narzisse ... Nein, also keine einzige! Ich war so enttäuscht! Wissen Sie, ich liebe den Narzismus! Ich bin eigentlich nur wegen der Narzissen hergekommen. Aber ich habe mir gleich gedacht: es ist wohl jetzt nicht die Jahreszeit ... Gott, natürlich auch wegen des Völkerbundes ... Ich finde, das gehört heute zur höheren Bildung ... Wir, mein Mann und ich ... ja, ich bin verheiratet ... sozusagen *(sie lacht schelmisch)* ... wir waren erst auf den Schlachtfeldern! Riesig interessant ... Da war so eine herrliche zerschossene Kirche ... wenn ich eine Kirche sehe, muß ich hinein! ... und da lernten wir den reizenden Engländer kennen. Ein Lord oder so ... furchtbar gebildet ... kannte alle Stilarten ... das da war frühgotisch ... er verglich mich mit einer Wiesenblume ... und da kam mir die Idee mit den Narzissen!

DER HERR: Chasseur! *(Er übergibt dem Boy einen Zettel)*

DIE DAME: Wie bitte? ... *(aber der Herr hat gar nichts gesagt)* ... Was, ähwas halten Sie eigentlich vom Völkerbund ... so im allgemeinen? Viele sind ja dagegen ... aber, ich war gestern bei der Sitzung, wie Briand gesprochen hat. Grumbach hat mir die Karten verschafft! Kennen Sie Grumbach – entsetzlich höflich, wie alle Franzosen, bloß er schreit gleich immer und das liebe ich nicht! Warum schreit er? Na ja, der Dienst beim Völkerbund ist wahrscheinlich gräßlich aufreibend! ... Also Briand hat gesprochen. Hinreißend! »Genève, ce n'est point un discours, c'est un acte!« hat er wörtlich gesagt! Wie finden Sie das? Ich finde das glänzend! Schade, daß er so schmutzig ist! ... Warum sehen Sie mich so an? ... Wissen Sie, Sie sind einer der stillsten *(neckisch)* Verehrer, die mir begegnet sind! ... Ich liebe ja Leute, die wenig Worte machen ... Das ganze Unglück kommt vom vielen Reden! Auch in der Politik! Finden Sie nicht? ... Was sind Sie ... *(aber sie setzt gleich wieder ab)* ... Sie sind hier gewiß in Mission?

DER HERR: Sie haben sehr ssöne Äugen, Madame!

DIE DAME: Nicht wahr? *(sie streichelt seine Hand, aber er zuckt zurück)* ... Gott wie schüchtern! ... Mir gefällt daß! ... Haben Sie schon mal richtig geliebt?

DER HERR: Oh jaha! Ick kenne manche hübsse Däme – nikt so sehr hübss als Sie.

DIE DAME: Sie sind ein ganz Schlimmer! ... Aber nun müssen Sie mir auch erzählen, was Sie hier machen! Man will sich doch ein wenig näherkommen, nicht wahr?

DER HERR: Oh, ich make so ... *(spielt mit dem Streichholzbehälter)* gar nicht ... die Cour einer netten Frue!

DIE DAME: *(etwas nervös)* Na ja, aber außerdem! Sehen Sie, Sie sind doch Schwede! Und da denke ich mir so: ein reicher junger Schwede ... jetzt, wo doch gar nicht Saison ist ...

DIE DAME: außer eben dem Völkerbund ... da sind Sie doch bestimmt in irgendeiner andern Absicht da als bloß zum Flirten ... wo es doch soviel schöne Schwedinnen ... Sehen Sie, ich interessiere mich auch sehr für geschäftliche Sachen ... ich habe sogar einen Flair, wie man das nennt ... Vielleicht kann ich Ihnen ein bißchen raten! ... Na ...?

(Da bringt der Chasseur einen riesigen Narzissenstrauß)

DER HERR: *(verbeugt sich)* Für Ihnen!

DIE DAME: *(ist gar nicht so entzückt, aber sie tut so)* Sie sind ja ein Zauberer! Jetzt Narzissen! Wo haben Sie die bloß aufgetrieben! Ich glaube ... ich glaube ..., so unerfahren wie Sie tun, sind Sie gar nicht ... Und da ...

DER HERR: *(erhebt sich)* Sie ... mökten ... enskuldigen ...

Ik müßte ... antelephonen! Sie ... werden ... riechen ... solange ... an Narzissen!

DIE DAME: Aber was denn? Sie können mich doch hier nicht allein ...

(Indessen ist der Herr schon fortgeeilt mit den Worten):

DER HERR: Eene Oijeblik!

(Jetzt sieht sich der Mann vom Nebentisch zum ersten Mal um – die Dame zuckt mit den Achseln. Sie kennen sich also)

DIE DAME: Chasseur! Wissen Sie den Namen dieses Herrn mit den Narzissen?

CHASSEUR: Non, Madame!

DIE DAME: Wieviel hat er Ihnen gegeben?

CHASSEUR: Dreitausend Fränkli!

DIE DAME: Und wenn Du vier kriegst, weißt Du den Namen auch nicht?

CHASSEUR: *(blutrot, stottert)* Oh non, Madame!

DER MANN: *(hat nachgesehen, ob die Luft rein ist und kommt an den Tisch)* Na?

DIE DAME: Aus dem Menschen ist nichts rauszubekommen!

DER MANN: Du stellst Dich auch reichlich dämlich an! Vergißt Du, daß Einer ist, unter uns, der alles sieht und abhört? Wenn Du so weiter arbeitest, wirst Du nicht lange in Genf bleiben!

DIE DAME: Was soll ich denn tun? Mehr als sich ins Bett legen wollen, kann man schließlich nicht!

DER MANN: Woher hast Du die Narzissen?

DIE DAME: Von ihm natürlich!

DER MANN: Und wo sind sie gekauft?

DIE DAME: Du! Das ist ein göttlicher Einfall! Chasseur! ... Woher sind die Narzissen? Ich möchte nämlich nachbestellen!

CHASSEUR: Ich weisch nuet! Sie sind abgegebe worden!

DIE DAME: Nja! Und von wem?

CHASSEUR: Von einem Chasseur!

DIE DAME: Rindvieh! ... *(Aber da kehrt der Schwede zurück)* Ach, ich wollte nämlich so gern wissen, woher die herrlichen Narzissen stammen! Ich werde ohne Narzissen einfach nicht mehr leben können!

DER HERR: Sie sollen jeden Dag auf dem Zimmer finden!

DIE DAME: Tausend Dank! ... Ach, die Herrschaften kennen Sie sich noch gar nicht? Darf ich vorstellen: ein Freund, Freiherr von Bronstein ... Herr ... Herr ...

DER HERR: *(mit leichter Verbeugung)* Johansen!

DIE DAME: Herr Johansen aus Schweden! ... Mein Freund erzählte gerade, daß Chamberlain ...

DER HERR: Sie wollen dansen? Ein Foxtrott ... *(mit steifer Verbeugung zu dem Mann)* ... Førlat!

DER MANN: Oh, bitte sehr! *(und da die Dame nicht umhin kann anzunehmen, zieht er sich an seinen Tisch zurück und bestellt)* Whisky! ... *(er entdeckt einen eintretenden Herrn, den Journalisten Plutus)* ... Hallo! Herr Dr.! Scotch? Bourbon?

PLUTUS: Ne, Whisky ist mir zu hot! ... Einen Tropfen Vermouth! ... Eine Verbindung war das wieder mit Frankfurt! Bloß um das Gequassel von dem esthnischen Delegierten durchzupusten! Gott! Ist dieser Völkerbund ein Theater!

DER MANN: Kennen Sie einen gewissen Schweden Johansen?

PLUTUS: Ich kenne mindestens fuffzig Schweden Johansen!

DER MANN: Wissen Sie, der große, junge Blondin, der jetzt immer hier rumläuft ... Gestern war er auf der Tribüne mit zehn Kollegen von Ihnen!

PLUTUS: Ja, wenn Sie den meinen ... der heißt doch aber gar nicht Johansen!

DER MANN: Ach, Sie kennen ihn?

PLUTUS: Und ob ich den kenne!

DER MANN: Na also, wer ist es?

PLUTUS: Bester Herr! Ich werde Ihnen doch nicht meine Informationen auf die Nase binden! Dafür bin ich schließlich Journalist! ... Außerdem hab' ich mir eingebildet, in Ihren Kreisen ist man allwissend?

DER MANN: Haben Sie eine Ahnung! Wir sind in letzter Zeit scheußlich im Hintertreffen! ... Lieber Doktor, Sie würden mich zum größten Danke ... Wir würden uns wirklich erkenntlich zeigen, wenn Sie mir ein paar Details über diesen Johansen oder wie er heißt ...

(Noch ein Journalist – Junius – stürzt herein und ruft)

JUNIUS: – Sie Plutus! Der Drummond ist dran mit dem Referat über Mädchenhandel!

PLUTUS: Wichtigkeit! Mein Dienst ist zu Ende!

JUNIUS: Ich setz' mich 'n bißchen her! *(zu dem Mann)* Na, was machen die irdischen Angelegenheiten? Der Völkerbund marschiert doch! Neulich hat einer Ihrer Herren gesagt: Gott und Briand arbeiten zusammen! ... Da kommt Paul Boncourt!

(Paul Boncourt, umgeben von deutschen Pressevertretern – einer von ihnen)

AUDAX: *(redet auf ihn ein)* Mais le désarmement. Le désarmement, M. Paul Boncourt! ... Prenons place ici! ... Ce sont des collègues allemands! Vous les connaissez! Messieurs Plutus et Junius et un Monsieur du Celest-Bureau! ... M. Paul Boncourt nous parle du désarmement!

PAUL BONCOURT: *(äußerst geheimnisvoll)* Eh bien, Messieurs! tout dépend de ce que dira l'Amérique! Et l'Amérique n'est pas là!

DIE JOURNALISTEN: *(seufzend)* Oui! Oui! Et l'Amérique n'est pas là!

PAUL BONCOURT: Mais il faut, qu'elle parle! Il le faut! Et si elle ne parle pas, je solliciterai ses paroles!

AUDAX: Ausgezeichnet! Bravo!

PAUL BONCOURT: Car nous sommes à un tournant des débats!

JUNIUS: A un tournant! Eine Wendung in den Debatten! Sehr interessant!

(Und alle zücken den Bleistift)

PAUL BONCOURT: *(diktiert – er ist ganz in Heldenpose)* Car si la S.D.N. échouait cette fois . . .

AUDAX: Wenn der Völkerbund diesmal Schiffbruch erlitte . . .

PAUL BONCOURT: Si elle échouait . . . dame!

JUNIUS: M. Paul Boncourt! Sie spannen uns auf die Folter!

PAUL BONCOURT: Ah, mes amis! . . . Je ne le dis pas! Mais si . . . en cas que . . .

AUDAX: . . . Im Falle, daß . . . also was?

PAUL BONCOURT: Ce serait très, très grave! . . . Mais, vous comprenez, je n'ai rien dit!

PLUTUS: Ausgezeichnet! Er hat wirklich nichts gesagt.

JUNIUS: Ja! das kann man wohl sagen! . . . *(zu Audax)* Wohin?

AUDAX: *(enteilt)* Kleines Feuilleton, lieber Freund! Enthüllungen Paul Boncourts! By! By!

JUNIUS: Enthüllungen? Haben Sie etwas von Enthüllungen gehört? . . . M. Paul Boncourt! Vous permettez une question . . . Pardon!

PAUL BONCOURT: *(ist aufgesprungen und hat sich eines Gelehrten Vollbartes bemächtigt)* Ah! le-voilà, Père-la-Revanche! Eh bien! Qu'est-ce que tu foutes maintenant?

PLUTUS: Weg is er! . . . Sagen Sie, Kollege, haben Sie Material über die Svenska Tändsticks? Eben haben sie halb Japan und Peru in die Tasche gesteckt! Man munkelt was von Verhandlungen mit . . .

DER MANN: *(steht auf)* Gott zum Gruß, die Herren! *(Inzwischen hat sich die Halle gefüllt)*

PLUTUS: Also wissen Sie etwas?

JUNIUS: Ne! Nach dem Umbruch prinzipiell nicht! ... Was ist denn das für 'ne tolle Erscheinung? Der Kerl sieht ja teuflisch aus!

EIN 3. JOURNALIST: Ich glaube, ein Russe!

PLUTUS: Ein Russe! Sie, vielleicht holen wir da etwas! Gerade Rußland ... *(zu der tollen Erscheinung, die aber Beelzebuth ist)* ... Suchen Sie jemanden?

BEELZEBUTH: Nein, aber wenn Sie gestatten?

PLUTUS: Bitte, bitte! Mit dem größten Vergnügen ... Auch vom Bau?

BEELZEBUTH: Von welchem?

PLUTUS: Presse natürlich!

BEELZEBUTH: Ja! Sozusagen! Gewiß! ... Wodka! Sehr scharf! Großes Glas!

JUNIUS: Also doch Russe!

PLUTUS: Sie sind hier neu, Herr Kollege, am Völkerbund ...?

BEELZEBUTH: Ich? Ja! Nein! ... Ich verfolge seit langem diese ehrwürdige Institution!

PLUTUS: Aha! Und was denkt man in Rußland darüber?

BEELZEBUTH: *(begreift nicht sofort)* In Rußland? ... Achso! ... Man verhält sich abwartend!

PLUTUS: *(schreibt)* Man verhält sich abwartend! Mhm! ... Hat Rußland die Absicht, bald einen Vertreter in den Völkerbund zu delegieren?

BEELZEBUTH: Rußland wird alles unterstützen, was einen Frieden auf sozialer Basis garantiert!

PLUTUS: *(schreibt)* ... auf sozialer Basis garantiert! Sehr gut! Sehr diplomatisch und trotzdem aufschlußreich! Nicht wahr, Kollege Junius?

JUNIUS: Fragen Sie doch nicht immer! Bei mir ist Feierabend! ... Ober! Noch'n Vermouth!

PLUTUS: Eine andere Frage, Herr Kollege! Wie verhält es sich mit dem russischen Dumping in der Streichholzaffäre gegen die schwedischen Syndikate? Sehnsema! Rußland verfücht doch heute a) über das beste Espenholz und zwotens oder b) über vorzüchliches Paraffin aus dem Grossznydistrikt, bedeutet somit eine gefährliche Konkurrenz für die Svenska-Tändstickor-A.G. Kalkuliert man nun das europäische Gleichgewicht ...

JUNIUS: Aber, lieber Freund! Hören Sie um Gottes willen auf, zu fachsimpeln! Was geht Sie um Mitternacht das europäische Gleichgewicht an! Nach zehn Stunden Völkerbund will der Mensch schließlich in Ruhe seinen Vermouth trinken!

PLUTUS: Herr Kollege! Ich muß doch sehr bitten! Wenn ich in dienstlicher Angelegenheit ...

AUDAX: *(kehrt zurück)* So! Der Paul Boncourt wäre verarztet! ... Kinder! Was schreit Ihr denn so? Immer mit der Ruhe! Ich wär' Euch mal 'ne komische Type vorstellen! Das ulkigste Gewächs, das hier rumwuchert! Ein Italiener! Aber Sie dürfen nicht lachen! Aber Sie dürfen nicht lachen!

PLUTUS: Italiener is unwichtig!

BEELZEBUTH: Gestatten Sie: Beelzebuth! ... Wer ist es denn?

AUDAX: Sehr angenehm! Audax! ... Wir haben uns mal zufällig im Felde getroffen! Vor Verdun! Ein gewisser Cesare! Wie er weiter heißt, weiß ich nicht! ... Ah, Signor Cesare! Buona sera! Wie geht's? Nehmse Platz ... Wer schmeißt 'ne Runde?

BEELZEBUTH: Ich! Bitte sehr!

PLUTUS: Generös wie alle Russen!

AUDAX: Nu passense mal auf! . . . Also, Signor Cesare, was halten Sie denn von der heutigen Sitzung?

CESARE: Ich glaube, zu meinen, daß die Tendenzen der Governi sind pazifistik!

JUNIUS: Das dürfte wohl leicht übertrieben sein!

CESARE: Doch es sind da Probleme, die werden nicht weggemakt durch Frieden-Verträge!

JUNIUS: Dies walte Gott!

AUDAX: Scht!

CESARE: Das uffizio eines Prophets ist ungedankt! Doch ich will sagen, man muß sein aufpassend! Ich will aus Roma eterna machen die Capitale unseres Geistes! Ich will machen auf den . . . sette . . . Hügeln . . . eine größte . . . miracolo der Historia!

AUDAX: Passen Sie auf! Nu geht's los!

JUNIUS: Ein Knallidiot!

CESARE: Rein von alle Elementen, die es bedecken mit Schmutz! Roma soll werden der schlagende Herz von Italia, den wir träumen! Roma . . . morte! Das ist schon gehabt für die Männer des Risorgimento eine funzione primordiale Ordnung! Zu Roma wir wollen aufheben unsere Seele!

(Mit Ausnahme von Beelzebuth sitzt alles mit dem Taschentuch vor dem Mund)

CESARE: Ich habe gewesen muratore . . . ein Maurer! Eh bene! Ich gehe mauern eine neuen mundo! Der socialismo ist nicht Frage von das Ba-uch! Aber von Italia! . . . Stivale!

JUNIUS: Also! Wenn der noch weiter quatscht, werde ich meschugge!

AUDAX: Seien Sie doch friedlich! Ich find' das zum Wälzen!

CESARE: Italia! Italia! Tu cui feo la sorte dono infelice di bellezza . . .!

JUNIUS: Geschenkt!

(In diesem Augenblick ist das Paar wieder eingetreten. Die Dame erschrickt. Denn Cesare ist aufgesprungen und fixiert sie)

PLUTUS: Was hat er denn auf einmal?

AUDAX: Natürlich die dämlichen Bemerkungen vom Kollegen Junius!

JUNIUS: Unsinn! Der hat ganz andere Sorgen! Sie sehen doch: wegen der Dame ...!

PLUTUS: Um Himmels willen! Er wird doch nicht gar 'ne Szene machen!

CESARE: *(ist auf die Dame losgegangen)* Warum Du bist mit dem Mann?

DIE DAME: *(klammert sich an den Schweden)* Lassen Sie mich zufrieden! Was wollen Sie denn eigentlich?

CESARE: Perquè ... Warum Du bist mit dem Mann?

DIE DAME: Lieber Freund! Nehmen Sie mich doch in Schutz! Der Kerl verfolgt mich – ich kenne ihn ja gar nicht!

(Jetzt ist das ganze Lokal interessiert)

DER HERR: Oh! Nur ruhik! Was wünssen Sie von die Däme!

CESARE: *(schreit)* Signora ist mir! Signora ist Meine! Sie ist gesein auf mein Zimmer 18!

DIE DAME: Das ist eine Lüge!

JUNIUS: Der Sieger von Rom! Scheint ja ein heiterer Kavalier zu sein!

DER HERR: Sie sind gebeten, von die Tisch wegzugehen! Førlat!

CESARE: Pardon! Andate bene con Dio! Wenn Sie sind eine gentiluomo, Sie gehen mit mir! Mit mir: Cesare!

JUNIUS: Jetzt wird's spannend!

DIE ÜBRIGEN GÄSTE: Ein Skandal!

BEELZEBUTH: *(hat sich erhoben und legt Cesare die Hand*

auf die Schulter) Lassen Sie doch! Beruhigen Sie sich! Das lohnt ja nicht! Eine Frau! Ich habe anderes mit Ihnen vor! *(gibt der Jazzband ein Zeichen, die die Giovinezza intoniert)*

Denken Sie daran! Roma eterna! Mare nostrum! Kommen Sie, mein Freund!

(Und er entführt den hypnotisierten Cesare unter dem Gelächter des Publikums hinaus)

JUNIUS: Zwei aus dem Irrenhaus Entsprungene!

AUDAX: So 'n Fez haben wir jedesmal mit ihm! ... *(trinkt der Dame zu)* Zum Wohlsein, 'nä Frau!

DIE DAME: *(fällt aus der Rolle)* Ach! Haben Sie mich doch gern! ... So ein Scheißkerl! Ausgerechnet jetzt muß er mir dazwischen laufen ... *(besinnt sich, hebt das Glas ihrem Gegenüber)* Skøl! ... Sagen Sie, Herr Johansen! Wir haben vorhin gerade so nett über das Paraffin geplaudert ...

DER HERR: Oh! Sie entskuldigen! Ich muß wohl die Rechnung verlangen! ... Jaha! ... *(er wird rot, wirft dem Kellner einen Schein zu)* ... Und på återseende!

DIE DAME: Auf Wiedersehen! Und tausend tausend Dank nochmals für die Narzissen ... So eine Gemeinheit!

DER MANN: *(an dem Tisch)* Na hast Du was Neues?

DIE DAME: Ach, dieser verrückte Italiener ...

(und sie beginnen zu flüstern)

JUNIUS: Wer ist das eigentlich?

AUDAX: Man sagt: irgendeine Vertreterin einer Streichholzgesellschaft! Sie hat hier den Spitznamen: die Himmelsbraut!

JUNIUS: Und der blonde Gentleman? Ich bin vorhin nach ihm gefragt worden!

PLUTUS: Das wissen Sie nicht? Der schwedische Streichholzkönig! ... Nanu? Wohin?

JUNIUS: Gespräch anmelden!

AUDAX: Ich denke, Ihr Dienst ist zu Ende? ... Ich Ochse! Ich Ochse! Ich Ochse! Die besten Tips aus der Hand zu geben!

EIN NEUER JOURNALIST: *(stürmt herein)* Sir Chamberlain über die Abrüstungsfrage! Sir Chamberlain über die Abrüstungsfrage!

(Allgemeiner Aufbruch)

PLUTUS: Die Völkerkonferenz soll der Deibel frikassieren! Ich streike! ... *(er geht auf die Dame zu)* gnä' Frau! Sind Sie noch frei für den nächsten Tanz?

BEELZEBUTH: *(tritt dazwischen)* Die Dame ist vergeben!

(Die Dame schwingt sich in die Arme Beelzebuths)

PLUTUS: *(zu dem Mann)* Was denn? Wieso denn? ... *(Aber der Mann zuckt die Achseln und geht. Und einsam Plutus)* ... Rußland? Die Himmelsbraut? Schweden? ... Herr Gott, gib mir eine Erleuchtung, was das zu bedeuten hat!

V. Bild

Im Gehenna.

(Über das Gehenna herrschen verschiedene Ansichten. Im alten Israel war es der Ort, wo man allen Unrat verbrannte, und diese Feuer erinnerten an die Molochopfer. Ein alter Kirchenschriftsteller bezeichnete das Gehenna als den Aufenthalt der großen Hure, der »Großmutter alles irdischen Drecks«. Stellen Sie sich also das Gehenna als einen Salon der Dame vor! Es ist ganz aus Spiegelwänden. Sonst aber erinnert die Ausstattung an die Hand der Bauhausmeister. Nur der Fries flammender Herzen, die priapischen Kerzenhalter erwecken ganz andere Assoziationen. Lilith ist beim Ankleiden – bedient von fünf ihrer Teufelinnen, als Satan eintritt, ein wenig verblüfft, so wie einer, der in altgewohntem Anblick einen neuen Reiz entdeckt.)

LILITH: *(beachtet ihn gar nicht)* Die roten Kunstseidenen!

TEUFELIN: *(bringt ein Paar Seidenstrümpfe)* Die roten Kunstseidenen!

LILITH: Bon Souvenir! Nein! Lethe von Houbigant!

TEUFELIN: *(besprengt sie mit Parfum)* Lethe von Houbigant!

SATAN: Lilith!

LILITH: Ja?

SATAN: Bist du bald fertig? Sie müssen gleich hier sein!

LILITH: Du siehst ja! Übrigens mir macht es nichts aus, Deinen Besuch im Hemd zu empfangen!

SATAN: Du behandelst mich in letzter Zeit, daß es zum Himmel schreit!

LILITH: Die Schlangenhautschuhe und . . . nein! nicht das Stilkleid! Sonst muß ich mich nochmals kämmen! Die Kasakbluse mit Reißverschluß! . . . *(zu Satan)* Falls Du sachliche Argumente gegen meine Taktik hast, kannst Du sie vor der A.H.K. vorbringen!

SATAN: Ich bitte Dich, laß die Außerordentliche Höllenkommission aus dem Spiel! . . . Lilith! Süße Lilith!

DIE TEUFELINNEN: Lilith! Süße Lilith!

SATAN: Maul halten, Ihr!

(Die Teufelinnen kichern sich eins)

Lilith, sag mal, geht Dir der Lausejunge, dieser Beelzebuth, immer noch im Kopf herum?

LILITH: *(verfinstert sich und schweigt)*

(Die Teufelinnen seufzen)

SATAN: *(wütend)* Ein feines Pflänzchen hast Du Dir angelacht! Mir diese Feuerkonkurrenz aufzuhalsen! Sechs russische Zündholz-Regional-Trusts aus dem Boden gestampft! Produktion verdoppelt in zwei Jahren! Preisunterbietung in Deutschland gegen meine Leute! Gegen mein Fegfeuer! Nichts ist diesem Subjekt heilig! Aufwiegeln und Stank machen! Das nennt er für die Idee eintreten!

LILITH: *(einfach)* Die Hölle sei mit ihm!

DIE TEUFELINNEN: Amen!

SATAN: *(spuckt Feuer)* Kruzitürkenelement! *(kreischend fahren die Teufelinnen auseinander)* ... Obstruktion im Hause, was? ... Dir imponiert wohl dieser Lümmel noch! Dieser grüne Lausejunge! Dieser Fliegenschnapper! Dieser Priapssproß! Bildet sich groß was ein auf die paar Liter Guillotinenblut! Aber er soll sehen, daß der alte Satan noch in Form ist! Wir werden da eine kleine Unterredung haben, eine Unterredung ...

LILITH: Bist Du eigentlich ernsthaft entschlossen, Dich in Unterhandlungen mit Oben einzulassen?

SATAN: Gewiß! Warum nicht? Wenn es die Idee verlangt, muß man auch mal mit der Konterrevolution zusammengehen ... Was, mein Täubchen, auf diesen Geistesblitz des alten Satan wart Ihr wohl nicht vorbereitet! Aber mit den Bolschewiki paktieren, den Gottes- und Teufelsleugnern; das kann dem Herrn Beelzebuth so passen ... Ach, Lilith! Du bist so schön heut, daß mir der Schwefel im Munde zusammenläuft!

LILITH: Geh weg! Du ekelst mich!

SATAN: Wer wird denn gleich so kratzbürstig sein! ... Lilith, wenn das heute klappt, darf sich Lilith etwas wünschen!

DIE TEUFELINNEN: Ach ja! Und wir auch!

LILITH: Den Puder ... Ist denn überhaupt der Terrestinfern in Kenntnis gesetzt worden?

SATAN: *(fast mitleidig)* Der Terrestinfern! ... Der Terrestinfern wird verständigt werden, wenn es die Umstände erfordern! Nicht vorher!

LILITH: *(steht empört auf)* Aber das ist ja Deine offene Diktatur! ... Und Du wagst es, mich als Werkzeug für solchen Höllenbetrug zu mißbrauchen ... Laß mich los! Du sollst mich loslassen!

SATAN: Dich loslassen? Ich denke nicht dran! ... Lilith! Ich stehe vor einer großen Entscheidung! Und wenn ich vor einer Entscheidung stehe, dann benötige ich ... gewisse Stimulanzien, die Dir nun mal eigen sind! Lilith! Ich kann Dich nicht fortlassen! Denn Du mußt mir helfen gegen diese dort oben! Ich ertrage es sonst nicht allein! Ich bin schon einmal diesen süßen Sphärenklängen, diesem verführerischen Engelsgezirpe aufgesessen! Sie werden mich wieder umschmeicheln mit ihrer englischen Sanftmut, bis ich wieder weich werde! Und dann werden sie mich wieder übers Ohr hauen, so mephistophelisch, wie wir es alle hier nicht vermögen! Aber wenn mir ein Weib zur Seite ist ... ein Weib wie Du! Lilith! Ich halte große Stücke auf Dich! Weißt Du noch im Garten Paradiese ...

(Er beugt sich zurück und die Teufelinnen, schamhaft, halten die Hände vors Gesicht)

... Ich habe doch als Erster Dich nackt gesehen, mein Kind! ... War die Schlange nicht zum Ergötzen! Fandst Du das Äpfelchen nicht herrlich gemixt?

LILITH: *(die ihre Kräfte schwinden fühlt)* Satan! Verführe mich nicht! Satan! Ich bitte Dich! Nicht hier!

SATAN: Nicht hier? Hier vor der ganzen Hölle, meine Süße! Ich will in Stimmung sein! Einen kleinen Kosthappen von der verbotenen Frucht in mein Rosenmäulchen!

(Die Teufelinnen stöhnen)

LILITH: Satan! Satan! Du tust mir weh!

SATAN: Komm! Sei wieder zärtlich zu Deinem alten, urewigen Laster! Stürze wieder, endlich wieder so tief wie einst bei Deinem ersten Fall! Lilith! Meine Lilith! ...

(plötzlich, laut und hallend erschallen dumpfe Kirchenglocken)

(springt zurück) Tod und Teufel! Diese verfluchten, wi-

derlichen Klänge! Zum Bombenelement! Hört auf! Hört auf! ... Lache nicht! Ich sage Dir: Lache nicht! Wenn ich das höre, dann bin ich zum Äußersten fähig!

LILITH: *(lacht mit allen Teufelinnen)* Zum Äußersten! Mein Lieber! Wie weit geht bei Dir das Äußerste?

(Das Glockenläuten kommt immer näher – Große Lichtbahnen, gestuft, öffnen den Hintergrund aufwärts. Die Teufelinnen halten die Ohren zu)

SATAN: *(tobt)* Feuer her! Pech! Schwefel! Petroleum! Äzt das aus! Überstrahlt das ekle Himmelslicht! Granaten! Aufschlagzünder! Haubitzen! Batterie in Front! Überdröhnt die Harmonien! *(erblickt sich im Spiegel – speit Feuer und rafft sich zusammen)* Satan! Nimm Dich zusammen! Satan! Sei Teufels genug! Einmal nur ertrag es! Satan! Satan! Wenn Du es diesmal schaffst ... hörst Du? ... den großen Trust! Zündhölzer-Erze-Anilin-Zellstoff-Giftgas! Und dann radikal ... radikal ... dann bleibt nichts übrig von der Erde! Nichts! Kein Atom bleibt unzerstäubt! ... Solange es diese Rasse gibt, wird keine Ordnung, keine Unterordnung in der Hölle sein! Satan! Glückauf zum Jüngsten Tag!

(Jetzt ist die Himmelsleiter deutlich erkennbar. Engel nehmen auf ihr Aufstellung. Die Teufelinnen stimmen in ein begeistertes: Ah! Satan und Lilith haben sich erhoben. Eine weibliche Gestalt schreitet herunter – es ist die Dame aus der Bar des Hôtel des Bergues – sie ist genau so angekleidet, nur trägt sie einen Helm aus Goldpailletten)

DIE DAME: Im Namen des ... Achso! Verzeihung! Also, grüß Gott, Fürst ... oder vielmehr guten Tag! Sie entschuldigen!

SATAN: Oh bitte, das macht fast gar nichts!

(Sie mustert ihn – und die Teufelinnen mustern die Engel)

DIE DAME: Sie sind also der Satan!

SATAN: Ja, ich bin der Satan! Ich glaube, wir kennen uns doch?

LILITH: Ach, Ihr kennt Euch?

SATAN: Ja! Das heißt: das war ... mehr ... geschäftlicher Natur!

DIE DAME: *(verletzt)* Geschäftlicher Natur?

SATAN: Ich wollte sagen: es geschah in Ausübung meiner beruflichen Pflichten, Eure Heiligkeit zu versuchen!

DIE DAME: Sprechen wir von etwas anderem! Diese Dame gehört zum Hause? Wollen Sie mich nicht vorstellen?

SATAN: Zum Hause? Ja! Nein! Es ist die Kameradin Lilith!

DIE DAME: Achso! Ich verstehe! ... Die hiesigen ... Verhältnisse sind mir noch so ungewohnt! Guten Tag, gnädiges Fräulein! Wird das Fräulein an den Verhandlungen teilnehmen?

SATAN: Gewiß! Wenn Eure Heiligkeit nichts dagegen haben ... Sie ist die Vertreterin des Terrestinfern!

LILITH: Oh, ich kann auch gehen, falls ich die Herrschaften störe! ... Euer Heiligkeit!

DIE DAME: Aber bitte, mein Fräulein, bleiben Sie doch! Ich möchte doch nicht so allein ... Übrigens bin ich nur: Seligkeit!

SATAN: So? Ich dachte Ihren Namen auf dem Kalender gelesen zu haben?

DIE DAME: Sie sind hübsch eingerichtet hier! Ich hatte es mir ganz anders vorgestellt!

SATAN: *(stolz)* Ja! Das ist der Spiegelsaal vom Gehenna! Alles noch Gläser aus dem Tempel Salomonis vor der zweiten Zerstörung! Hier sind wir ja allsehend!

DIE DAME: *(erstaunt)* Was? Sind Sie das auch?

SATAN: Ja! Allsehend sind wir auch! Leider nicht allwissend! Wir sehen jedenfalls mehr als uns lieb ist!

DIE DAME: Den Himmel auch?

SATAN: Durch die Periskope ja! – nur von unten! . . . *(Lilith räuspert sich)* Aber wir machen wenig Gebrauch . . . wir sind ja nicht indiskret! Nur um auf dem laufenden zu bleiben! Zumal angesichts der gigantischen Fortschritte in letzter Zeit!

DIE DAME: Meinen Sie nicht, Fürst, daß dies Wort eine gute Überleitung zu unserem Thema ist?

SATAN: Eine vorzügliche!

DIE DAME: *(setzt sich zurecht)* Sie sprachen, Fürst, von den Fortschritten der letzten Zeit! Das ist im Grunde mehr ein Kompliment für Sie als für uns! Sie haben dank der letzten Katastrophe mehr Aktiva zu buchen als je zuvor, die dreißigjährigen mit inbegriffen, bei der doch der Übertritt ganzer Armeen zum rechten Glauben viele Seelen gerettet hatte. Während diesmal – durch die Rationalisierung der Vernichtungstechnik – die unteren Bevölkerungsschichten der europäischen und farbigen Heeresangehörigen fast ausnahmslos Ihnen zugefallen sind.

SATAN: Allerdings! Aber legt man denn bei Ihnen auf diese Schichten – auf das Volk so großen Wert?

DIE DAME: Selbstverständlich! Erstens schon aus Propagandagründen . . . Und zweitens sind das ja doch die Kontingente, aus denen sich die himmlischen Heerscharen rekrutieren! . . . Aber haben wir damals – Krieg war Krieg! – ein Auge zugedrückt, so können wir doch nicht ruhig zusehen, wenn von Ihrer Seite fortwährend Verletzungen unserer durch älteste Verträge gesicherten Reservate erfolgen!

SATAN: Welcher Reservate denn?

DIE DAME: Ja, was ist denn zum Beispiel Ihr Zukunftsstaat anderes als unser Paradiesglaube?

SATAN: Purer Nonsens . . .! Mit Verlaub Euer Seligkeit!

Der Zukunftsstaat ist doch unser bodenständiges Programm, das wir auf Erden verwirklichen wollen, während Ihr Reich sich auf einer Astralebene vollenden soll.

DIE DAME: Fürst! Sie verstehen sehr genau, was ich meine! Sie datieren den Zukunftsstaat in die Zeiten kommender Geschlechter, um damit die Seelen der Gegenwart zu ködern – wir verheißen das Paradies am Ende der Tage . . .

LILITH: Der Nachsatz fehlt!

DIE DAME: Wie bitte?

LILITH: Der Nachsatz fehlt! Eure Seligkeit bemerkten sehr richtig: Sie verheißen das Paradies am Ende der Tage, um . . . um was?

DIE DAME: Das ist nicht so wichtig! Wir sind hier schließlich zusammengekommen, um eine Art Konkordat zu tätigen! Und um es gleich vorwegzunehmen: Ihr Vorschlag, Fürst, einer Gemeinsamkeit in der Fegfeuerverwaltung hat im Himmel großen Anklang gefunden!

LILITH: Gemeinsamkeit in der Fegfeuerverwaltung?

DIE DAME: *(sehr spöttisch)* Das wußten Sie nicht?

LILITH: Doch! Ich bin vollkommen orientiert . . .!

DIE DAME: Leider werden die Machenschaften eines Ihrer Vertreter, der das Dumping des russischen Streichholzsyndikates unterstützt, als äußerst störend empfunden!

LILITH: Bravo!

(Die Teufelinnen klatschen in die Hände)

SATAN: Ich verbitte mir das! . . . Dieser Himmelhund! Pardon! Dieser Höllenköter! Dieser verruchte Beelzebuth! Na warte, mein Bürschchen! Dir werd' ich's einheizen! Nicht utan Phosphor och Swefel! . . . Eure Seligkeit können versichert sein, daß wir keine Bolschewisten sind und daß wir alle unfairen Handelsusancen aufs schärfste mißbilligen!

LILITH: Ich nicht!

DIE DAME: Ich konstatiere, daß Unstimmigkeiten vorliegen, deren Klärung erst . . .

SATAN: Die Frage *ist* bereits geklärt! Kommen wir zum Ziel! Es ist selbstverständlich, daß wir das Fegfeuer nicht aus der Hand geben können! In Ihrem wie in unserem Interesse nicht! Ohne Hölle keinen Himmel! Ohne Verdammnis keine Erlösung! Wir haben alle nur einen Feind: die Aufklärung! Aber die Epoche der Zersplitterung, diese sogenannte Neuzeit muß ein Ende nehmen! Unter Wahrung des Konkurrenzkampfes um das Seelenbudget haben wir gemeinsam eins anzustreben: Die Einheitsfront gegen die Menschheit, ein Pandämonium! Wenn wir von unserer Seite also bereit sind, Ihnen Anteile auf den Höllenbrand zu konzedieren, so verlangen wir: die uneingeschränkte Ausbeute des kapitalistischen Systems, das unser Werk ist!

DIE DAME: *(tiefst erschrocken)* Das überschreitet bei weitem meine Befugnisse! . . . Wir sind auf das Geld genau so angewiesen wie Sie! . . . Abgesehen von den laufenden Ausgaben der Kurie, kosten uns die amerikanische Antiatheisten-Campagne und die Missionen und die Negerbekehrungen . . . ein Heidengeld! Wenn Sie wüßten, wie die sündige Welt selbst den Peterspfennig . . . *(sie kann vor Schluchzen nicht weiter)*

DIE TEUFELINNEN: *(schluchzen)*

DIE DAME: Ach Herr, gib mir doch die Kraft und erweiche dieses verhärtete Gemüt!

LILITH: *(reicht ihr lächelnd ein rotes Taschentuch)*

DIE DAME: Gott vergelt's! Liebes Fräulein!

SATAN: *(schneuzt sich gerührt)* Madame! Ich hätte schon einmal alle Schätze der Erde für einen Kniefall hergegeben . . .!

DIE DAME: *(fährt hoch – die Engel desgleichen)* Was wollen Sie damit sagen?

SATAN: Was für ein Parfum gebrauchen Euer Seligkeit?

DIE DAME: *(noch immer schluchzend)* Rose von Jericho ... wieso?

(Satan schweigt und beginnt gierig zu schnüffeln)

(Kleine Verlegenheitspause)

LILITH: *(greift ein)* Finden Euer Seligkeit nicht, daß man nirgends auf dem Erdenrund so gute Eisgetränke bekommt wie in Genf im Hôtel des Bergues?

DIE DAME: Sie haben die Angewohnheit, gnädiges Fräulein, sich etwas rätselhaft auszudrücken!

LILITH: Zum Beispiel ist eine der Spezialitäten dieser Bar der Schwedenpunsch ...!

DIE DAME: Ich sehe, man hat es darauf angelegt, mich zu kompromittieren! Ich hätte hier darauf gefaßt sein müssen ... Unter diesen Umständen ... *(zu den Engeln)* Die Himmelsleiter!

DIE ENGEL: *(eilfertig)* Die Himmelsleiter!

DIE TEUFELINNEN: Schaaade!

SATAN: *(mit Macht!)* Ich beschwöre Euer Seligkeit, bei allem was mir ... *(er würgt)* heilig ist ...

(Aber das Wort macht gar keinen Eindruck. Die Dame scheint entschlossen, zu gehen – schon nehmen die Engel Aufstellung. Deshalb fährt er zu Lilith wütend fort): Wir sprechen uns nachher!

LILITH: *(äußerst gleichmütig)* Es war nicht unsere Absicht, Eure Seligkeit zu verletzen! Sollte ich in dieser Hinsicht gefrevelt haben, so gebe ich Euer Seligkeit zu bedenken, daß Euer Seligkeit in Mission hier sind, und daß private Belange vor den geschäftlichen zu schweigen haben! Ich fürchte, daß die fernere Erdkarriere Eurer Seligkeit ...

DIE DAME: *(schwer verdutzt)* Ja! Daran habe ich nicht gedacht! ... Gnädiges Fräulein, Sie sind sehr, sehr ... jesuitisch!

(Lilith verbeugt sich – die Dame nimmt wieder Platz)

DIE TEUFELINNEN: Jesu – itisch!

DIE DAME: *(sucht nach dem Faden)* Fürst! Sie . . . schnitten vorhin die ökonomische Seite an! Auch im Himmel haben wir das vollste Verständnis dafür, daß eine Unterwelt nicht ohne Kapitalien existieren kann, solange noch diese Ihre Institution in Gültigkeit ist . . . Und was würden Sie da von einer sehr großzügigen Anleihe halten, die – sagen wir – auf zwei Äonen befristet wird?

SATAN: *(schnalzt mit der Zunge)* In barem Golde?

DIE DAME: In barem Golde, wenn Sie wollen!

DIE TEUFELINNEN: *(als hätten sie Crèmetorte gegessen)* Mmmm!

SATAN: In . . . flüssigem Golde?

DIE DAME: Ich will versuchen, es flüssig zu machen!

DIE TEUFELINNEN: *(reiben sich den Magen)* Eiii!

LILITH: Und der schwedische Streichholzkönig wird Ihnen gewiß behilflich sein!

SATAN: *(braust auf)* Was? der schwedische Streichholzkönig? Europas mysteryman? Dieser Mensch, dem ich schon zweimal auf der Spur war: mit dem Aufstand in Indien, mit dem gelben Fieber in Vera Cruz? Alle krepierten! Er ging mir durch die Lappen! Dieser Mensch, der mir durch seinen Pseudosozialismus: Krankenkassen, Siedlungen, Versicherungen den besten Teil der Arbeiterschaft wegködert? Niemals! Niemals!

DIE DAME: Aber Fürst! In zwei Äonen sind Sie frei! Sie brauchen mit ihm ja nicht direkt zu verhandeln! Sie geben uns die Vollmacht! Uns kommt es nicht darauf an, denn bei uns heiligt der Zweck die Mittel! . . . Und der Kampf um seine Seele ist ja noch nicht entschieden!

SATAN: Oh! Das kennen wir! Darauf falle ich nicht mehr rein! Diese Herren Großkapitalisten können sich soviel gute Werke leisten – gegen solche Wohltaten sind all unsre Todsünden ohnmächtig!

DIE DAME: Fürst! Sie sollten sich doch darüber klar sein, daß Sie nicht nur unser Geld, sondern auch die Hilfe unserer himmlischen Heerscharen einmal benötigen könnten! Wir im Himmel sind orientiert über die inneren Zustände der Unterwelt!

SATAN: So! Spioniert haben Sie? Und wenn es selbst so ist, lieber soll alles zugrunde gehen: Himmel, Erde und Hölle – aber ohne ein Jüngstes Gericht, das fegt ein Umsturz von unten über den Haufen – lieber soll der rote Reiter auf weißem Pferde die ganze Schöpfung wegrasieren, ehe ich einen Schritt von meinem Prinzip abweiche! Eher soll meine Hand verdorren, bevor ich solche Vollmacht ...

(Bei der Erwähnung des roten Reiters hat Zittern und Beben die Engel befallen – alle, selbst Lilith und die Dame konnten sich dessen nicht erwehren. Die Dame rafft sich zuerst zusammen – sie gibt heftige Zeichen den Engeln, die angstvoll gehorchen)

DIE DAME: *(leise)* Das Mirakel! Das Mirakel! *(der Hintergrund beginnt zu schimmern)* Fürst! Ach, denken Sie an das flüssige Gold, das Sonnengold! In breiten, unendlichen Segensströmen aus den allerhöchsten, üppigsten Sphären! Denken Sie daran, daß es noch andere himmlische Erkenntlichkeiten gibt, voll von ungeahnten süßen Verzückungen ...

(Nun hat sich der Hintergrund erschlossen – Leichtgewandete Engel schweben die Stufen abwärts – Chöre ertönen – Gleißendes goldenes Licht strömt hinab)

DIE TEUFELINNEN: *(scheinen außer Rand und Band)*

SATAN: Haltet mich fest! Haltet mich fest! Ich kann dem nicht widerstehen! Luzifer! Luzifuge! Das Tetragramm! Das Tetragramm! Sie haben mich wieder überrumpelt! Her mit dem Pakt! Her mit der Feder!

(Er reißt einem aufheulenden Engel eine Feder aus, die

Teufelinnen tanzen und stürzen sich auf die Engel, die entsetzt flüchten – Satan sticht sich in den Arm, daß das Blut aufspritzt und unterschreibt)

EINE STIMME AUS DER HÖHE! Amen!

(Ein alles überblendender Lichtstrahl fällt ein – Glocken läuten – Wenn der Strahl versiegt, ist die Vision verschwunden)

LILITH: *(sitzt nachdenklich)*

SATAN: *(ernüchtert)* Was . . . war das denn? Was war das eigentlich? Was habe ich denn . . . unterschrieben . . . *(er hämmert sich die Stirn)* Lilith! Was habe ich denn . . . *(Lilith unbeweglich – Satan zu den Teufelinnen)*

SATAN: Was habe ich denn . . . Wie? *(Die Teufelinnen unbeweglich – Satan verlegen)* Ja! Also auf jeden Fall: ich danke Dir, Lilith! Ich fühle mich im Grunde sehr glücklich! – Ich fühle mich sogar glückselig! Und ich will, daß Du an meiner Glückseligkeit teilhast . . .

(Aber wie er sich ihr nähern will, steht Lilith auf)

LILITH: Besten Dank!

SATAN: Jawohl! Besten Dank! Ich bin doch jetzt reich! Ich bin doch saniert! Und das danke ich Dir!

LILITH: *(im Gehen)* Du irrst Dich! Ich habe es nicht für Dich getan!

SATAN: *(verdutzt)* Nicht für mich?

LILITH: Und beeile Dich, solange Geld noch einen irdischen Kurs hat!

SATAN: *(allein)* Nicht für mich? Etwa für . . .

(Höllengelächter aus der Tiefe – Glockenläuten von droben)

Ach, ich dummer Teufel! Ich in alle Ewigkeiten dummer Teufel! Hört auf! Hört auf! Nervenmörderisches Gebimmel! Wann endlich werden wir hier unten erwachen! Wann endlich werden wir uns von diesem bigotten Liebfrauenkult frei machen?

VI. Bild

(Das Glockenläuten dauert an. Es schallt von draußen in das Arbeitskabinett des Fürsten. Dieses Kabinett bedarf keiner Beschreibung. Es ist schlichthin prunkvoll. Zu erwähnen wäre nur die Tapetentür im Hintergrund neben der Loggiatür; und auf dem Schreibtisch eine Statuette des Fürsten zu Pferde aus Bronze.)

CESARE: *(neben ihm sein Sekretär – ist gerade dabei, in ein vor ihm, auf dem Schreibtisch, aufgebautes Mikrophon zu sprechen)*
Die freie, souveräne Kirche – der freie souveräne Staat: diese Formel, die ich dem Konkordat zwischen uns und dem Heiligen Stuhl zugrunde gelegt habe, könnte an das Nebeneinander von zwei Regierungen denken lassen. Diese beiden aber existieren nicht – nicht nebeneinander! Eines ist das Reich des Vatikans – ein ander Ding das Reich des Staates! Kameraden! Ich habe klar und offen gesprochen! Und ich hoffe, die Besten unter Euch, das

Rückgrat unsres Regimes, aber auch das Volk hat mich verstanden!

DER SEKRETÄR: *(schaltet aus)* Ich bitte untertänigst, mich zurückziehen zu dürfen ... Es wird auf die Glocken umgeschaltet ...!

CESARE: Sie können gehen! Ich wünsche keine Störung für eine Stunde!

DER SEKRETÄR: Mein Fürst! ... *(zögernd)* ... Eine Dame im Audienzsaal, die ...

CESARE: Ich weiß! Ich werde rufen lassen!

DER SEKRETÄR: *(zieht sich zurück)* Mein Fürst!

CESARE: *(sobald er allein, verschränkt die Arme)*

(Die Tapetentür öffnet sich behutsam – und herein)

BEELZEBUTH: Bravo! Ausgezeichnet! Das haben Sie vorzüglich gemacht!

CESARE: *(drohend die Stirne runzelnd)* Haben Sie denn nicht gehört? Ich wünsche jetzt nicht gestört zu werden!

BEELZEBUTH: *(setzt sich, ganz unberührt davon, ihm gegenüber)*

Sie gestatten, daß ich mir eine Zigarette anzünde? Unter uns: ich habe Blut und Wasser geschwitzt! Aber Sie haben sich vorzüglich gehalten!

CESARE: Mensch! Ich lasse Sie auf der Stelle verhaften! Wissen Sie nicht mehr, wem Sie gegenüberstehen?

BEELZEBUTH: Ich betrachte nämlich das ganze Konkordat als eine ... gewissermaßen ... Demütigung! In Wirklichkeit haben Sie damit die Politik des großen Buonaparte fortgesetzt, indem Sie, wie er, dem Vatikan die zweite Stelle, nach der Nation, einräumten!

CESARE: *(durch diesen Vergleich etwas besänftigt)* Herr von Beelzebuth! Ich verkenne nicht die Verdienste, die Sie seit unserem Zusammentreffen beim Völkerbunde meiner Person, also im Staate, geleistet haben! Sie haben deswegen auch Vorteile genossen, die andern teuer zu stehen gekommen wären!

BEELZEBUTH: *(mit höhnischer Verbeugung)* Danke vielmals! Ich bin vollkommen im Bilde!

CESARE: *(schlägt auf den Tisch)* Ich sage Ihnen! Nehmen Sie sich in acht! Ich vermeide, wenn es geht, Gewalttätigkeiten! Aber einmal haben mir 48 Stunden Gewalt geholfen, Dinge zu vollbringen, zu denen 48 Jahre Propaganda nicht genügt hätten . . .

BEELZEBUTH: *(pafft wie ein Schlot)* Wenn man Sie so reden hört, könnte man fast zu der Überzeugung kommen, daß Sie das alles glauben!

CESARE: *(in edlem Zorn)* Noch ein Wort, und ich rufe meine Garde!

BEELZEBUTH: Ich spreche ja in vollster Bewunderung! Ich hätte Sie mir nicht ausgesucht, wenn Sie eine andere Natur gewesen wären! . . . Aber was mir im Augenblick wichtiger erscheint, ist die Finanzlage! . . . Sagten Sie nicht, daß Sie dringend Geld brauchten?

CESARE: Der Reichsschatz ist mir heilig! Jeder Groschen dieses Geldes ist heilig! Eines der größten Experimente der Geschichte, das sich vor unsern Augen abgespielt hat, hat bewiesen, daß jedes System kollektiver Geldwirtschaft, das nicht der persönlichen Initiative Rechnung trägt, zum Untergang verurteilt ist . . .

BEELZEBUTH: Aber setzen Sie sich doch! Sie werden doch nicht die ganze Zeit stehen! . . . Sie sprachen von der persönlichen Initiative, das heißt: der Privatwirtschaft! Also, lassen Sie sehen! Sie haben – was haben Sie? Eigentlich doch nur die Automobilindustrie, und die ist an Amerika verpfändet!

CESARE: Um so bessere Gelegenheit für Sie, jetzt Ihre Tüchtigkeit zu beweisen! Ich gebe Ihnen 24 Stunden Frist!

BEELZEBUTH: Verbindlichsten Dank! ... Sie gestatten! Meine Zigarette ist ausgegangen! *(Cesare reicht ihm ein Feuerzeug, das versagt, worauf Beelzebuth eine Schachtel Streichhölzer vorzieht)* Haben Sie schon an die Streichhölzer gedacht?

CESARE: An was?

BEELZEBUTH: An das Streichhölzermonopol!

CESARE: Das ist unmöglich! Daran darf nicht gerührt werden! Ein völlig unpopuläres Mittel!

BEELZEBUTH: Ach na! Ihr Volk hat sich schon an ganz anderes gewöhnen müssen! ... Die ... Dame wartet doch im Vorzimmer?

CESARE: Zum Teufel! Horchen Sie etwa an der Tür ab?

BEELZEBUTH: Man hört das, was nötig ist! ... Ich habe meinerseits einen ... Herren ... einen Herren Vertreter der Sowjetunion herbestellt! Bitte, regen Sie sich nicht auf! Ich muß Sie sogar ersuchen, mir für eine kurze Zeit wieder mal Ihren Platz zu überlassen ... Sie sind wohl so liebenswürdig, sich in unser gemeinsames Zimmer zu verfügen! Es ist jetzt 11 Uhr ... Spätestens um 12 soll ich zu einer Besprechung mit dem Engländer sein! ... Also kommen Sie! Seien Sie vernünftig! Machen Sie mir nicht immer dieselben Schwierigkeiten!

CESARE: *(steht einen Augenblick unentschlossen auf, dann geht er mit kurzer Kehrtwendung zur Tapetentür; dort wendet er sich nochmals um)* Wir haben einen Pakt geschlossen auf Weltruhm! Ich quittiere dankend dafür! Aber rechnen Sie nicht zu sehr darauf, daß ich mich mit Haut und Haaren verschrieben hätte! Es gibt Situationen, die sind stärker als ein Ehrenwort! *(Er schlägt die Tür hinter sich zu)*

BEELZEBUTH: *(sarkastisch, aber eitel)* Meine Schule! ... *(hebt den Hörer ab)* Die Dame im Vorzimmer, bitte!

(Und die Dame, der wir bereits in Genf und im Gehenna begegnet sind, tritt ein)

BEELZEBUTH: *(geht auf sie zu, küßt ihr die Hand)* Gnädige Frau! Ich bitte, Platz zu nehmen!

DIE DAME: Mein Fürst! ... Sie sind also der Fürst!

BEELZEBUTH: Ja! Hatten Sie sich ihn anders vorgestellt?

DIE DAME: Nach den Bildern ... Verzeihen Sie die Befangenheit einer Frau, die zum ersten Male einem Manne gegenübersteht, von dem die Welt spricht, ohne den keine Filmwochenschau mehr abrollen kann!

BEELZEBUTH: Oh bitte! Das gibt sich! ... Außerdem hatten wir doch schon einmal das Vergnügen!

DIE DAME: *(sucht in ihrem Gedächtnis)* Ach?

BEELZEBUTH: Ja! Im Hôtel des Bergues in Genf! Ich habe mich etwas verändert, nicht wahr?

DIE DAME: Jetzt glaube ich mich zu entsinnen! Das waren also Sie!

BEELZEBUTH: Unser Zusammentreffen trug allerdings ... mehr ... geschäftlichen Charakter!

DIE DAME: *(die das schon einmal gehört hat, entrüstet)* ... geschäftlichen?

BEELZEBUTH: In Ausübung meiner irdischen Mission! Ich folge in allem Tun und Handeln stets einer ... Mission! ... Selbst in der Liebe!

DIE DAME: Fürst! Ich nehme an, daß Sie mich aus anderen Gründen rufen ließen! Ich will Ihre Zeit, die dem Wohle des Volkes gehört, nicht vergeuden! Wenn ich recht unterrichtet bin, ist es Ihnen um eine Beleihung Ihres Zündholzmonopols zu tun!

BEELZEBUTH: *(der sie angestarrt hat, scheinbar zerstreut)* Ja, richtig! Ich hatte ganz vergessen! Wie hatten Sie sich das gedacht?

DIE DAME: Verzeihen Sie, Fürst! ... Aber Sie entsprechen

wirklich ... so wenig der Vorstellung, die die Beschreibung Ihrer Persönlichkeit gibt ... Ich dachte, daß man der Einfachheit halber einen andern Vertrag als Muster nehmen könnte ... einen Vertrag, den wir gerade gestern mit einer Großmacht ... mit der bedeutendsten Großmacht ... Sie entschuldigen ... bedeutendsten Großmacht getätigt haben!

BEELZEBUTH: Ja! Ich bin über diese Angelegenheit schon unterrichtet!

DIE DAME: *(erschrickt)* Über welche?

BEELZEBUTH: Auf die Sie anspielten! Nun ist aber die ökonomische Lage der Unterwelt, die ja auf ihren Fegfeuerkonsum und dadurch auf einen starken Import angewiesen ist, wesentlich ungünstiger als die unsere, die wir über die Sonnenerwärmung verfügen!

DIE DAME: *(hingerissen)* Fürst! Ich nehme alles zurück, was ich vorhin geschwätzt habe! Ich verstehe es jetzt, daß ein Volk Ihnen anbetend zu Füßen liegt! ... *(Sie tritt neben ihn)* ... Ich könnte es verstehen, daß noch ganz ... andere Wesen Ihnen ... ganz andere ... höchste Kredite einräumten ...

(Die Glocken beginnen wieder zu läuten)

BEELZEBUTH: *(frostig)* Gnädige Frau! Ich möchte etwas aus meiner Erfahrung als ... Staatsmann sagen; nämlich, daß in der Politik dieselbe Taktik nicht immer denselben Effekt hat! ... Man muß ... finassieren! Bei aller Würdigung Ihrer persönlichen Anmut, die Ihnen in der ... vorhergehenden Besprechung zum Siege verholfen hat, kann ich doch nicht umhin, Ihnen zu raten: bleiben Sie mir gegenüber streng bei der Sachlichkeit! Und drücken Sie Ihre Wünsche lieber in Ziffern aus!

DIE DAME: *(sehr stolz)* Fürst! Es ist an Ihnen, zu handeln!

BEELZEBUTH: Ganz wie Sie wünschen! *(hebt den Hörer ab)* Der Herr der Handelsvertretung!

DIE DAME: Was soll das bedeuten?

BEELZEBUTH: Einen Augenblick Geduld, bitte ... *(Währenddem mustern sich beide, bis der Russe in der Tür erscheint)* ... Darf ich bekannt machen: Der Vertreter der russischen Handelsdelegation – die Vertreterin der Sub- und Superterrestrischen Fegfeuer A. G.

DIE DAME: *(in flammendem Zorn)* Das ist eine Überrumpelung! Unwürdig eines allerhöchsten Staatsoberhauptes ... Ja, dann bin ich wohl überflüssig!

BEELZEBUTH: Ganz wie Sie es auffassen wollen! ... Ich habe die Ehre ... *(Aber sie ist schon hinausgerauscht)* ... A rivederla! ... Mein Herr! Ich bin ... erfreut, die Bekanntschaft des Repräsentanten eines Systems zu machen, dessen Ziele den unsern nicht so fernliegen, wie man allgemein annimmt.

DER RUSSE: *(mit einen undefinierbaren Lächeln)* Mein Fürst!

BEELZEBUTH: Ich bin kein Freund von Unklarheiten! Die Gewaltakte am Schwarzen Meer ... rauchen Sie? Die Gewaltakte am Schwarzen Meer hatten zwar unsere Beziehungen getrübt, aber sie hatten auch ihr Gutes: die Einleitung einer direkten, diplomatischen Fühlungnahme! Ich hatte dann weiterhin Gelegenheit, mit Ihren Genossen Krassin und Voromski sehr günstige Unterredungen zu pflegen, die leider durch den unnatürlichen Tod des letzteren unterbrochen wurden!

DER RUSSE: *(verbeugt sich)*

BEELZEBUTH: Um präzise zu sein! Ich erkenne Ihre Regierung an! Ich bin bereit, sie von neuem in die ökonomische und diplomatische Zirkulation der occidentalen Gesellschaft einzuschalten. Ich würde sogar bereit sein, ein Stück Weges mit Ihnen zu gehen! Aber ich verlange als

Gegenleistung einen anständigen Handelsvertrag, Lieferung von Rohstoffen, die uns fehlen usw.

DER RUSSE: Sie gestatten, mein Fürst, daß ich diese Worte nach Moskau zurückmelde?

BEELZEBUTH: *(erstaunt)* Ist das alles, was Sie darauf erwidern? Ich hatte eigentlich angenommen, daß Sie mit sämtlichen nötigen Vollmachten vor mir erscheinen würden! Krassin war in dieser Hinsicht bequemer!

DER RUSSE: Man ist in letzter Zeit bei uns sehr vorsichtig geworden ... aber das besagt noch keineswegs, daß wir Ihren Angeboten abgeneigt seien!

BEELZEBUTH: Also besagt es eine Zusage?

DER RUSSE: In der Diplomatie gibt es bekanntlich keine Zusagen! Aber um den Gang der Ereignisse abzukürzen: es ist jetzt 20 nach elf! Bis um 13 Uhr werde ich meinen Anschluß nach Moskau und Sie Ihre Besprechung mit den Engländern – soviel ich weiß, handelt es sich um den Antischwedentrust Bryant & May! – erledigt haben!

BEELZEBUTH: Meine aufrichtige Hochachtung! ... Und sollte ich in nächster Zeit hier ... abkömmlich sein, so werde ich auf ein stilles Unterkommen bei Ihnen rechnen! ... Also vorläufig in einer halben Stunde!

DER RUSSE: *(an der Tür)* Mein Fürst! Pünktlichkeit ist die Höflichkeit der Fürsten!

(Brausendes Rufen von draußen)

BEELZEBUTH: *(besinnt sich einen Augenblick, dann öffnet er die Loggiatüren, dann die Tapetentür)* Sie können wieder eintreten, Cesare! ... *(mit einer Geste nach der Loggia)* Der Ruhm ist für Sie! *(er zieht sich zurück)*

CESARE: *(setzt sich in Position vor dem Spiegel, tritt auf den Balkon, so daß gegen das Sonnenlicht nur der Rükken seiner Statur sichtbar ist ... Seine Ansprache hörbar aus dem Grammophontrichter auf dem Schreibtisch)*

Römer! Mitbürger! Populari! Ich will Euch von der Gewalt reden! Von la Forza! Der Schönheit der nackten Gewalt! – . . . Nackt bis aufs Schwert, doch bereit, es aus der Scheide zu ziehen, wenn das Schicksal sie nötigt. Schicksal – aber was ist: Schicksal? *(Schweigen. Er macht mit der linken Hand eine ungeduldige Bewegung zum Grammophon)* . . . La Fortuna! La Guerra! Das einzige Allheilmittel gegen die *Umanità*, . . . wo immer sie erscheint . . .! Fasci di combattimento! Fascismo! Bene! Benito! Aber das ist nicht bloß . . . eine Leibesübung; nicht bloß Sport – sondern ein Monopol . . . der Italianità . . . Eine olympische Fackel von Hand zu Hand, die, wenn sie zu erlöschen droht, wieder angefacht werden muß – mit . . . fiammiferi . . . Mit – notfalls durch einen neutralen Handels-Friedensvertrag, notfalls mit . . .
(Er redet weiter, während der Vorhang fällt)

VII. Bild

(»The Orpheus Bar« im Tartarus erinnert schon durch den Namen an die hellenisch-dionysische Auffassung von der Unterwelt. Hier herrscht Stimmung – hier herrscht Betriebsamkeit – und die Wände schmücken Szenerien aus den Saturnalien.
Plakat: Die Hölle heizt nur mit Schwedenhölzern. Vor der Theke, wo sich die Phiolen und Amphoren moderner Alchimiemixerei aufreihen, auf Barstühle geklemmt, Satan und seine Horde: Astaroth, Asmodi, Adramelech, Leviathan und Mammon, alle in roten Smokings, und Lilith in Abendtoilette. Hinter der Theke eine Barteufelin in einer Tunika)

SATAN: *(schwer angetrunken singt laut und schallend)*
Und wenn der ganze Schnee verbrennt
Potz Giftgas Bomben und Feuerelement!
Es wird weiter – es wird weiter gefrevelt!
Bis die See-e-eele ausgeschwefelt
Und das Sündenfleisch in der Hölle sengt ---

Ober! einen Ekrasit! Lilith, warum trinkst Du denn nicht? Wir haben's doch dazu! Was, Kamerad Astaroth, wir haben's dazu! ... und wenn der ganze Schnee-e-ee verbrennt ... Na, Teufel, wer hat denn Euch in die Suppe gespuckt! Ihr sitzt ja da, als ob Ihr gebetet hättet! Behemoth, Du Bock! Hat Dich wieder Deine Phryne versetzt? Na, Asmodi! Astaroth! Mammon! Hast Du wieder mal 'n falschen Börsentip erwischt? ... ich hab' Dir immer gesagt: Laß die Finger von den Spekulationen ... Was so eine richtige ausgeteufelte à la baisse ist, dafür bist Du noch nicht trocken genug hinter den Ohren, alter Junge! Dazu bist Du noch zu altphönizisch! ... Also auf das Gedeihen des Terrestinfern! Prost! Gsuffa!

ALLES: *(wenn auch mit Widerwillen)* Auf das Gedeihen des Terrestinfern!

BEHEMOTH: Das Wort in Satans Ohr!

SATAN: Tetragramm stimulamaton y espures retra grammatam ... Das ist aus den claviculis Salomonis, Kinder! Das ist höhere Magie ... Davon ... versteht Ihr nichts! Davon kapiert das niedere Volks nichts! Prost!

ASTAROTH: *(steigt vom Barstuhl)* Ich mache das Theater nicht mehr mit!

SATAN: Ober! Noch 'n Ekrasit! Was hat er denn eigentlich? Teufel! Schämt Euch doch vor dem Fräulein! Das ist solch undionysische Kundschaft nicht gewohnt! Hiergeblieben, Astaroth!

ASTAROTH: *(gibt sich einen Ruck und schnarrt)* Genosse Satan! Wir sind mit Ihnen durch dick und dünn gegangen: durch ägyptische Plagen und Inquisition, durch Krieg, Pogrome und Revolutionen, durch Blut und Tinte! Aber das will nicht mehr in unseren Schädel! Daß man in solchem Momente hier rumsitzt und säuft!

SATAN: Sag mal, Du kandidierst wohl für den irdischen Reichstag?

ASTAROTH: *(noch schneidiger)* Ist Ihnen bekannt, Genosse, daß der Indische Archipel sich in hellem Aufruhr befindet? Daß die erschossenen Gandhi-Anhänger die Salzvorräte des Styx zu plündern beginnen?

BEHEMOTH: *(klettert vom Stuhl)* Ist Ihnen bekannt, Genosse, daß man in Rußland die antivatikanische Propaganda abgeblasen hat?

MAMMON: *(ebenso)* Ist Ihnen bekannt, Genosse, daß in New York das Gold unter die Papierparität gesunken ist?

LEVIATHAN: *(ebenso)* Ist Ihnen bekannt, Genosse, daß dank den Umtrieben des . . . Exgenossen Beelzebuth auf Erden ein neuer Glaube wütet, unter Ketzern, und Heiden, unter Sozialisten, Negern, Juden, Milliardären und Freimaurern: gefährlicher, berauschender als alle Religionen: der Nationalismus?

ASMODI: Ist Ihnen bekannt, daß der tägliche Zuzug der von den Engländern in Indien, von den Franzosen in Annam, von den U.S.A. in Lateinamerika zu Tode gefolterten Farbigen ein tägliches Anwachsen des Rebellengeistes in der Hölle zur Folge hat? Ist Ihnen bekannt, zum Himmeldonnerwetter . . . während wir hier die himmlische Anleihe versumpfen, schließt auf der Erde der Faschismus ein Schutz- und Trutzbündnis mit dem Lateran . . . und in den Gefilden der Seligen bewaffnen sie die englischen Heerscharen!

LILITH: *(die von Mal zu Mal heiterer wurde)* Einen Manhattan!

SATAN: *(pfeift sich eins)*

Und wenn der ganze Schnee verbrennt
Potz Bomben Giftgas und Trockenelement! . . .
Ober, 'n Ekrasit für die ganze Bande! . . . *(zum Barmädchen)* Na, Puppe, soll ich Dir auch einen spendieren?

BARTEUFELIN: Ne danke! Nicht von Ihnen!

ASMODI, ASTAROTH und die ANDERN: Das ist ja wirklich zum Krötenspeien!

SATAN: Ach, der kleine Unschuldsengel!

BEHEMOTH: Genosse Satan! Wir lassen uns nicht wie Erdenklöße behandeln! Wenn wir nicht sofort eine befriedigende Antwort . . .

EIN BOY: *(bringt auf einem Tablett eine Visitenkarte)* Ein Herr wünscht vorgelassen zu werden!

SATAN: Aha! Rein mit dem Aas! Ich bin heut in Stimmung! Ich bin sogar in primissima Höllenstimmung – in geradezu orphischer Stimmung! Das kommt nicht oft vor! Das müßt Ihr rot im Heiligenkalender anstreichen! . . . *(An der Tür zeigt sich der Journalist Plutus, verschüchtert und neugierig)*

. . . Treten Sie näher, junger Mann! Das ist meine Bande! Das ist die Kameradin Lilith! Vergucken Sie sich nicht, sonst könnten Sie es mit mir zu tun kriegen! . . . Und das ist der Korrespondent Plutus! Plutus ist der Gott des Reichtums, aber dieser hier ist man bloß Wirtschaftstheoretiker! Ich soll nämlich interviewt werden! Ist einer von Euch schon mal interviewt worden? Seht Ihr! Das ist der wahre Ruhm! Was nützen alle Ränke und Tücke Luzifers, wenn die Zeitungen nichts darüber bringen! Setzen Sie sich und trinken Sie und denn schießen Sie los!

PLUTUS: Zu gütigst, mein Fürst, zu allgütigst! *(Er klettert auf den Barstuhl)*

ASTAROTH: *(leise zu Mammon)* Na das übersteigt ja wohl alle Infernos! Jetzt läßt er sich noch mit der Presse ein!

SATAN: Ein Hoch auf die Presse! Ich liebe die Presse! Die Presse ist meine Leib- und Magenspeise! Ich bin auf sie samt und sonders abonniert. Allerlei Hochachtung, muß ich da sagen! Ihr seid mir über! Nene! Keine falsche Bescheidenheit! Zum Beispiel so 'n Dementi, wie Ihr das nennt: Wie wir bereits gestern berichteten, ist die Nachricht von einem Anleiheangebot seitens des schwedischen Streichholzkönigs an Deutschland unwahr! Wahr ist vielmehr, daß sich dieses Anleiheangebot auf 150 Millionen beläuft!

PLUTUS: Verzeihen Euer Gottseibeiuns!

SATAN: Sagen Sie ruhig und schlicht: Fürst zu mir!

BEHEMOTH: So was mit anzuhören! Statt dem Subjekt dreitausend Jahre Tinteninjektionen zu verpassen!

PLUTUS: Würden Sie, mein Fürst, zu gewissen Fragen, die ich zu stellen die Ehre haben werde, Stellung nehmen?

SATAN: Aber gewiß! Fragen Sie, was nicht niet- und nagelfest ist! Prost!

PLUTUS: *(verschluckt sich)* Prost ...! Mein Fürst! Es sind Nachrichten verbreitet über das an sich sehr begrüßenswerte Zusammengehen zweier ... bisher ... seit Bestehen der Welt sozusagen ... in Konkurrenz befindlicher Mächte ... So begrüßenswert ... wie gesagt, ... die Beilegung jedes Konfliktes in allerhöchsten Kreisen für das europäische Gleichgewicht ist, so scheint doch das Anziehen der Fegfeuerpreise einige Beunruhigung in der Unterwelt hervorgerufen zu haben. Um zur Beruhigung der irdischen Börse beizutragen, möchte ich Sie, mein Fürst, um Ihre persönliche Ansicht bitten, ob ... irgendwelche Unbotmäßigkeiten, Streik etc., die Betriebe Ihrer Heizanlagen beeinträchtigen könnten!

SATAN: *(streicht sich den Bart)* Keine Bange, Herr Plutus! Bis Sie in die Hölle kommen, funktioniert das Feuer noch tadellos!

(Trotz der schlechten Stimmung gröhlt nun doch alles los)

PLUTUS: *(erregt und mit Schärfe)* Das gehört nicht hierher! Mein Fürst! Es wird behauptet – und von bestunterrichteter Seite –, daß die Herabsetzung der Tagesration, mit der Begründung, daß die Hölle nur noch für den Export arbeite und also ihre Konkurrenzfähigkeit erhöhen müsse, unter den Arbeitern des Schwefelpfuhls die revolutionäre Tendenz verschärft habe!

SATAN: Na, laßt die Kerls doch verschärfen! Scheint ja mächtig viel Journalisten unter den Verdammten zu geben, daß Ihr so bestunterrichtet seid!

PLUTUS: Unsere Vertrauensleute bewegen sich in den entgegengesetzten Kreisen! Wir haben ja – Gott sei Dank! – überall Pressekarten! . . . Ich erwähnte Ihre Begründung der Konkurrenzfähigkeit! Nun ist doch aber, seit dem Zustandekommen des Fegfeuertrusts zwischen Himmel und Hölle nur noch die bolschewistische Konkurrenz zu fürchten. Es wird uns da immer wieder versichert, daß die Unterwelt bolschewistischen Tendenzen fernstehe! Merkwürdigerweise entfaltet ein früheres Mitglied des Inferno in letzter Zeit eine fieberhafte Tätigkeit zugunsten des russischen Marktes und der Radikalisierung unserer teuren Erde!

ALLE TEUFEL: *(erregt)* Beelzebuth! Beelzebuth!

SATAN: *(pfeift)* Und wenn der ganze Schnee verbrennt . . . *(er hat dem Mixer einen Wink gegeben und reicht die Mixung dem Reporter, die aufflammt, daß dieser fast vom Stuhl kippt)*

Trinken Sie mal erst! Na runter damit! Mein lieber Herr Kollege! Gießen Sie sich noch den Rest hinter die Binde und dann kehren Sie auf Ihre liebe Erde zurück zu Ihren Menschenbrüdern und sagen Sie ihnen in meinem Namen: sie sollen sich gefälligst um ihre eigene Hölle kümmern und unsere in Frieden lassen! Schreiben Sie: Wir, die Hölle, wir, die zum Dogma gewordene Revolution, kümmern uns einen Himmelsschmarren um das

Treiben konterinfernalischer, apostatischer Erlöser! Verkünden Sie durch Radio, Tonfilm, Bildübertragungen und was Sie sonst an Fortschrittsgerümpel besitzen: Die Neuzeit hat ein Ende! Ein neues Mittelalter beginnt, daß Euch die Augen übergehen werden! Geben Sie Extrablätter aus: Wir werden allen Verschwörern, woher sie auch stammen mögen, bald einen Empfang bei uns bereiten, als ob der Papst Sylvester II. noch einmal zur Hölle fahren würde ... Geben Sie von hier noch zur Erde durch ...

(Aber Lilith ist vom Stuhl geglitten! Astaroth hat sie noch aufgefangen. Alle Teufel sind um sie bemüht)

ALLE TEUFEL: Lilith! Was ist denn mit Ihnen? Sie wird ohnmächtig! Whisky! Whisky!

(Teufelinnen schwärmen herein um Lilith)

LILITH: *(hebt den Kopf)* Was denn? Ach nichts! Mir ist schon besser! Es war nur ... ich habe wohl zuviel getrunken!

SATAN: *(neben ihr streichelt ihr Haar)* Lilith, mein Kind! Du hast Dich überarbeitet! Du opferst Dich zu sehr der Idee! Komm! Ich bring Dich zu Bett! Satan bringt Lilith zu Bett!

LILITH: *(leise zu der Barteufelin)* Halt ihn zurück! ... Nein danke! Bleibt bitte! Ihr habt ja Gäste! Meine Genossinnen werden mich begleiten!

(Die Teufelinnen umgeben sie, als sie zur Tür schreitet)

SATAN: *(drängt ihr nach)* Laßt mich! Ich werde doch meine Lilith nicht allein lassen! Ich werde sie doch nicht so kampflos hergeben!

(Aber schon sind die Teufelinnen mit ihr hinaus und das Barmädchen hängt sich an ihn)

BARTEUFELIN: Na Schatz! Wie ist das jetzt mit dem versprochenen Gläschen?

SATAN: *(starrt Lilith nach, wendet sich in plötzlichem*

Entschluß um und packt die Barteufelin um die Taille) Sollst Du haben, mein Schatz! Sollst Du haben! Und wenn der ganze Schnee verbrennt, und der leibhaftige Beelzebuth erscheint! Was ist er denn noch? Ein Mensch! Eine dreckige Seele, aus der wir Allerhöchsten und Allertiefsten uns einen Hexensabbath machen! ... Her zu mir Puppe! Ein Hoch auf das Terrestinfern! Wer wagt es, nicht mitzutrinken? ... *(Alle erheben zitternd das Glas)* ... Und nun hinaus! Man lasse uns allein! Man schließe das Gehenna! ... *(Das Licht erlischt)* ... Wir wollen hier geruhen, eine neue allerliebste Teufelei gegen die Humanität zu erzeugen!

(Aus der Finsternis der Aufschrei einer weiblichen Stimme und Satans Gelächter ...)

(Vor dem Vorhang)

PLUTUS: *(zum Publikum gewendet)* Was habe ich denn nun eigentlich gesehen? War das ein Familiendrama oder eine Information für den politischen Hauptteil! Herr Gott gib mir eine Erleuchtung!

VIII. Bild

(Finsterer Wald. Im Hintergrund, in gewellter Blauschrift: Acheron.

Es summt von Myriaden Mosquitos. Dryaden und andere Baumgeister. Eine Espe. Eine Eiche.)

LILITH: in einem blattgemusterten Tarn-Cape, löst sich aus dem wuchernden Laubwerk, sich fieberfrost-schüttelnd; tupft sich den Schweiß von der Stirne; ruft stimmlos; klatscht in die Hände; erschrickt von dem dreifachen Echo. Zittert wie eine Espe.

DIE ESPE: *(raschelt ... Es klingt wie)* Streichhölzer! Streichhölzer!

LILITH: *(zur Espe)* Nein! Nein! ... danke! Keine Angst! Ich habe keine! Gar keine! Ich rauche nicht! Nie! Nicht jetzt! Er mag das nicht! *(sie hustet)* Ich muß doch zu ... *(sie formt vor dem Mund die Hände zu einer Muschel, versucht zu rufen)* Fährmann! Arche ... Ach ... *(sie will rufen: Acheron!)*

ECHO DES WALDES: Charon! Charon!
LILITH: *(erschöpft, lehnt sich an die Espe)*
DIE ESPE: *(bebt und lispelt)*
Ich bin – bimm-bimm – der Zündholzbaum
In Streichholzkönigs Rock – am Saum
Trag' ich das Heldenkreuz aus Holz
Mit *Espenlaub* bekränzt – mein Stolz!
– Staub, den ein Sturmangriff zerblies –
Der Gott, der Eisen wachsen ließ,
sei gnädig meiner letzten Ehre!
An die Gewehre!
LILITH: *(flüchtet unter den Eichbaum)*
DIE EICHE: *(rauscht)*
Hüte Dich!
Bin eine deutsche Eiche!
Stammbaum . . . In meinem Lebensraum
Liegt eine welsche Leiche!
Ein Deserteur!
Malheur! Malheur!
Sei Wotan allen Überläufern gnädig!

LILITH: *(sinkt auf die Knie)* Gnädig? Ich habe nie an das Oben geglaubt – an ein *Über Alles* . . .! Ich bin nicht feige. Ich bin verworfen! Aber ich gelobe: wenn es hilft, wenn es mir nur weiterhilft, zu . . . ihm, nehme ich jede Hilfe an – jede! woher sie mir wird . . .! Ich höre – gehorche!

EIN RABE: *(läßt sich auf dem Eichbaum nieder, krächzend)* Satan, der Du die Lilien auf dem Schlachtfeld kleidest – Das Opferlamm auf Deinem Altar weidest – Gedenke auch der Raben da! Rah! Rah! Hurrah!

LILITH: *(versucht, ihn wegzuscheuchen)* Unheilsvogel! Rabenaas! . . . *(sagt auf)*
Vor den Eichen sollst Du weichen!
Espen-Wespen-Trauerweiden

Sollst Du meiden . . .
Unter Buchen
Gott versuchen!
Mit den Eulen
Mußt Du heulen!
Alles Quatsch! Volksmund! Aberglaube–Liebe–Hoffnung! Es gibt nur eine Lösung! Erlösung! Losung! *(sie spitzt die Lippen f-förmig; aber spricht es nicht aus)* – *(Sie pfeift)*

(Auf dem Acheron hält eine Barke, aus der ein Vermummter herausspringt, der sich entlarvt)

LILITH: Beelzebuth!

BEELZEBUTH: Lilith! Wen suchst Du denn hier?

LILITH: Beelzebuth! Mein guter Junge! Ich hatte ja solche Angst um Dich! . . . Ich wollte hinüber, um Dich zu warnen!

BEELZEBUTH: Lilith, mein Kind! Beruhige Dich doch! Aber warum dieser Umweg über den Acheron? Wir besitzen doch bequemere Beförderungsmittel zur Erde!

LILITH: Weißt Du denn nicht? Sie haben alle Grenzen gesperrt! Sie suchen Dich ja!

BEELZEBUTH: Aha! Mein Köpfchen! Ich hatte schon Lunte gerochen! Satan sei Dank! In dieser Taktik erlangt man auf Erden einige Fertigkeit!

DIE ESPE: *(wispert)*
Geh in Dich, Beelzebuth! Sei klug! Versöhn Dich! Gott sei Dir gnädig – und der Streichholzkönig!

LILITH: Hörst Du, Beelzebuth! Hörst Du, ich bin glücklich, aber . . . verzeih mir! . . . ich bin glücklich, aber wenn Du es geahnt hast, warum . . . warum kommst Du hierher? Warum bist Du fort von der Erde? Sag mir doch die Wahrheit!

BEELZEBUTH: Ja, also ehrlich! Da oben ist nichts mehr zu holen! Nachdem ich den Cesare mit Cäsarenwahn aufgeblasen hatte – wie einen Phallus, wollte er mich auf seine Liparischen Schwefelinseln verbannen! Wieso? Weil ich etwas auf ihn wußte! Weißt Du, ich hatte sogar die Absicht, das anzunehmen! Ich dachte mir, von dort aus müßte man die Leute aufputschen! Dann erfuhr ich, daß ich in der Unterwelt dringender gebraucht würde!

LILITH: War das der einzige Grund?

BEELZEBUTH: Nein! Es war noch etwas anderes! Man sehnt sich nach der Heimat, und wenn sie eine Hölle ist!

LILITH: Ach! Und ich hatte mir eingebildet, Du wolltest zu mir!

BEELZEBUTH: Das wollte ich ja auch, Liebste! Natürlich! ... Nur ... die Idee ... die verfluchte Idee ist eben nun mal stärker als ...

LILITH: Beelzebuth! Als die Liebe?

BEELZEBUTH: Ja! Nein! Es ist im Grunde dasselbe! ... nicht gerade erotischer Natur ... eine andere Art Liebe ... ich kann das nicht so sagen ... ich habe auf der Erde gelernt ... ich: immerhin ein Teufel ... daß man ohne Liebe nichts zu Ende bringt. Das klingt sehr pfäffisch – ist aber ganz überzeugungstreu ... ich habe aus der Praxis, aus der nüchternsten Statistik ... errechnet: es gehört Liebe dazu; sonst wird etwas Grauenhaftes daraus!

LILITH: *(bettelnd)* Beelzebuth?

BEELZEBUTH: *(erwidert die Umarmung)* Gewiß doch! Ich liebe Dich doch! Das fühlst Du ja! In Wahrheit denke ich immer an Dich! All das Ungestüm, das Kämpfen und Sich-Opfern geht immer wieder um das gleiche: Geltung oder Liebe! Das ist furchtbar konterinfernalisch, was ich sage, aber ... Meine Leute müssen gleich hier sein!

LILITH: Du erwartest jemanden?

BEELZEBUTH: Ja, die zuverlässigen Genossen!

LILITH: Mein guter Junge! Für wen tust Du das denn? Kein Wesen in Himmel und Hölle dankt es Dir! Kann ich Dir denn nicht ein Ersatz sein für Deine Menschenträume? Beelzebuth! Bin ich Dir so wenig?

BEELZEBUTH: *(möchte antworten, er sagt nur)* Lilith! . . . *(Ihre Nähe zwingt ihn zur Umarmung)*

DER WALD: *(rauscht auf)*

Rausche zusammen Urwald! Laub sei Bett!
Nicht Mißgunst – Neid und scheeler Blick erspäh Dich!
Tu auf in Höllenmitte Himmelstätt!
Sei Liebe Euren armen Seelen gnädig . . .

RUFE: *(tönen)* Hollaaa! Hollaa!
(Hände brechen sich einen Weg durch das Gezweig)

DIE ESPE: *(stöhnt)*

TEUFEL A: Maulhalten! Haltung!

TEUFEL B: Na endlich, Genosse Beelzebuth! Wir suchen Dich seit einer Ewigkeit!

TEUFEL C: Die Versammlung war doch flußaufwärts angesagt!

TEUFEL D: Ach, die Kameradin Lilith! Ist die Kameradin Lilith ordnungsgemäß einberufen worden?

TEUFEL E: Wir müssen Ihre Ruhe bewundern, Kamerad Beelzebuth, daß Sie sich noch Rendezvous geben, wenn es um die Sache geht!

BEELZEBUTH: Kameraden! Die Anregung zu diesem Treffen geht von mir aus! Also bestimme ich, wer daran teilnimmt! Die Kameradin Lilith gehört zu uns!

TEUFEL A: Wir haben sie bisher immer in der Umgebung von Satan gesehen!

BEELZEBUTH: Da bin ich auch mal gewesen! Die Konstellationen unter gewesenen Rebellen ändern sich schnell! Für die Kameradin Lilith stehe ich ein und ersuche, keine Zeit zu verlieren! Wie weit sind wir?

DIE ESPE: *(reckt den Zweig)* Streichhölzer! Streichhölzer!

TEUFEL C: Ruhig, alte Espe! Wir werden Dich bald verfeuern! ... Ja, also! Die erneute Tarifherabsetzung, der Abbau von Schwefelarbeitern auf Wunsch der Himmelsmächte hat viele Neulinge in unser Lager getrieben! Die Belegschaften: Pfuhl I – XV – 23 – 100 sind zu uns übergegangen!

ALLE TEUFEL: Hurra!

DIE EICHE: Überläufer aus Not! Mißtraut! Mißtraut!

TEUFEL B: Eichen sind hier nicht gefragt! ... Andrerseits dürfen wir nicht vergessen, daß die Arbeit der Geheimagenten unsere illegale Arbeit erschwert. Zumal sich die Herrschaften neuerdings einer gewissen Allwissenheit bedienen! Wir haben deswegen zunächst an die Streikparole gedacht!

BEELZEBUTH: Streik ist gut! Und was erreichen wir durch einen Streik?

TEUFEL C: Günstigenfalls die Stillegung der Betriebe, so daß alle Sterbenden in den Himmel abgeschoben werden müßten!

BEELZEBUTH: Ausgezeichnet! Das stiftet Verwirrung!

LILITH: Ich bin dagegen!

TEUFEL D: Die Kameradin Lilith ist dagegen! Und darf man wissen, warum die Kameradin Lilith dagegen ist?

LILITH: Ja! Denn es stehen im Himmel an 350 000 Streikbrecher bereit!

TEUFEL C: Was? Für die Hölle! Auf diese Taktik Satans waren wir allerdings nicht gefaßt!

DIE EICHE: *(rauscht)* Ich kenne das ... kenne das! ... aus meinem Deutschland!

BEELZEBUTH: Kommune Streikbrecher! Gewesene Proleten! ... Wieviel Mannschaften sind uns sicher?

TEUFEL C: Außer den Organisierten der schon genannten

Pfuhle die Nichtorganisierten der islamitischen, schiitischen, buddhistischen Distrikte!

BEELZEBUTH: Kameraden! Die Stunde des Handelns ist gekommen! Wir können den Himmel nicht stürmen, bevor wir die Hölle nicht in der Gewalt haben! Wir wollen keine Paradiese verheißen, sondern zunächst die Diktatur der Unterwelt proklamieren! Wir wollen nicht auf die Erde hoffen, denn die Menschheit rebelliert oft aus sehr intoleranten, sehr unrevolutionären Motiven: verletzter Eitelkeit, Ruhmsucht und Mißgunst. Wir haben nur eine Stärke, und das sind Wir selbst: unser Feuer! Und unser Glaube an Sein und Vergehen, Kameraden! Ich hasse das Opfer! Sich opfern ist ein kirchlicher Begriff! Opfer verlangen die Götter, weil sie blutlos sind! Weil sie frieren! Aber Wir, wenn die Flamme der Idee in uns glüht, wollen freudig an ihr verbrennen! Kameraden! Wir sind die Untergrundbewegung und die Unterirdischen wollen wir bleiben, auch nach jeder nachkommenden Revolution! Ich fordere offenen Kampf! Keine Orthodoxie soll unseren Aufstand erniedrigen! Geradezu und Geradeheraus sollen wir Empörer sein! Lästerer aus Liebe! Wer mit mir ist, stimme offen zu!

DER RABE: *(entfaltet die Flügel zum Abflug)*
Rah! Rah!
Ich wittere Mittagessen!
Gott wird der hungernden Aaskrähen nicht vergessen!
Tischlein deck dich – Erde dreh Dich!
Hölle sei den Forschern gnädig!
(Aus blendender Helle das Marschlied der himmlischen Heerscharen)

TEUFEL: *(durcheinander)* Verrat! Verrat! ... Die himmlischen Heerscharen!

TEUFEL A: Brüder des Himmels! Wir kämpfen für Euch!

TEUFEL D: Verrat! Verrat! Das Weib hat uns verraten! Die Liebe hat uns verraten!

LILITH: Genossen! glaubt mir! ... Beelzebuth, glaube ... *mir*!

BEELZEBUTH: Grüß Gott, Satan! Die Herren von oben, die Herren von unten sind wieder einig! Kameraden! Wir bleiben auf dem Platze! Geradezu und Geradeheraus! Fröhlich wollen wir verbrennen!

STIMMEN aus der Helligkeit: Hände hoch! Ans Kreuz mit allen Apostaten! Ein dreifaches Hosiannah!

STIMMEN: *(kurz und knapp)* Hosiannah! Hosiannah! Hosiannah!

(Trommeln hämmern! Alles überflutet Licht, aus dem nur der Eichbaum ragt und rauscht!)

DIE EICHE: Nur ein Rebell und auf der Flucht erschossen! Wer fragt danach – denn er starb ungefragt! Die neuen Herren zimmern draus sich Sprossen! An deren Holz schon neuer Aufruhr nagt! Erneuert die Empörung unverdrossen! Gewalt soll enden, wer Gewalt-Tat predigt! Die Hölle sei Euch Herrn auf Erden gnädig!

IX. Bild

(Der Raum des »Terrestinfern«, wie Sie ihn kennen! Aber er liegt in tiefster Finsternis, nur von unten, von den Rosten, glutrot angestrahlt. Und nun die Versammlung der Teufel ist in rote Femetracht mit Kapuzen von Kopf bis Fuß völlig vermummt. Nur Satan und seine Leute in roten Uniformen. In der Mitte ist der Hemizyklus ins Dunkel geöffnet, aus dem unter Trommelwirbeln Beelzebuth, Lilith und die andern Verurteilten eingelassen werden.
Sowie sie den Raum betreten, erheben sich alle schweigend)

SATAN: *(steigt von der Tribüne und schreitet ihre Front ab)* Was? Das hattet Ihr nicht geahnt, Halunken! Ihr meintet, leichteres Spiel mit Satan zu haben! Habt soviel mit Zahlen der Wirtschaftsnot, mit dem Mehrwert der Unzufriedenen gerechnet und eins nicht kalkuliert: die runde Summe der Machthaber Oben, Unten, auf Erden! Aber die geht immer auf! Na, wie ist Euch denn so zu Mute,

Freundchen! Schätztet wohl, mehr als Vernichtung gibt's auch in der Hölle nicht? Glaubtet wohl, Foltern sind abgeschafft, sind Mittelalter! Aber keine Bange: wir erfinden immer neue! Und die alte bleibt: die Seelenfolter! Paßt mal auf! Ich sage Euch: Ihr seid Verräter! Und das geht nicht mehr runter! Und Deine Verdienste, mein lieber Beelzebuth: Französische Revolution – Abschaffung der Judenpogrome – Rote Armee: das radiere ich aus! Das ist nicht gewesen! . . . Lilith! Hast Du mir nichts zu sagen . . . Es ist noch Zeit!

LILITH: *(wendet sich ab)*

Die verurteilten TEUFEL: *(aber nicht Beelzebuth, ihm zu Füßen)*

Gnade!

SATAN: *(stößt sie zurück)* Achso! Jetzt Gnade? Das existiert nicht! Gnädig ist nicht mal mein Widersacher – der ist nur gerecht! *(er schreitet zur Tribüne)* Man beginne!

ASTAROTH: *(mit der Anklageschrift)* Im Namen der Unterwelt . . .

BEELZEBUTH: Und der Oberwelt!

ASTAROTH: Im Namen der Unterwelt: Auf Grund der Untersuchungsergebnisse der Außerordentlichen Kommission zur Bekämpfung konterinfernalischer Umtriebe Artikel 1914 – 1930 sind der Exgenosse Beelzebuth, Exvorsitzender des Inferno des Innern, die Genossen Teufel A bis E – sowie die Kameradin Lilith der Konterrevolution, der Verschwörung und Aufhetzung gegen die Sicherheit des Staates und der durch diesen anerkannten Vollzugsorgane des Verstoßes gegen das Fegfeuermonopol . . .

BEELZEBUTH: Mit der Reaktion, mit der Reaktion!

ASTAROTH: . . . der Exgenosse Beelzebuth außerdem der antihöllischen, kommerziellen wie ideellen Propaganda, die erblickt wird in der Unterstützung des sowjetrussischen Handelsdumpings sowie der Verbreitung von Menschenrechtsideen, schuldig befunden worden! Da die Angeklagten sämtlich geständig sind . . .

BEELZEBUTH: Wir haben nichts zu gestehen!

SATAN: Ich verbitte mir die Zwischenbemerkungen! Die Geständnisse beruhen auf eingehenden Seelenreflexanalysen im Pawlowschen Institut.

ASTAROTH: . . . da die Angeklagten also geständig sind, wurde von einem weiteren Verfahren Abstand genommen. Und auf Grund des einstimmigen Beschlusses der Terrestinfern unter dem Vorsitz des Genossen Luzifer . . .

BEELZEBUTH: Genosse von Gottes Gnaden . . .!

ASTAROTH: . . . wurden erkannt gegen Beelzebuth und Exgenossen A – E auf Aberkennung der teuflischen Ehrenrechte – auf permanente Kreuzverhöre und nach Vollstreckung – laut §§ 7/13/x-beliebig des Malleus maleficarum – auf ewige Zwangserziehung in einem Schwefelbad. *Angesichts* und in *Anbetrachtung* der besonderen Vorzüge und der Hingabe der Kameradin Lilith an die *einzige* Partei und ihren Generalsekretär ist der Ausschuß übereingekommen, das Verfahren gegen die Angeklagte abzutrennen . . .

LILITH: *(an Beelzebuth sich klammernd)* Nein! Nein! Das nicht! Bitte nicht . . .!

ASTAROTH: . . . unter der stillschweigenden Voraussetzung, daß sie öffentlich die ihr von Beelzebuth eingeblasenen Irrlehren der Menschenliebe, die eine Himmelsmacht ist, abschwört . . .

BEELZEBUTH: Amen! Sela!

LILITH: *(ist vor ihm niedergekniet)*

SATAN: Wir erteilen nunmehr der Angeschuldigten das letzte Wort . . . Erheb Dich!

LILITH: Ich . . . habe . . . nichts . . . zu sagen!

SATAN: Kameradin Lilith! Die Versammlung erwartet Deine Antwort! Die gesamte Versammlung des Terrestinfern, deine Genossen Astaroth, Asmodi, Behemoth, Mammon, Adramelech, Leviathan setzen ihr allertiefstes Vertrauen in Deine Selbsterkenntnis und Reue für Deine Verfehlungen! Ich glaube im Namen aller Genossen sprechen zu können: wir – in der Hölle und auf Erden – brauchen Deine Unterstützung in dem schweren Amt, das uns zuteil geworden: auf daß die Menschen abgeschreckt werden, die Bösen zu läutern! Auf daß sie dereinst zurückfinden auf den rechten, den linken Pfad!

BEELZEBUTH: Er spricht schon wie ein Pastor der Gegenreformation.

SATAN: Lilith! Nimm doch Vernunft an! Solange diese Welt besteht, ist sie regiert worden durch die Begriffe von Dumm und Böse! Es mögen Falschurteile unterlaufen sein, aber keines konnte solch Unheil anrichten wie die Verstöße gegen die Unterweltsordnung! Wie die Schurkereien des zehnmal verwünschten Beelzebuth, der ein neues Jenseits von Gut und Böse durch die Liebe gegen uns aufzurichten sich erfrechte! Lilith! Ich beschwöre Dich! Widerrufe!

DIE VERSAMMLUNG: Widerrufen! Widerrufen! Heil Satan! Hoch Lilith! Nieder mit Beelzebuth!

LILITH: *(preßt die Hände gegen den Mund)* Beelzebuth!

BEELZEBUTH: Kameradin Lilith! Keine Gefühlsausbrüche! Schädigen Sie nicht durch Anwandlungen individueller Schwachheit unsere Konzeption von der freien Liebe! Leugnen Sie! Das ist das Letzte, was Sie für uns noch tun können!

LILITH: Ich . . . widerrufe . . . *nicht!*

SATAN: *(drohend)* Lilith! *(zärtlich)* Lilithchen! *(diktatorisch)* Lill . . .litth! Ich habe getan, was in meiner Omni-

Potenz stand. Aber es gibt etwas, was stärker ist als der Trieb: die Staatsräson! *(demagogisch)* Wenn alles unheilvoll ist, heilig bleibe der Staat! Unerforschlich sein Ratschluß, auf den wir uns berufen können, um unseren Entscheidungen Macht zu verleihen. Nichts: Moral, Gerechtigkeit, Glaube nennt's *(stotternd)* G . . ., nennt's Volk – Nichts, nichts: keine Erbsünde, kein Laster, keine Vernunft kann ihn erschüttern. Aber wer es wagt, sich gegen ihn zu stellen, der ist gerichtet! Des Massen- ja, des Selbstmörders Seele kann *(spuckt aus)* erlöst werden! Aber keine Buße, kein Ablaß für den Ketzer am Höchsten, am Staatswesen! Hinauf mit ihm! In die Staatenlosigkeit – ins Purgatorium der vaterlandslosen Gesellen!

(mit dem Zeigefinger auf Beelzebuth und Lilith deutend, zu den Teufelsknechten)

Packt sie! Kopuliert sie! An den Marterpfahl! Macht Heilige aus ihnen!

(Während die Knechte gehorchen):

DIE KNECHTE: *(Litaneien)*

– Befehl ist Befehl!
– Jedes Holzscheit eine Seele –
– Daß im Weihrauch sie verschwele –
– Daß die Wahrheit sie verhehle –––
– So soll jeder Funke der Erkenntnis enden! Menschen nicht erleuchten – doch verblenden . . .

(besteigt Lilith, mit einer obszönen Geste zu Satan, den Holzstoß)

LILITH: Endlich! *(Ein altes Mütterchen versucht, mit Streichhölzern die Holzscheite anzuzünden)*

LILITH: Sancta Simplicitas!

BEELZEBUTH: *(ihr nach. Aber vorher muß er noch eine Volksrede halten)* Genossen! Hört mich! Hört noch einmal auf *mich*! Ich habe erkannt, daß ohne Liebe . . . *(ka-*

tegorisch) ... Liebe zur Idee! – nichts ausgerichtet werden kann! – Daß, wer es unternimmt die Menschen zu revoltieren, einmal die Menschheit geliebt haben muß, ganz und gar und total! Ich habe begriffen, daß alles Übrige – höllischer Wahnsinn ist – vergotteter Größenwahnwitz ... *(auf Satan weisend)* Schaut hin! Da steht es, das Monstrum, diese Mißgeburt von Himmel und Hölle, das Scheusal Staat ...! *(während man ihm schon den Spitzhut des Inquisiten aufstülpt, blabbernd)* Lilith, mein Engel! Warte auf mich! Wir folgen! Fröhlich wollen wir verbrennen – zur Erde hinauf ... Erde!

(Bengalisches Feuer)

SATAN: Reißt ihm die Zunge heraus! Kastriert ihn! Zensuriert ihn!

ASMODI: *(seine Aktentasche aufraffend; abseits)* Und so was nennt sich Hölle! Keine Spur von Hypokrisie! Kein Schimmer von Scheinheiligkeit! ... Ihr Revolutionsstümper! Pfui Deibel! Adieu! *(exit)*

(Eine Stichflamme schlägt hoch)

GESCHREI: Feuer! Feuer von der Erde!

SATAN: Sabotage! Sabotage! ... Polizei! Polizei! mit Phosphor und Schwefel! ... Radikal! ... Hilf mir, mein ... Apage, Satanas!

(er stürzt)

(Aus der Vernebelung: ferne Alarmsirenen und Trutzgesänge, *dumpf, verworren, aggressiv):*

Debout les damnés de la Terre ...! Völker höret die Signale ...! Avanti popolo alla riscossa ...! Allons enfants ...!

ENGELS- u. KINDERCHÖRE:

Ihr Kinderlein kommet
Oh, kommet zu Hauf ...

Eine PREDIGER-Donnerstimme: *(aus der Höhe)*

Not – Leid – Tod

Im Feuer werden sie zu Asche werden ...
Gerecht ist der Herr, der hinrichtet ...
(Wetterleuchten. Blackout. Hörbare Grabesstille ... eine Drehorgel ...
Hinter einem zwielichten Leinwandprospekt eine Schattenprozession, Feme-Vermummter mit einem Kruzifix [IN HOC SIGNO] – Knaben-und-Mädchen-Ringelreihen – ein Heldenelternpaar, drei Soldaten im Stechschritt – zwei Prothesen – ein Greis am Krückstock – der Sensemann)

LILITH: *(an der Rampe, bettelnd)*
Streichhölzer! Kauft! Streichhölzer!

Ende

Der Kaufmann von Berlin

Ein historisches Schauspiel
aus der deutschen Inflation

Ein Zug fährt ein ...

Aus dem Kugelstumpf der Coupélampe filtert durch die blaue Stoffschale ein medizinisches Licht und bestrahlt die in der III. Klasse zusammengepferchten Reisekranken. Manchmal, wenn der Waggon in ein anderes Geleis umspringt, als wenn es ihm aufstöße, torkelt am Fenster ein grauer, fast greiser Mann, ein Mann aus dem Osten, empor aus Träumen, die ihn durch Paßkontrollen, über Zollschranken jagten – grüne Beamte, Jäger halb, halb Taschenspieler, eskamotierten ihm Wodkaflaschen aus dem Langrock, lebende Kaninchen und Bänderschlangen roter Seide; schleppten ihn unter den stanzenden Stempelkolben: talergroße polnische und preußische Adler visiert man ihm ins Gesäß, bis er gepeinigt hochschreckt und seinen Kopf von des Nachbarn Schulter zurückreißt. Es saust wie auf offener See und rüttelt die Fracht der Personen, die in skurrilen Verrenkungen an die Bänke geschraubt sind: zur Linken ein Lodenrückenmassiv, mit einem Fleischwulst von überempfindlichem Rosa ... Schinken! denkt der Graue ... gegenüber klebt schlafsteif eine Bauersfrau, behindert durch einen prallen Rucksack, ein Schlucksen läuft ihr über die Kehle, das macht sich durch den klaffenden Schnabel in Hennenglucksern Luft. Ein engbrüstiger Gehrock, auf dem letzten Loche röchelnd; ein schwarzer Klemmer, wie ein Totenkopffalter, hockt ihm auf der Nasenkaktee. Ein Arbeiter, dem Rumpf und Arme zu Boden pendeln. Und einer schreibend über Protokolle gebeugt, emsig wie ein überdrehtes Uhrwerk. Draußen, im Tagesanbruch, hüpfen die Telegraphenstangen; Neubauten mit Adressen für Trauerkleidung, Liköre und Dachpappe; und wieder Ackerkrume, Birkenschonung hinter Stacheldraht, parzellierte Natur, gebadet in ungesunden Nachtschweiß: die Alpdruckskala der endlosen Einfahrt.

Der Mann aus dem Osten kneift die Lider zu.

Erwacht zum zweiten Male, wie der Zug auf der Stelle faucht. Zerreißt der weiße Wattedampf, öffnen sich Abgründe pechschwarzer Schächte, durchbrochen von schmierig erleuchteten Fenstertransparenten: Weiber verschnüren Kartons von stetig nachwachsenden Stapeln: Maschinen falzen mit langen Zähnen Ballen Papier. In der Tiefe fließt eine pitschnasse Straße, durch die ein dunkler Körper im Zickzack schnellt. Der Schaffner brüllt den Gang hinunter:

Alexanderplatz –– Alexanderplatz –––

Das Nachbarmassiv rafft ein schüchternes Köfferchen an sich und preßt seinen brutalen Korpus in die Coupétür. Aber nichts von einem Bahnhof ...

Der Zug häng hoch in der Kurve des Viaduktes.

Und der Schreiber, indem er elegant den Handknöchel schwingt, konstatiert auf der Armbanduhr:

– Vier Stunden Verspätung! Sauwirtschaft!

Ein Schnurrbart, der sich getroffen fühlt:

– Heizen Sie ma' ohne Kohle! Is' doch man Torf, nischt als Torf!

– In die Beusselstraße ... was mein Schwager is, die vaholzen schon die Treppengeländer!

– Tja, meine Herrn, die deutsche Kohle, meine Herrn, schmachtet in Feindeshand!

– Achjottnäh! Achjottnäh! *seufzt die Bäuerin.*

Der Schnurrbartträger verschränkt die Arme. Langsam, um das Gewicht jedes Wortes zu demonstrieren:

– Und wer ist schuld daran?

Der Schreiber legt los:

– Sehr richtig! Ich komme doch viel in Berlin 'rum. Habe da mit einem gewissen Eisenberg zu tun. Früher, im Kriege, war das ein ganz kleines Trikotagengeschäft. Ich meine, mich geht das ja nichts an! Ich mache meine Offerte und damit basta! Soll sich doch die Regierung drum kümmern ...

– So sehnse aus! Die Regierung!

– Dafür hat unser Volk geblutet! Dafür ham sie unser Herrscherhaus in die Verbannung geschickt! Alles verlorn: unsre Söhne, unsre Kohle, unsre Fahne, unsern Kaiser ...

– ... also der hat Ihn'n jetzt eine Siebenzimmerwohnung und zwei Autos!

– Und wer is schuld daran?

– Wenn ich die Regierung wäre, ich würde jeden, der nich Order pariert, jlatt an die Wand stellen lassen!

– Bravo! Was uns fehlt, ist der Mann der Tat! Der Mann, der mit eisernem Besen sozusagen durchgreift ...

– Achjottnäh! Achjottnäh! *beteuert die Bäuerin.*

– Was ham Sie denn zu achjottn, Frauchen? Sie ham doch janischt zu achjottn! Für Sie is doch jede Stunde Verspätung bar Geld! Mit jeder Stunde steicht Ihr Krempel um einen Tausender! Früher, in meine Heimat, da mußten die Bauern noch arbeiten! Ich bin nämlich 'n halber Landwirtschaftler, ich kenne mich aus! Gemüse, was?

– Kohlrabi, schöne Kohlrabi! Na, was solls denn sein ... *singt die Bäuerin in der Markthallenmelodie.*

– Schöne Kohlrabi! Wir haben damit die Schweine gefüttert!

– Bismarck sollte das wissen. Er würde dies Gesindel mit seinem Stiefelabsatz zerschmettern!

– Achjottnäh! Achjottnäh! *jammert die Bäuerin.*

– Aber sie mögen es wagen, ein Handbreit deutscher Erde ...

– Na und? Hundertzwanzigtausend Franzosen gegen Essen feldmarschbereit, Poincaré hat fünf Reden gehalten! In Düsseldorf sind sie mit ihren Nejern und Indianern eingezogen! Gestern abend kam New Yorker Parität 8200. Für einen Dollar könn' Sie ganz Berlin kaufen ...

– Und wer is schuld ... *setzt der Schnurrbart zum dritten Male ein.*

Als sich der graue Mann erhebt und nach der Türe hinsteuert. Und gegen den Rücken gewendet:

– Sie werden erlauben!

Das Coupé sieht erwartungsvoll zu.

Der Rücken rührt sich nicht.

Der Graue tippt an:

– Nu, laßt mir araus!

Der Arbeiter: Machense dem Herrn doch Platz!

Da fährt der Rücken herum:

– Wolln Sie mir vielleicht Benehmen beibringen. Sie sind woll ooch aus dem Osten? Diese Krummneesen! Drängeln sich hier ein ... mit Kind und Kejel ... schachern und wuchern ... hetzen die Proleten auf ... saugen uns aus ...

Der Schnurrbart begeistert:
– Und wer is schuld daran?
Jetzt hat das Coupé kapiert.
Aber noch ehe es losplatzt: Die Juden! Die Juden! . . . *ist der Graue zur Toilette durchgeschlüpft. Und zählt, während der Zug anruckt, auf dem stuckernden Abortdeckel mit zitternden Fingern aus dem zerschlissenen Futter seiner Mütze:*
– 10 – 20 – 20 – 50: 100 Dollars.

Schon als jene fünfzig aus Wien geflüchteten israelitischen Familien, die die Urzelle der Berliner Gemeinde bilden, durch das Judenedikt von 1671 Aufnahme finden sollten, protestierte Aaron, der Hofjude des Kurfürsten Friedrich Wilhelm gegen den unerwünschten Zuzug. Im Friderizianischen Zeitalter suchte man erst »Juden, strafbare Totschläger, Gotteslästerer, Mörder, Diebe der Kaufmannsgilde fernzuhalten«, dann erfreuten sich die im großen wuchernden Schutzjuden, die Marcus, Itzig, Ephraim der »Freyheit eynesz christlichen Banquiers«, während jüdisches Ingesinde – wie etwa der Buchhalter und Philosoph Moses Mendelssohn – waren sie stellungslos, sofort über die Grenze abgeschoben wurden. Das General-Juden-Reglement von 1850 gewährte den »ordentlichen und außerordentlichen Judenfamilien« Heimatsrecht; den fremden nur, wenn sie durch ein Vermögen von mindestens 10000 Talern ihre Zugehörigkeit zu den besseren Ständen erweisen konnten. Auch vom Beginn der Emanzipation um 1805, da Juden zu städtischen Ehrenämtern zugelassen wurden, bis zur Republik, die ihnen endlich die obersten Staatsstellungen erschließt, hatte die Plebs der Heidereuthergasse und die »asiatitische Horde auf märkischem Sande« – wie sie ein nachmals zum Minister arrivierter Glaubensge-

nosse genannt – manchen Ehrgeizigen unter ihnen in seinem Aufstieg geniert. Der Ostjude, der Recht- und Heimatlose aller östlichen Pogrome, blieb, soweit er sich nicht geistig und pekuniär assimilierte, als »Mischpoche" peinlich . . . Zeiten gibt es, in denen eine staatlich subventionierte Propaganda den Fremdling höflichst zur Besichtigung aller Sehenswürdigkeiten einlädt; und Zeiten, in denen sie ihn mit dem Gruße: Achtung! Spitzel beiderlei Geschlechts in fremdem Solde überall tätig! empfängt. Die ersten Jahre nach der Kriegsverödung fand Berlin hinreichend Abwechslung in den Ekstasen der Revolution, beim Basteln des Republikgefüges, in weltstädtischen Ausschweifungen – Rekonstruktion der ausländischen Vorkriegsbelletristik –, wie sie der märkisch-protestantische Flugsand nie zuvor hergegeben hatte. Aber die Ersatzblüte von Jazzband-, Kokain- und Freiheitsimport war rasch wieder abgewelkt, und man dürstete nach saftigem Wohlstand, nach unverfälschtem Ausland. Und der Himmel verfinsterte sich; es ging ein Gestöber von Papiergeld nieder, daß es in den Straßen an jedem Morgen aussah wie nach der Silvesternacht, und die Finanzen die Gullis verstopften. Alle Nahrungsmittel wandelten sich unter der Hand zu Papier; es war eher eine Flasche Sacharin-Champagner und eine Portion roter Kaviar zu haben als ein Stück Brot und ein Pfund Kartoffeln. Und es rückte das Ausland an, aber in marodierenden, völkerwandernden Horden. Die Offizierskorps aus dem Zusammenbruch der Koltschak- und Denikin-Armeen, von U.S.A. die Valutakorsaren, die Stämme balkanischer Bazars, alles strömt in das Vakuum des Inflations-Berlin ein. Ein Heerlager von Goldsuchern und Söldnern außer Diensten . . .

Die Garde der Gepäckträger latscht in Front auf, als der Fernzug in den klirrenden Glaszwinger schnaubt.

– Ick nehme Erster

– Ick Zweeter ...

– Keene Extrawurscht! Wer steht, steht!

– Laß man, Emil! Wat der bringt, is doch allens Bruch!

Im D-Wagen Erster räkelt sich ein französischer Offizier auf dem Wege zur Nachkriegsfront an der Ruhr. Aus der Zweiten Schneidemühl – Berlin, die ganz draußen im Freien hält, wimmeln die Schemen von fünf Personen in den Nebeldunst: ein Pelzherr; eine fette ältliche; eine üppige junge Dame und zwei Kinder. Aber bevor noch die Träger heran sind, hat sich jedes mit Gepäckstücken beladen, wie einstudiert ...

– Wat ha'ck dir jesacht, Emil! Lauta Bruch, lauta Jroßfürsten ...

Aus der Dritten stürmt zur einen Tür der Lodenrock; an der andern wird heftig geklinkt; der Dienstmann reißt sie auf. Eine graue, langbärtige Gestalt plumpst ihm fast in die Arme ... – Für Ihn'n soll man woll extra'n Kindermädchen angaschieren! *schimpft der Gepäckträger enttäuscht. Und leise hinterher:*

– Galizier! Nich een Sechser! Nich een Sechser! ...

Der graue Mann sucht den Ausgang.

Wie er den Zeitungsstand passiert, schleudert ein Bote die neuen noch öligen Packen gegen den Stoß der entwerteten; zwei Meldungen prallen gegeneinander:

Fortschreiten der Ruhrbesetzung | *Panik in Warschau! Rüstet Rußland?*

Befehl: Weitermarschieren

Der französische Offizier Köln Erster dampft zur Halle hinaus ...

Der Graue tappt die hallende Treppe hinab ...

So landete Simon Chajim Kaftan in Berlin ...

Erster Teil
200 Dollars

Kaftan steht unter dem donnernden Stadtbahnbogen, und seine dicken Lippen schmecken die milchige Luft ab. Der Schatten einer elektrischen Bahn klingelt sich nervös durch den Nebel, und ein Steinbohrer, der den Asphalt bis auf den Nerv bloßlegt, knirscht hinter einer Bauplatzpalisade ...

Kaftan schauert. Erst langsam, dann immer heftiger sich verneigend, erst zögernd, dann immer heftiger:

– Scholem alejchem, Berlin! ... Do bin ich! ... a Giten Tog ... a Giten Tog! ... a Giten Tog! ... West du mir sein a freund? ... west du mir sein a feind? west du mir sein untertänig? Well ich sein dein Rothschild? Un hobn asa a kowet ba die ministorn un generaln un die ganze prizim? Well ich sein dein Josseph in Ägypten während die siebn Hungerjohr? Mein tate hot gesogt: Wos du denkst in der früh, wos du bagehrst am mittog, west du hobn am owend! Ober wu bist du, Berlin? Der Himl hot gesenkt a

Nebl, as ich konn dich nit sehn un ich wander unbakannt in geloibtn Land. Un es is a Wehklogn un a tuml dorthinter wie ba Koirachs Gemeinde. Ober wuhin geh ich un wos hoib ich on zu der minut? Is nit gerod Zeit, Thefillim zu legn? . . . Do frägt man nit: wu is Misrach! . . . do steht men gewendet zum Dollar! —— Do broicht men nit zu lernen a pschat fun der Gemore, ober men muß varstehn zu vartaitschen un derklärn die Kursen und Aktien! Do gloibt men nit in die Geschichtn fun die Chassidim, ober mit ein Dollar konn men varrichtn a wunder wie der Balschem allein! Mit ein Dollar konn men koifn: Waiber . . . Menschn . . . Haiser . . . zu essn – zu trinkn . . . un fohrn in a Kutsch wie der Mejlach der Republik! Wuhin sol ich gehn? Ich konn gehn links un gefinnen Gold un Silber un äufsteign zu hoben ehren – un ich konn gehn rechts un arobfalln: Schand un Noit! Izt: die Entscheidung! Do: der Weg! . . . Ich – geh! —— Soll . . . der . . . Oiberschter . . . lenkn . . . maine . . . Fieß!

Kaftan, den Rock gerafft, macht einen zagen Schritt.

Ein Schwarm fröstelnder Stimmen:

Nackttänze! Nackttänze!

Komm, Süßer! Komm! Komm mit!

Kleiner, schenkst Du mir'n Dollar! Ich bin auch sehr lieb zu Dir!

– Aijaijaih! Liebe konn ich nit gebräuchn! Mit Liebe konn ich nischt machn kejn Geschäft! Viel Waiber, viel Zauberei! Aweg mit Aich!

Er wendet sich ab. Ein Schwarm greiser Stimmen:

– Een' Dollar die Brotkarten, lieber Herr! Een' Dollar die Brotkarten, lieber Herr . . .!

– Wos? Wenn Ihr hungert, willt Ihr fressn Geld? Wie Ihr Aire Kinder dernähren mit Papier? Aweg mit Aich!

Er wendet sich ab. Eine heisere Stimme:

– Flabben jefällig? Prima Ausweispapiere? Schulze, Wilhelm, Berlin, garantiert im Felde jefallen!
– Handlt Ihr mit Leichen? Wos tu ich mit Aier Liebe, wos tu ich mit Aier Broit, wos tu ich mit a toitn Balmechome? Aweg mit Aich! Ich will hobn, wos ich konn fordern far main gut Geld! Ich will nit bagehrn: Aier Fleisch, nit toit, nit lebedick! Ich will Aich gebn, wos ich hob, un will hobn dos, so Ihr seid mir schuldig! Hundert Dollarn! Far jeden Dollar zehntoisnd Mark! Un ich will koifn: Aktien ... Haiser ... feine Klaider, wie sej trogn die malchesdicke Daitschn; und ich will koifn – wie hot jenner gesogt: far ein Dollar ganz Berlin!

Kaftan wendet sich energisch ab, als ihm an der Bordschwelle ein weißlackierter Karren den Weg durchkreuzt. Schmatzend betrachtet Kaftan die Aufschrift: Frankfurter Würstchen.

Kaftan klopft. Ein Kopf schnellt aus dem Fenster:

– Na?
– Wolt ich gewolt ... hobn ... a Stick'l ... koscher Wurst!
– Wat woll'n Sie? ... Achso!? ... Sie, oller Freund, wenn Sie aber mit irgend sonner dreckchen Valuta antanzen, sind Sie okke bei mir!
– Asoj! ... Asoj! ... ich möchte ... wechslen ... Dollar!
– Dollar! Dollar? ... Stehe zu Diensten, Herr Jraf! Sie missn schon entschuldjn! Wir ha'm da immassu mächtjn Stunk von wejn weil uns die Tinneffkonkurrenz den janzn Marcht vamasselt! Die leecht Ihn'n eene Transaktion hin, einfach Puppe! Dabei kenn'n die Jung's noch nich ma'n Pferderennen von'n Kurszettel unterscheid'n! Wieviel dürf's denn sein, der Herr?
– Zehn Dollar! Sie wolln mir bazohln far jedn Dollar zehntoisnd Mark!

– Nich doch, nich doch! Sie sind woll nich von hier? Achttausend und keen'n Cent drieba! Bei uns jibt's prima Amsterdamer Kurse. Wir sind een solides Bankhaus und keene Börsenluden, die sich uff Kosten des Vatalandes jesund machen! Achttausendeinhundert, weil Sie's sind!

– Zehn Dollar! Zehntoisnd Mark!

– Ick sare Ihn'n, wer'n Sie hier nich ßu keß! Wenn Sie Ihr'n Rebbach machen woll'n, denn jehnse zu Stinnessen und nich bei ee'm anständjen Jeschäftsmann, der seine patriotischen Flichten kennt und die Devisenordnung studiert hat. Ick bin keen Antesemit! Aba sowas wie Ihn'n mißte man mit Keul'n totschlagen und fundweise an idiotische Waisenkinder vateil'n! Jeb'nse her! Neuntausend und ab dafür!

– Zehn Dollar! Zehntoisend Mark!

– Ihn'n laß'ck hochjehn! Ick vapfeif Ihn'n bei'n Valutakommissar! Ick habe mein' Mann jestanden, wie uns die Jranaten wie Nachtijallen um die Ohren jezwitschert sind! Ich habe zehn Jahre Knast jeschoben! Und Sie jlooben mir mit zehn lausige Dollars zu imponiean? Jeder Schuß ein Ruß, jeder Stoß ein Franzos! Wir Deutsche fürchten Jott und sonst nischt auf der Welt . . .

Rufe von allen Seiten: – Polente! . . . Polente! . . .

Der Nebel schwirrt von Flüchtenden . . .

Der Wurstmann mit dem Bankhaus türmt ab; die Dollarnote flattert zu Boden.

Zwei Uniformen preschen vorüber, Laufschritt marsch, marsch!

Kaftan bückt sich, zieht unter dem Stiefel den beschmierten Schein hervor und schnalzt mit den Fingern.

Kaftan biegt um die Ecke in einen dumpfigen Hohlweg, der in mächtigem Schwunge zwischen geräucherten, von frischen Bruchstellen gefleckten Hausfronten und dem rost-

rot geziegelten Bahndamm verläuft. Es rasselt in den Stallungen unter den Stadtbahnbögen, und von der Höhe gewittern die Vorortzüge; und die Kobolde poltern in den Signalstangen. Und Kaftan, immer eng und ängstlich am Viadukt entlang, wandert im Marschtakt:

– Hundert Dollarn – far jedn Dollar zehntoisnd Mark ...
hundert Dollarn – far jedn Dollar zehntoisnd Mark ...

Eine langzottige Hündin springt ihm kläffend entgegen. Kaftan weicht zurück, den Schein gezückt wie einen Köder:

– Nuuh, wos wilstu, Hund? Wilstu hobn zehn Dollarn? Far jedn Dollar zehntoisnd Mark! Far jedn Dollar, wos ich nehm weniger, wil ich sein a goj! Oih, ihr ganowim, wilt ihr baganwenen dem alten Kaftan? Hob ich eppes nit gehandlt mit die Daitschn im groißn Krieg? Un ist nit gewen der Genral bei mir mit goldene Knepp un Medaillen, un hot geredt: Kaftan, hot er gesogt, unter wieviel varkoift Ihr nischt dem Liter Naft? Hob ich gesogt: Asoj un asoj! Un er hot bazohlt oder er hot nit bazohlt, un er hot bakummen oder er hot osser bakummen sein Naft! Nuuh, wos wilstu, Hund? Wilstu hobn Wurst oder Naft oder Dollarn, darfst du kummen zum altn Kaftan!

Aus einer Haustür tönt ein Pfiff:

– Wirst du ma hierher, zu Herrchen, dumme Töle? Dir wer' ich anstreichen, mit fremde Männa zu poussiern!

Die Hündin spitzt die Ohren, beschnuppert noch einmal das Papier, schleckt die Lefzen und trabt davon. Die Tür knallt zu.

Und Kaftan:

– Ober, as Ihr wilt nit bazohln, dann meg kummen der Genral oder a Hund oder der Pilsudski, wet es Aich helfn wie a toitn bainkes!

Alle Laternen versiegen.
Der Nebel löst sich in Schneeflocken wie Dollarnoten so groß, die sich zu schwellenden Haufen schichten.
Kaftan irrt durch ein Labyrinth uniformer Häuserblocks: mit Schnörkeln, Türmen, Eisenbalkons in Serie geramscht, unentrinnbar ähnlich.

– Varschlossn die Toirn, die Fenster varrammelt, die Straßen, Gassen wüst un leer, als wenn der Grimmzorn fun Gott hott getroffn die Stodt. Wu is Sodom-Berlin, wu sennen die Menschn? Schoin zwei Tog nischt gegessn, nischt getrunkn, nit gedawnt. Soll ich varhungern mit meine hundert Dollarn? Far a treifenes Fressn wolt ich gegebn . . . Nischt wil ich gebn! Ihr solt mir nit bazwingen, nit durch Hunger, nit durch Durst. Geld muß bringen Geld un wieder Geld . . . Oijoijoi, Rebboinoi schel oilem! derbarm Dich! Schick mir zu ein menschlich Wesn! Far a bissn Broit wolt ich gegebn . . . zwei . . . nu! ein Dollar wolt ich gegebn . . .

Ein versoffenes Gröhlen antwortet:

– Morgenroot – Morgenroot
Leuchtest mir zum frühen Tood . . .

Torkelt ein zerfasertes Männchen an, bleibt wankend stehen und wühlt mit einem Feuerhaken in dem Haufen Papierschnee:

– Llleuchtest mir zum frühen Tood . . . ja lieber Herr, so ist det Leben! Ich habe ooch bessere Zeiten jesehn; mir hat die Inflation ooch uff dem Jewissen. Frieha, wie ick noch uff Kriegsblinda in de Tauentzin stand, da hatt' ick meine fimf, sechs Mark im Handumdrehn. Heit kennse dreist beide Beene abjeschossen haben und die Wacht am Rhein singen, damit is keen Blumentopp zu jewinn'. Heite liejt det Jeld uff die Straße wie Mist. Wie's in de Bibel heißt: Aus Mist bist Du jeword'n, zu Mist sollst Du werd'n! Mist sollst Du fressen! Det steht nich drin! Soweit war'n se damals noch nich. Die Inflation hat der liebe Jott nich vorausjesehn in seiner Jüte. Wenn nämlich der liebe Jott det vorausjesehn hätte, hett er sich so mit Dollars injedeckt, det se hettn uff Erdn alle Börsen zumachen missen. Iebahaupt, der sollte ma'ne Neiausjabe vons Testamente machen; die wirdnse jleich vabietn wie die Rote Fahne. Christus war ooch'n Roter! Christus war Jude: Suchet, so werdet Ihr finden! –– *(und indem angelt das Männchen etwas aus dem Haufen hervor)* ––– Recht hat der Mann! Und wenn't man 'n Stickchen Brot is, det is Wurscht! Trocken Brot macht die Wangen rot . . .

Trockenbroot – Trockenbroot
. . . Mahlzeit der Herr! . . .
Leuchtest mir zum frühen Tood . . .

Von den Fabrikschloten, die im flockenberstenden Himmel zergehen, stoßen Sirenen ihre trompetenden Warnrufe aus beim Nahen der Menschenhorden, die ineinander verschmolzen eine unabsehbare Mauer entlangsickern. Kaufläden, Schaufenster dekoriert mit Fleischwaren, Zigarren, Delikatessen; aber in jedem ein Schild:
Alle hier ausgestellten Waren sind Attrappen.
Vor den Rolläden einer Bäckerei stehen Frauen und Kinder Schlange, wie eine Schar Dohlen im Schnee.
Die erste hockt erschöpft auf der Stufe, eine schreiende Jöhre im Arm; eintönig verblödet singend:

– Weene man nich – weene man nich!
Hinterm Of'n stehn Klöße – du siehst se man nich
– Mammi, Klöße ha'm . . . Klöße ha'm . . .
– Weene man nich! . . . Weene man nich! . . .

Die Nachbarin: – Hört det nu uff mit det Jeflenne? Iebel kann ein'm wer'n, wenn man nischt im Bauche hat!

– Bis die ooch ihrn Laden uffmachen!

– Det kommt noch ma' anders! So kleen wern die noch, so kleen ...

Kaftan, neugierig, verängstigt, tritt zögernd herzu; und die Reihen durchläuft ein Gemurmel, feindlich:

– Kiek ma ... kiek ma ... kiek ma den ...!

– Außerhalbscha!

– Wat kiekste denn so! Hast woll noch keene hunganden Weiba jesehn?

– Hinten antreten! Hinten antreten!

... dem Kaftan eilig gehorcht –

– Weene man nich ... weene man nich ...

– Mammi, Klöße ham ... Klöße ham ...

Und die Mutter immer kreischender, immer verzweifelter: Weene man nich ... weene man nich!

Hintern Ofen stehn Klöße ... Klöße *(und bricht zusammen.)*

– Auweiah! Die is aus die Pantinen jekippt!

– Hebt ihr doch uff!

– Heb Du se doch uff! Denkste, ick will mei'n Stand valiern? ... seit fimf Stunden lauer ick hier! – Sie öffnen! Sie öffnen!

Die Rolläden fahren hoch. Das Stöhnen verstummt, wie der Bäckermeister, pampsig, verschwitzt, sich aufpflanzt, die mehligen Hände umständlich an der Schürze wischend:

– Imma mit die Ruhe! Da hat sich ja wieda'n netter Posten anjefund'n! Ich will Euch ma jleich was uff nüchternen Magen aßählen! Der Brotpreis is nämlich erhöht, weil der Dollar wieda jestiejen is, weil nämlich die Franzosen da unten in die Ruhr einjerückt sind! Deshalb kann Brot auf Marken nur in bescheidenem Maße abjejeben werden ... so fier Sticka fimf Personen! Wat hier mehr is und keen Zaster nich hat, kann jleich vaduften!

Gedrängel, Gekeif der Frauen, Gewimmer der Kinder:

– Ick war zuerst da ... Schubbs'n Se nich so! ... Aua! Aua! ... Ick kann nich mehr, ick kann nich mehr!

Kaftan hat sich aus der Reihe gelöst und schwenkt seinen Dollar:

– Gebn ... Sie mir Brot ... far Dollarn!

Die Frauen, mit einem Ruck gegen ihn, staunend erstarrt, losbrechend in Wut:

– Wat denn? Wat denn?! Wat denn?!! Unsa Brot? Unsa Brot? Der Jude? Der Jude? Schlacht ihn! Schlacht ihn dot!

Schupopatrouille: – Platz machn! Pllllatz machn! *Die Frauen, im Sprechen sich überstürzend:*

– Unsa Brot! Der Kerl da! Er hat Dollars jebot'n! Er hat Dollars! Dollars! Dollars!

Schupo: – Sind Sie der Besitzer? Der Laden wird geschlossen! Die Karten behalten ihre Gültigkeit!

Die Frauen bestürzt:

– Aba ... Herr Wachtmeesta ... unsa Brot!? ... Wir ham ja unsa Brot noch nich jekricht? ...

Schupo: – Weitergehn! Weitergehn!

Großkampfstunde in der Burgstraße.

Die Domglocken läuten den Kontrapunkt zum Hupen der Autokolonnen und dem Feldgeschrei des Freiverkehrs im Engpaß des Kanalufers. Und während die Kohorten der Börseaner, in panischer Flucht vor der Mark, hinter fremden Devisen Deckung suchen, steigen vom Allerheiligsten der Börse Tips und Informationen zum Himmel, wundergläubig, daß Ware sich wandle in Geld, bis die irdischen Güter im mystischen Kulte von Nachfrage und Angebot sich entmaterialisieren in der Zahlenmagie des Heiligen Mehrwerts ...

– Fünftausend Tonnen Roggen fob Hamburger Hafen 84 Geld!

– 85 Brief!

– Von Ihnen!

– An Sie! Warum läuten denn eigentlich die Glocken?

– Schrott müssense kaufen! Ich hab was für Sie! Zwei Waggons rostje Granaten!

– Emmes oder Luft?

– Meine Granaten in Gottes Ohr! Ihr Roggen is noch nich mal gesät!

– Aber Valuta in der Tasche is mir lieber als Getreide auf dem Verschiebebahnhof!

Kaftan im Vorbeistreichen: – A gute Valuta ist der Dollar!

– Wieso! Ham Sie welche?

Kaftan schnippt mit den Fingern: – Wenn Sie kennen bazohlen . . .

– Gemacht! Ich biete . . . Was läuten denn bloß die Glokken, daß man seinen eignen Kurs nich versteht!

– Für die ersten Ruhrtoten! Passense auf, die Mark stürzt in die Puppen!

– Seiense still! Seiense still! Wo mir der Arzt jede Aufregung verboten hat . . . Also, was is mit den Dollars!

Kaftan mit schlauem Lächeln: – Wos ist mit den Dollars? Wos soll sein? Ich varkoif Ihnen nischt!

– Müssen Sie Unglücksrabe ausgerechnet dazwischenunken! . . . Meschugge kann man werden von dem Geläute!

– Bittschön, zuwas regens sichs auf, lieber Freund! No was schaut schon dabei heraus? Per saldo ein Leichenstein!

– Wenn Sie predigen wolln, gehnse gegenüber in den Dom!

– Zehntausend Tonnen Roggen 81 Geld.

– 80!

– 79½!

– Der ganze Roggen wächst mir zum Halse heraus! Wer fragt heut noch nach Getreide ...

Mittags Unter den Linden-Ecke Friedrichstraße.
Der Verkehr kulminiert. Das Tempo der Menge ist verhalten, aber wie in Ruhe vor dem Sturm.
Ein leicht angeschabter Hochgebildeter lispelt auf einen solventen Dicken ein:

– Und ich sage Ihnen, ein innerlich so zerrissenes Volk ... deräh ... Freiligrath nannte uns Deutsche mal ein Hamletnation ... ein so gärendes Volk muß um seine Einheit ...

Der Dicke rempelt einen Passanten.

– Flegel!
– Sie ham woll das Trottoir gepachtet?
– Entschuldgen Sie sich wenigstens, wenn Sie einem auf den Fuß treten! Lausejunge!
– Schieber!

Der Gebildete sucht zu vermitteln: – Beachten Sie doch gar nich den Pöbel! Also, was ich sagen wollte, tja! Sie wissen, ich bin kein Sozialist! Aber der Aufruf der Sozialdemokraten an die deutschen Arbeiter zum Widerstand gegen Frankreich ...

– Ich kann mich über den Kerl noch gar nich beruhigen!
– Unser Widerstand muß stahlhart werden!
– Muß er ooch!
– Wie in hohen Kriegsläufen heißt es jetzt: durchhalten!
– Na Sache! Aber à propos durchhalten, Herr Doktor, wie wär's mit einem kleinen Happenpappen in der Likörstube? Ich habe seit zwei Stunden nischt gefuttert ...
– Gern – gern – ... bloß ...
– Machense keine Umstände! Sie sind natürlich mein Gast!

– Und vor allem: die fremdrassigen Elemente, die sich als Nutznießer der herrschenden Not . . .

Zwei junge Mädchen:

– Meiner is Argentinier! Und was hat Deiner für 'ne Valuta?

– Er hat gefracht, ob ich nich zum Film möchte. Und denn hat er mir so angekuckt und gesacht: im Profil hätt ich was von 'ner Herzogin . . .

– Verzeihen Sie Fräulein . . .

– Wat will denn der Kaffer?

– Dämliche Nutte!

– Streichhölza! Streichhölza!

– Also mein Animus! Mein Animus! Kanada streiften mit 40000 ihren höchsten Kurs!

– Der Franc fällt!

– Der alte Gott lebt noch!

– Gott sei Dank, ich hab mich eingedeckt! Rauchen Sie?

– Danke! Haben Sie Feuer?

– Streichhölza! Streichhölza!

– Ha'm Sie keine kleinere Packung? Was, Schwedische? Sie sollten sich schämen, ausländische Waren zu importieren!

– So was darf man gar nich unterstützen!

– Lieber verzicht ich auf die Zigarette!

– Streichhölza! Streichhölza!

Ein feiner Herr, eine feine Dame: – Ach, es schneidet mir immer in die Seele, diese armen Leute!

– gnä' Frau haben ein zu gutes Herz! Waren Sie schon bei Schlagende Wetter? Kein Reißer! Aber ein tiefer Einblick in das Leben und Treiben unserer Bergleute. Eher ein Kammerspielfilm. Mit sehr kinowirksamen Effekten . . .

– Bei dieser Flaute auf dem Effektenmarkt . . .

– Streichhölza! Streichhölza!

– Und dazu die ewigen Scherereien mit den Ausfuhrbehörden ...

– Alles für die Arbeiter! Nichts für den Unternehmer!

– Streichhölza! Streichhölza!

– Die Straßenbettelei müßte auch verboten werden ...

Ein Schupo: – Zeigense mal Ihren Gewerbeschein!

– Streichhölza! Streichhölza!

– Könn' Sie nich hören?

Eine Frau aus dem Volke: – Die is doch blind! Die kann Ihn'n doch nicht sehn!

– Mischen Sie sich nich rein! ... Kommse mit!

Neugierige: – Was ist denn los? ... Is was los?

– Ick weeß nich! Die hat woll was jeklaut!

– Was? Gestohlen auf offner Straße? Und so was unterstützt man!

– Das sind die Früchte des Bolschewismus!

– Siehst Du, was ich Dir immer sage: Nur kein Mitleid! Nur kein falsches Mitleid!

Der Menschenauflauf verdickt sich: – Was is denn passiert?

– Eine Spionin ham sie jefaßt!

– Quatsch! Hunger hat se jehabt!

– Hätt sie nich den Krieg verlieren sollen!

– Diese Bande!

– Diese Kapitalisten!

– Diese Ausländer!

Eine neue Woge spült Kaftan an. Hilflos zwischen Diskutierenden: – Im Anfang der semitischen Welt,
die dann die unsere wurde, steht das Wort! ...

– Nebbich!

–Was heißt hier: nebbich? Mit 5 AEG-Aktien könnse sich nich die Butter zum Brot verdienen! ...

– ... während die assimilative und später koerzitive Kraft der Juden ...

– Dolle Erscheinung! Irgend so'n russischer Pope?
– Ach! Bloß'n galizischer Jude!

Eine Mutter, ein Kind: – Mutti, sieh ma den schwarzen Mann!
– Nich anfassen, Bubi! Das is bähbäh!

Hakenkreuzler, mit Ellbogen rudernd: – Juden raus! Juden raus!

Ein Gatte am Arme der Gattin: – Das verbitte ich mir! Ich bin deutscher Staatsbürger!
– Juden raus! Juden raus!
– Ich lasse Sie feststellen!
– Emil! Emil!! Ich flehe Dich an ...
– Das ist mir schnuppe! Die Staatsgewalt muß respektiert werden!
– Halt die Fresse, Du Itzig!
– Herr Wachtmeister! Herr Wachtmeister!

Ein Polizeioffizier wirft sich dazwischen: – Aber, meine Herren, haben Sie denn keine anderen Sorgen in dieser ernsten Zeit?
– B.Z. B.Z. am Mittag! Der Dollar 8500! ...

Rufe: – B.Z. B.Z.

Die Zeitungen überschäumen den Menschenstrom.

Rufe: – Der Dollar 8500! ... der Dollar 8500 ...
Zwei Punkte gefallen! Ich bin ruiniert!!

Die Zeitungsverkäufer im Weiterstürmen: – B.Z. B.Z. am Mittag! Panzerautos in Bochum!

Lesende: – Bochum besetzt! Das bedeutet den Zusammenbruch Deutschlands!
– Bochum besetzt! Das bedeutet naturgemäß stärkste Engagements im Devisenhandel!

Lesende: – Naujocks knock out!
– Lock out bei Thyssen!
– Die Opfer der Besetzung!
– Opfertag der Kinos!

Lesende: – Harry, sieh nach, ob die Kritik drin ist? – Hier steht's schon: Das Pogromstück im Renaissancetheater »Stark im Milieuhaften ...« – Und ich nicht erwähnt? Diese Schweine von Kritikern!
– Diese Hunde von Franzosen!

Aufmarsch der Hakenkreuzler mit Gesang:
Hakenkreuz am Stahlhelm!
Schwarzweißrotes Band!
Die Brigade Ehrhardt ...

Schupo zu Pferde: – Straße frei! Straße frei!

Die Menge fortgefegt.

Gesang der Hakenkreuzler:
Darum nieder, nieder mit der Judenrepublik,
Pfui Schieberrepublik! Pfui Judenrepublik! ...

Zurufe: – Nieder! Nieder! Pfui! Pfui! Hoch! Hoch!
– Empörend, harmlose Bürger zu überfallen!
– Nach der Grenadierstraße sollten sie mal gehen!
Da sollten sie mal aufräumen!

Was für den französischen Emigranten die Cannebière, für den deutschen die Reeperbahn, das bedeutet für den Ostjuden die Grenadierstraße: den Zugang zu den ökonomischen Gefilden einer Neuen Welt. Vom Schwarzen bis zum Baltischen Meer, von den Karpaten bis zum Ural, wo immer sich an der Grenze Asiens Kinder des auserwählten Volkes – zahlreich wie »samt beim jam«: wie Sand am Meer – angesiedelt haben, nennt man die Grenadierstraße. Nahe dem Bülowplatz, wo sich die Volksbühne, ein Monstrequadernbau, auf den Trümmern des ausgerodeten Scheunenviertels erhebt, der ehemaligen Zuflucht des Lumpenproletariats. Noch heute, seit der siegreichen Offensive der Regierungstruppen an der Linienstraße im März 1919 – Flammenwerfer und Panzerautos mit Totenköpfen wie auf Giftphiolen – bluten an Bauzäunen im Zuge der alten Gassen die Freiheitsparolen von Spartakus: Hoch die III. Internationale! und Heil Moskau! und Denkt an Liebknecht und Luxemburg! Aber ringsum, eingekerkert zwischen den neuen, europäisch gestutzten Wolkenkratzern: Giebelhäuschen mit Mansarden vom Beginn des XIX. Jahrhunderts. Galizien grenzt an Berlin, der Altkleiderhandel an die Propaganda.

Diese ländlichen Klänge: Scheunenviertel – Hirten-, Grenadier-, Artilleriestraße! So begann in Preußisch-Berlin die Bannmeile, mit Exerzierplätzen statt Klosterhöfen. Im hypertrophischen Wachstum zur Vielmillionenkapitale erhielt sich ein Rest von Peripheriecharakter: Kleinstädtische Sonnenuntergänge. Entengeschnatter, Truthahngekrächz, Taubengurren aus Bretterbuden einer Trödelfarm. Und im Gewirr lichtarmer Gassenschluchten: ein fremder Trubel in langen, schleppenden Kaftanen; auf und ab, unstet, in beengtem Ghettoschritt; zu Gruppen geronnen, die Oberkörper im Gedankentakte wippend; »klärend«, bedächtig und ekstatisch, verschmitzt und düster; Südländer in nordischer Exiltracht. Die griesgrämigen Fassaden bis zum First berankt mit hebräischen Schriften wie verkümmerten Tropenpflanzen. In jedem stinkenden Hinterhof ein Stübel, Schul, Jeschiwa der Frömmsten – der »schweren Haubitzen« ...

Im überheizten Raume schmort ein zäher Menschenbrei, der brummelnd um den Almemor wogt, aufzischt in Zungenschnalzern, beim Überkochen tremolierend siedet. Auf harten Bänken längs der Wände hat sich eine schwarze Kruste greiser Männer abgesetzt; besudelt sind ihre Mäntel, zerschabt die Filzhüte, zerfressen die Pelze, aber verklärt die Antlitze, tiefgeätzt von Weisheit, Mißtrauen, »chochme«; durchdringend die Blicke; hungrig ihre Finger,

die in den Büchern schwelgen; ihre Lippen schlürfen die Erkenntnis; ihre Ohren, taub dem Schacher, dem Geschrei der Kinder, horchen den verwehten Stimmen der Rabbanim und Chakamim; ihr Gaumen kostet tausendmal genossene Märchenspeise der Hagada. Alle Sinne, scharf gewetzt an der Gemara, können diesen Schwall von Dreck und Armut auf den Grund des Wesens zerteilen – denn sie wissen: in unwürdigster Umgebung, in ekelster Hülle, hinter widerlichster Pojazzfratze kann ein Zaddik sich verbergen, einer der 36 Gerechten, auf denen diese Irdischkeit beruht. Kein Priester braucht es zu sein, kein Levit, Aaronit, kein Talmudist, vielleicht nicht einmal ein Jude. Unerforschlich, wider alle Gesetze der Rangordnung, ist das Wesen des Zaddik.
Beschränkung des Erwerbes: sagen die Sprüche der Väter. Und da stehen sie und wuchern, so nahe der Bundeslade. Mäßigkeit in der Unterhaltung: gebieten die Sprüche. Aber da wird geredt und geredt! Grotesk scheint ihr Gebaren: Der Schammes, der mit dem Opferstock wie ein Floh herumhupft; dieser, der zigarettenpaffend hereinstürzt und gierig aus den Regalen einen der heiligen Folianten reißt; jene, die über Russenpolitik, Prozente und Schicksen debattieren. Aber um des einen Zaddiks willen, der doch könnte unter ihnen sein, sei ihnen vergeben . . .

Neben dem Fenster der Ostwand, dessen Ausblick einen Dorfgarten vortäuscht, im Kreise der Talmudeifrigen der Rabbi unter dem breitkrempigen Hut galizischer Dynastien. Ein Ruheloser – der Stadtmeschuggene – phthisisch gedrechselte Wangen, tote Clownsaugen, europäisch abgerissen gekleidet, Melone tief ins Genick geschoben, macht unablässig die Runde, in hastigem Käfiggang, unablässig monologisierend, hält manchmal am Misrach – dem Al-

tarbild gen Osten, gekrönt von Judas springenden Löwen – um die Fürbitten der Quittel, der Zettel, zu studieren, horcht manchmal der Talmudauslegung, manchmal den Disputen und setzt die Wanderung fort.

Der Rabbi singend: – Asoj vil wi samt beim jam un wi stern afn Himml. Wos haißt ..., asoj groiß die Zuol wi samt beim jam un wi stern afn Himml ...

Fragen die andern: – Is doch die Kasche: farwus: samt un stern?

Der Rabbi singend: – Wenn die Jidn sennen kille sake, sennen nit-sindig, demolt sennen sei varglichn zu die stern am Himml; sennen die Jidn ober sindig, demolt is: k'chol hajom, geglichn zu samt, wos jeder konn tretn af ihm ...!

Der Stadtmeschuggene auf seiner Wanderung: – Sei weln schoin kummen, Aich tretn!

Mendel, der Ängstliche, erhebt sich: – Ihr hert? Ihr hert? Der Meschuggene! As er redt, is schoin nischt gut!

Gebrummel von Ohr zu Ohr: – Er redt schoin! ... Er redt schoin! ...

Eine Gruppe Alteingesessener – an deren Straßenjacketts die »Schaufäden« sichtbar –: Der erste: – Eppes fardient? *Der zweite:* – Fardient? As men esst nit, fardient men; as men trinkt nit, fardient men; as men geht zu Fuß, fardient men. Weil dos, wos men hot nit deressen, nit dertrunken, nit derfohren, steigt im preis asoj wie der Dollar! *Der dritte:* – Nor nit varkoifn! Izt is besser haltn dem Dollar!
– Bistu a Nowe? Weißt Du, wos wird sein morgen?
– Chammer, kuck doch herein in die Zeitung!
– Lo mich ze ruh mit deine Zeitungen! Dos is gut far die Jidn am Kurfürstendamm!

Mendel stellt sich erregt zu ihnen: – Hot Ihr geheert, wos er redt, der Meschuggene? Sei wellen kummen, uns tretn! ...

– Laß ihm redn! deroif is er a Meschuggener!

Zweite Gruppe. Ein Uralter in malender Mimik:

– zuerst sennen gekummen die Datschen als gute freind . . . schene gute freind, die Datschen! aweg genummen dos bissel oremkeit . . . an Offzier hot dem Mendel aroisgerissen dem bort . . . aufgehangen dem alten Melamed Menachem. Kaum sennen arois die Datschen, sennen gekummen die Pollacken, die hallertschekes; in Lemberg hobn sei gemacht a pogrom! Die Sseiffer Thoires hobn sei zerrissen, verbrennt die haiser! Men hot gemeint: Meschiachs Zeitn!

– Gewiß is groiß die gefahr, as me redt schoin wegn Meschiachn!

Der Stadtmeschuggene auf seiner Wanderung: – Ihr welt noch do in Berlin Meschiachs Zeitn hobn!!

Mendel verzerrt: – Hot ihr geheert, wos er redt: Meschiachs Zeitn in Berlin!

Aus der Gruppe Alteingesessener: – Ah! Nit asoj gefährlich! In Berlin passiert nix! Do sennen einflußreiche Jidn do! Mir hobn schoin afille gehott a jiddischen Minister!

– Die datschen Jidn? Die datschen Jidn! Die Jahudim? Noch ärger fun die gojim! Die ersten die uns treibn arois!

– Dos sennen doch garnit ka Jidn!

– Assimilierte!! Assimilatzje!

Der Stadtmeschuggene auf seiner Wanderung: – Jahudim? – *(höhnend)* Jahudim? . . . *(fanatisch)* Hit sich far die Jahudim! Dos sennen fremde Jahudim! . . . Hit sich far Fremde!

Mendel, mit einer Geste, als knete er sein Erstaunen: – Hit sich far Fremde? . . . Hit sich far Fremde?

Kaftan, erschöpft, übernächtig elend, aber verklärt wie ein totgeglaubter Heimkehrer: – Scholem Alejchem, Jidn!

Gemurmel, mißtrauisch, noch im Eindruck der Weissagung: – Alejchem scholem! . . . alejchem scholem! . . .
Und Mendel: – Sehst? Sehst? . . . Scht! Scht!
Einer, verlegen: – Fun wannen, a jid?
– Scho lang do?
Kaftan, wieder selbstbewußt: – Bin nit ka Gast! An Alteingesessener!
Einer über die Schulter: – Men hot Aich eppes hi nischt gesehn?
Und Mendel, empört: – Wos hoste mit ihm ze redn? Hit sich far Fremde!
Geschrei in der Gruppe Alteingesessener: – Gib ihm ob dem Dollar! Loß ihm aweg! . . . dem Dollar. Dollarn! Dollarn!
Kaftan schnippt mit den Fingern: – Dollar? . . . Dollar?!
Ein Mutiger heran: – Sogt Ihr! Ihr weeßt! Wieviel halt heint der Dollar?
Kaftan listig lächelnd: – Ich weiß nischt! Sogt Ihr mir! Wie steht heint der Dollar?
Ruft einer: – Zehntoisend in der Grenadierstraße!
Kaftan eifrig: – Die Datschen bazohlen schoin zwanzigtoisend!
Mendel in Wut: – Geht sich zu Aire Datschen! Geht sich zu Aire Treifesfresser!
Kaftan, immer bewußter, immer protziger: – Ich hob schoin groiße Geschäfte gemacht mit die Daitschen! A Volk, an antik! Wie sogt der Daitsch: Lebn und lebn lassen! ich bin bekennt in die hoichen Fenster! Ihr broicht nit zu lachen! Wos versteiht Ihr fun Polletik! As die Daitschen wolten gesiegt, wolt das gewen far uns asach besser! Is nit a groißer Judenfreund der General Ludendorff? Ihr hot schoin mistumme fargessen jennen Oifruf: zu maine libn jidn in Poilen! Das wolt geween die geille, die Erlösung!
Geschrei: – Oich mir a Jidnfreind!

– Oich mir Rebb Ludendorff!

– Oich mir Aire Dollarn!

Kaftan, am Rande seiner Kräfte: – Ot hot Ihr die Dollarn! Hundert Dollarn! Nehmt sei mir aweg! ... Sol sein ... zu ... zwanzigtoisend!

Aber die andern wenden sich zögernd ab.

Und der Stadtmeschuggene in prophetischem Hetzton:

– Hit sich far Fremde! ... Fremde Menschen – fremde Geld!

Kaftan: – Helft mir doch, Jidn! Ich muß fardienen! Is nit far mir! Is nit far mir!

Und wie alle zurückweichen, stürzt Kaftan zum Misrach, befestigt zitternd einen Quittel und bricht über dem Pulte zusammen. Indem tritt der Rabbi herzu, liest den Zettel, legt Kaftan die Hand auf die Schulter:

– Dein Tochter is krank?

Kaftan aufblickend: – A Tochter bei mir, Rebbe!

... Sie is krank! schwer krank ... in der Schweiz!

... kost' asach Geld!

– Geld! Geld! ... Dos kennte derhoibn – es kenn ober oich werfn in Abgrund! ...

– S'is far mei kranke Tochter! ... Antloffen far die Bolschewikis! Vor der melchome! Kaum gerattewit hundert Dollarn! Bin gekummen in Berlin, muß fardienen Geld, asach Geld!

Der Rabbi in eiferndem Vorwurf: – Geld! Geld!

Kaftan, die Brust sich schlagend: – Ich bedarf hubn far mein Tochter! Ich spar mir ab vom Maul! Ich hob nit gegessen, nit getrunken! Rebbe ... ich wil sei nischt wechslen die hundert Dollarn! Sei müssen mir bringen Geld und wieder Geld! ... Rebbe, git mir an Eize! ...

– Bald, bald wird dein Tochter besser werdn! Und Du west Deinen Weg gefinnen ... Wer weeß? Gedenkst du an

Joisseph in Mizzraim! ... Wer weeß? ... Host asoj vil Geld! ... Joisseph in Mizzraim ...!

Kaftan hinter ihm drein: – Josseph in Ägypten? Josseph in Ägypten?? Rebbe! is dos die Gefängnis oder ... die meluche? ...

Der Rabbi antwortet nicht mehr. Er gibt das Zeichen. Die Juden gürten die Hüften zur Andacht. Der Nigen erschallt in langrollendem Lamento ... die Augen kehren sich nach inneren Gesichtern. Nur manchmal sieht man an gestikulierenden Händen verstohlen Dollar-zählende Finger ... Und während sie beten, stiehlt Kaftan sich hinaus. Von den Fenstern, hinter denen Gestalten seines Volkes sich um gedeckte Tische sammeln, beleuchtet heimatliche Wärme seine Straße. Aus einem Keller zieht ihm nahrhafter Ranzgeruch in die Nüstern.

Lange Zeit steht Kaftan pendelnd davor, wischt sich den Bart und preßt den Mund zusammen. Und ringt mit dem Hunger.

Der ehemalige Bouillonkeller

Zum alten Blücher כשר

ein langer Schlund, in Querboxen aufgeteilt, ist prall gefüllt von Tabakrauch und Geschwätz und dem Gegröhl des Edisonphonographen, aus dem der schöne Schlager singt:

– Ach Joseph! Ach Joseph! Was bist Du so keusch?

Zwei groteske Männerchen vollführen dazu einen galgenhumorigen Schiebe-Tanz. Kaftan drückt sich zum vordersten Tisch gegenüber der Theke; läßt sich händereibend nieder, schnuppert und wiegt sich lächelnd im Takte mit. Aber die Freude hat jäh ein Ende, als der Wirt – eine ausrangierte Kompagniemutter – aus der Unterwelt steigt:

– Varrickt jeworn?! Hier is keene Vajniejungsstätte! Det is'n Lokal für ernste Leite – wo arbeetn wolln – wo wat ranschaffen! Affenschande! Der Franzose steht vor den Torn, und Ihr huppt rum wie die Pariser Kokotten! Keen Wunder, det die Mark ins Aschgraue fällt, wenn man sowat sieht! Eich jeht et woll noch zu jut? Zwee Wochen schiebt Ihr an dem eenen Waggon Zucker rum – vom Rhein bis an die Memel, von de Etsch bis an den Belt ... zu schlapp seid Ihr Rasselbande, um een Knorke-Jeschäft zu tätigen! Vorm Heldentod habt Ihr Eich jedrickt, nu drickt Ihr Eich vorm Staatsanwalt! Aba wart't man! Ich wer' Eich die Hammelbeine lang ziehn, bis Ihr Valuten schwitzt! Du sei still, Jossel! Seit jestern biste mir die Provision for de Eiergräupchen treu! Morjen kann ick mir davon die Toilette tapezieren! Die Kränke ärjert man sich an'n Hals mit sonne Schieberrekruten! Dabei füttert man sie, als ob se bei Muttan wärn! *(an Kaftans Tisch)* Helles? Dunkles?

Kaftan verlegen: – Jo!

– Was Sie trinken?

– Trinken? Ich trink nischt!

– Nischt trinken? Denn machense schleunigst die Türe von draußen zu! Oder haben Sie sonst noch'n Wunsch?

Kaftan schmatzt: – ... essen!

Aus allen Boxen schnellen Köpfe vor und echoen: – Essen!

Höhnendes Gelächter. – Aber der

Wirt: – Wat soll denn die dreckche Lache? Der Herr will ebent essen! Der Herr weiß, was sich schickt! Wat wolln Sie denn essen?

Kaftan schaut sich um, leise: – ... is koscher?

– For Jeld könn'se bei mir alles haben! Scheenes Stick Sülze vielleicht? Oder saure Erbsen? Prima!

– A Stickele Broit mit Hering!

– Scheibe Brot mit Matjeshering ... 600 Mark ... Ham Sie Brotkarten? Nich! Also 750 Mark!

Kaftan jedes Gericht vorkostend: – Und a gebrutn Leberl!

– Wie bitte?

– Und Eier ... mit ... Zibbeles ...

– Wat denn? Wat denn? Anni, is'n Ei da? ... Ei is nich!

– Und a nuch a Gläsel Bronfen!

– Glas Branntwein! 1000 Mark!

– Und ... a Hühnersupp!

– Nu man halb so wild, Herr! Sie ham woll 'n reichen Juden totjeschlagen? Hier herrscht Hungersnot! Hier herrscht Ordnung!

Der Wirt steigt in die Unterwelt zurück – die Köpfe recken sich wieder aus den Boxen; immer länger und gieriger: so lauschen sie den Hungerphantasien Kaftans: – Und a Hühnersupp ... jo ... kost Geld ... ober men muß doch essen! Zwei Tog gefast'! Sennen doch schoin die Stern afn Himml! Darf men doch essen! Wie derheim! ... oi, me schmeckt schoin! A Vergniegen am eigen Tisch! Mit mein einzig Kind! ... s' wird sein wieder Geld ... mit Gotts Hilf ... far an eigen Tisch ... Nu Jessi deck dem Tisch! Der Tate will essen! Setzt Aich! Wascht Aich! Seid a Gast ... fiehlt Aich wie in derheim! A Stickele Broit mit Hering ... und a gebrutn Leberl ... und a lechajim! Lechajim Jidn! Lechajim Rebb Moische! Is genug do! A breiter Tisch! Willst Du Leberlach, iß Leberlach! Willst Du Hühnerle, iß Hühnerle! Nu, Rebb Schmuel, bedient Aich! Schmeckt Aich nit a Hühnerle, eßt Gans! A gestoppt Gans! und ...

Der Wirt pfeffert ihm den Teller hin: – Marsch-marsch in die Stuben! *(Die Köpfe verschwinden.)* Eenmal Brot mit Delikateßhering!

Kaftan erwachend: – Soll ich fressen asoinz? Asoinz soll ich fressen?

– Nu halt eener die Luft an! Paßt Ihn'n woll nich?

– Is doch nit ka Essen far a Jid!

Der Wirt und Kaftan in Rage durcheinander: – Denn jehnse doch nach Galizien ßurick! – far Geld! – Zeijen Sie man erst die Penunnje her! – far Dollar!

Die Köpfe schnellen wieder vor. – Und der Wirt: – Wieso für Dollar! Sie ham Dollar? *(Er scheucht mit der Serviette die Köpfe wie Hühner fort.)* Pscht! Ick meene: Dollar ... Ick meene, et looft so ville Bettlerjezumpel rum, det die bessern Herrschaften drunta leidn missn ... Nu bleibense man sitzen! Ick wer' Ihn'n schon was besorjen! Ick 'ab im Keller noch'n Rest falschen Hasen! Lekka, sach ick Ihnen! Von mir is noch keen Gast unzufrieden wechjejangen! Nu futtern Sie man erst in Ruhe die Vorspeise! Ich bring Ihn'n jleich! Jesejente Mahlzeit!

Wie nun Kaftan zu essen beginnt, setzt ein Gewisper hinüber, herüber ein:

– Haste sowas erlebt! So'n Großkotz!
– Kunschtik! Mit e Dollar!
– Was tut Gott? Er hat zwei!
– Glaubst wohl, er wird Deine Löffelerbsen sanieren?
– Nuna, in e Bandeljuden wie Dich wird er se stecken!
– Wenn der Mann hat bloß für fimf Goldpfennig Grips, kommt er zu mir!
– E Mezziieeh! ... e Mezziieeh! ... Und was hast Du groß?
– Beziehungen!
– Beziehungen is sogar gut! Weil de Kommandanturspeck verschiebst! Aus de Inventur vom Weltkrieg!
– Ich wüßte was!
– Er weiß schon was! Silberstein weiß schon was! Woher weißte?
– Von Eisenberg!

(Der Name löst ein Verblüffen aus.)

Und alle: – Eisenberg, Eisenberg! ...

– Das kannste einem Goj weismachen! Nebbich Du und Eisenberg perseenlich!

– Wenn auch nicht ich und Eisenberg, aber doch! Man kommt in sein Geschäft und horcht! Man horcht und erfährt!

– Und was haste erfahren?

Da verstummen sie. Oben hat die Tür geknarrt. Ein besserer Herr – E. K. I unter dem geöffneten Ulster angeheftet, Monokel, Aktentasche – schlenkert lässig ins Lokal. Und ein Kopf: – Still!

– Wieso still!

– Siehste nich das Eiserne Kreuz? Keine Risches!

Und der bessere Herr schlendert zur Theke, gießt sich familiär einen »Asbach« ein.

Eilfertig klettert der Wirt mit falschem Hasen und Sülze zu Kaftan:

– So! Da kommt das kleine Schlaraffenländchen!

Aber wie er die Schüsseln absetzt, erblickt er den neuen Gast und zuckt zusammen:

– Herr Rechtsanwalt! . . . Die Abrechnungen?

Der neue Gast, Rechtsanwalt Müller, gießt sich noch einen zweiten ein und schnarrt: – Telephoniert?

– Nein, Herr Rechtsanwalt!

– Also?

Der Wirt macht eine traurige Geste nach dem Lokal:

– Nischt wie Kruppzeug!

– Ist das alles, was Sie mir zu sagen haben?

– Ich kann mir die Devisen ooch nich aus'm Hintern schneiden!

– Alter Freund! Nehmen Sie sich zusammen! Wir haben Ihnen die Konzession nicht verschafft, daß Sie Hungerleider hochpäppeln!

– Herr Rechtsanwalt, ich habe die Leute streng nach dem

Reglement von Herrn Rechtsanwalt angelernt! Aba in dem Drahtverhau von Verordnungen bleiben sie hängen wie die Sturmkolonnen! Wat soll ick duhn?

– Sie sollen durchgreifen und den Kleinhandel Ihres Reviers erfassen. Stellen Sie sich dämlich an, fliejen Sie! Bei Ihnen ist längst eine Razzia fällig!

– Herr Rechtsanwalt werden einen alten Soldaten nich ins Unjlick bringen! ... Herr Rechtsanwalt ... vielleicht ... ick meene ... der Mann da *(er flüstert ihm etwas zu, und beide schauen zu Kaftan).*

Und Müller: – Denn los! Präsentieren Sie ihm die Rechnung, damit wir wissen, woran wir sind!

– Zu Befehl, Herr Rechtsanwalt!

Der Wirt mit gezücktem Bleistift an Kaftans Tisch:

– Dürft ich um Kasse bitten? *(da Kaftan die Achseln zuckt)* Zahlen!

Kaftan blickt auf: – Bazohlen?

– Allemal!

– Bazohlen! Mit meine Dollarn! Allis verfressen! Far gornit! Nischt fardient! Nischt gekoift! Wolt ich gekennt oisbrechen, das Geld!

– Also eine Scheibe Brot ohne Karten mit Matjeshering! – 800 Mark!

– Ihr hobt doch gesogt: siebenhündertfüffzig!

– Vor zehn Minuten! Ick muß ja die Markentwertung einkalkulieren! Eenmal falscher Hase: elfhundert! Eene Bulljong dreisiebzig ...

– Fun meinen Magen reißt Ihr a Profit! Mein Fleisch is oisgetoischt af Geld!

– Det ham Sie bildschön begriffen! Wenn Sie so weitermachen, bringen Sie's noch zum Billionär! Zwei Branntwein! Ein Ei! Achso, Ei war nich! Immer ehrlich sein! Achthundert, siebenfuffzig! 3120 plus 10 Prozent Bedienung plus 10 Prozent Hockersteuer – 3750 wenn ich bitten darf!

– Was verlangt Ihr fun mir? Is Aire Mark gefallen in der Zeit, wos ich eß – is mein Dollar gestiegen in der Zeit, wos Ihr rechnet! Ich will Aich bazohlen! Zur rechten Zeit! Ich kenn obwarten mit meine Dollarn!

Der Wirt macht Stielaugen: – Au Backe! Ham sie's nich kleiner! Wissense, Sie jeben mir so een Scheinchen aus Ihre Sammlung, und ick zahl Ihn'n mit mein Inventar ßurick! Und zwee Versatzklaviere extra, so antik wie neu! . . . Oder lejense noch'n paar zu, und Sie kriejen den Laden, wie er liecht und steht! . . . Meinswejen det janze Haus! Sie! Det is'n Jedanke! Die Zeiten sind unsicher, und det Ooje des Jesetzes kneist! Nehmense Ihre janzen Dollars! Ich arrangschier das mit'm Hauswirt! Det Haus is Ihrs und alle Ihre Sorjen fort mit Schaden!

Und Kaftan: – Ein feines Haus!

– Fein wenijer! Aba jute Laufjejend!

Und Kaftan: – Kaftans Haus! Bei sein eigen Tisch! Mit sein eigen Kind! Kaftan in Berlin!

Müller, der sich mittlerweile genähert hat, tippt dem Wirt auf die Schulter: – Braten sich eine Extrawurscht?

Der Wirt fährt herum: – Det is meine Sache!

– Sie sind ein Deutscher! Und deutsch sein, heißt eine Sache um ihrer selbst willen tun!

– Aba die Tour vamasseln, gilt nich, Herr Rechtsanwalt! Hier bin ick Herr im Hause! Und meine Jäste sind mein Jeld!

– Vergessen Sie die Dienstordnung nicht, Herr Feldwebel a. D. Sie wissen, wem Sie und Gäste unterstehen!

Das Telephon schrillt.

Der Wirt am Hörer: – Norden 838! Zum alten Blücher! Zu Befehl, Herr Eisenberg! Herr Eisenberg wünschen Herrn Rechtsanwalt Müller.

Müller blitzt den Wirt durchs Monokel an – der Wirt knickt in den Knien ein und verschwindet.

Und Müller telephoniert: – Rechtsanwalt Müller ... Jawohl, Herr Eisenberg! ... Abschnitt Grenadierstraße! ... Material oberfaul! ... Immer dieselben Pinscher ... dieselben Luftgeschäfte ... Kein Pfennig bar! ... In allen unsern Lokalen nichts ... Herr Eisenberg können versichert sein, daß ich mir jede erdenkliche Mühe ... Valuten? Wolln sehn, was sich tun läßt! ... Dollars um jeden Preis ... Ich verstehe, Herr Eisenberg! Und wenn es sein muß: mit legalen Mitteln ...

Während seines Gespräches schleichen sich – vorsichtig äugend – die Leute aus den Boxen an Kaftans Tisch.

Der Erste: – Gestatten Sie? Sie sind auch noch nicht lange hier? Was jetzt so rieberkommt! Schreckliche Dinge hört man! In Berlin is man wenigstens sicher! Wir Deutsche sind ein Kulturvolk! Sie können das ermessen an dem Verzehr von Seife! Es soll uns noch so mies gehn – und wenn die Welt voll Teufel wär': wir waschen uns! A propos mies! Ich hätt' da 'n Posten Kernseife! 100 Kilo zum Schleuderpreis! Auf'n Görlitzer Bahnhof ...

Kaftan: – Seife? Seife kenn men doch nit essen?
Seife is kein Geschäft!

– Was heißt: kein Geschäft! Eine Occasion is es! 40000 Mark! Geschenkt!

– Tommer ist es geschenkt! Ober ... ich kenn nit bazohlen!

– Wer redt von Bezahlen! Einem Herrn was hat so ein treues Gesicht und Dollars dazu, vertraut man! Greifen Sie zu! Bezahlen werden Sie später! In drei Monatsaccepten! Hier is de Ausfertigung! und das Frachtbriefduplikat! Hier unterschreiben Sie! Hebräisch! Von mir aus!

Der Zweite: – Ich muß Sie mal dumm fragen! Kennen Sie

drieben einen gewissen Weinstein? Dem großen Weinstein! Aus Krakau! Der Mann ist ein Schwager zu mir! Er schickt mir! So hab ich noch eine Ladung Speck! Billigst! 21000 . . . 19000 für Sie! Geschenkt!

Kaftan: – Speck is doch treife? Ein treifener Handel! . . . Ober ich koif sie Aich ab – als Ihr nehmt meine Seife!

– Die Offerte kenn ich! 100 Kilo für 40000 Mark! Hätt ich vorhin für 34 haben können! Wer wascht sich schon! Seife is kein Geschäft!

– Die Mark ist gefallen! In meinem Magen ist sie gefallen! Aber ich schenk Aich die Seife far . . . dreißigtoisend, gebt Ihr mir den Speck und bazohlt in bar zehntoisend!

– Handeln lieb ich nich! Das kost bloß Nerven! Achttausend! Und gemacht!

Müller ist verschwunden. Die Luft ist rein. Und der ganze Schwarm mitsamt dem Wirt stürzt sich auf Kaftan:

– Nu ein Wort unter Männern! Das Essen war jratis! Sie nehmen den Laden oder det Haus! – Einer nach dem andern, Herr Wirt! Andre möchten auch leben! Mais hab ich. Und Mais is Brot! Und Brot is eine Gottesgabe! – Brot is Tineff! Koks! Kokain! Billigst! Geschenkt! Rauschmittel sind gefragt in feinsten Kreisen! – Quatsch! Sachwerte missense kaufen! Zahnplomben! Gold bleibt Gold! – Und wenn morgen stabilisiert wird, is er Neese! – Lassense sich nix beschummeln von dem Ganeff! Kaufen Sie deutsche Kriegsanleihe auf! Ehrlich währt am längsten! . . .

Da poltern Schupostiebel die Stufen herab. Und mit den Schreien: Razzia! Razzia! *saust alles in die Boxen zurück. Fünf Polizisten. Ein Wachtmeister. Und neben ihm der Herr Rechtsanwalt Müller:* – Herr Wachtmeister! Ich glaube, der Laden ist reif!

Der Wirt hat sich erhoben und pflanzt sich vor den Polizisten auf: – Was wünschen die Herrn? . . .

Wieder mal Razzia jefällig? . . . Wiederma schlachtreif befunden vom Herrn Oberschieber! . . . Bei die kleenen Macher, die sich meinen Fraß durch die Kehle würjen, da werd't Ihr moralisch! Da hakt Ihr ein! Wenn Ihr wirklich mal Ordnung machen wollt, denn macht: janzes Batalljon kehrt! Mit die Neese zum Ziel! Und det Ziel jeb ick an! Und det Ziel is . . .

Der Wachtmeister: – Maul halten! Wir haben dienstlichen Befehl! Alles raus aus de Ecken! Immer zwei und zwei, anjetreten!

Zögernd – von entsicherten Revolvern gescheucht – kriecht es aus allen Boxen.

Der Wachtmeister – auf Müllers Wink – holt sich Kaftan heraus und pfeift ihn an: – Sie heißen?

– Kaftan! Simon Chajim Kaftan!

– Das kann jeder behaupten! Ausweise?

– Bin ich nit Kaftan, ich wolt nit gestannen do vor Aich! Mein Ausweis? Meine Dollarn!

– So! Da hätten wir ja gleich den Richtigen jejriffen! Sie jeben also zu, ausländische Devisen zu führen?

– Ist es ein Verbrechen, Geld zu besitzen?

– Auf jeden Fall höchst verdächtig, wenn einer so aussieht wie Sie!

– Weil ich Aich Geld bring, werft Ihr mich in Gefängnis? Ich wolt Aich reich machen, Aich durch mich!

– Jawoll! Ausplündern wollt Ihr uns, Ihr Herrschaften aus'm Osten! Lejitimieren Sie sich oder die Valuten sind beschlagnahmt!

– Ihr versteht nit! Wos tut der Staat mit meine Dollarn! Sie werden faul bei Aich wie Menschen im Kerker! Laßt Ihr sie mir in Freiheit, schenkt Ihr mir Zeit, ich schaff Aich viele toisend und schenk sie Aich zurück mit Profit!

Der Wachtmeister: – Her damit!

Aber Müller tritt dazwischen: – Herr Wachtmeister! Meine nationale Jesinnung is ja hinlänglich bekannt! Die langt für zwei! Lassen Sie mir den Mann! Ich bürge!

Der Wachtmeister salutiert.

Der Wirt: – Schiebung is das! Der Peiesfritze is mir noch det janze Essen schuldig!

Der Wachtmeister: – Ansprüche sind auf dem Polizeipräsidium einzureichen!

Müller: – Ab dafür!

Der Wirt: – Ab dafür! Wie Speck aus Heeresbeständen! Ob jeschossen wird, ob jehungert wird, ob jeschoben wird: am dransten sind wir! Am dransten an die Front zwischen Sturmanjriff und Schützenjraben! Am dransten im Hinterland zwischen Pleite und Zuchthaus! Das Stahlbad kommt – Die Jeneräle baden sich jesund! Der Friede kommt – die Staaten machen kippe! Die Knochen futsch, det Jeld is futsch – und wertbeständig bleibt allein, wat oben sitzt. Det nennt sich Staat und vasilbert een janzes Ruhrgebiet mitsamt die Wacht am Rhein! Das profitiert am letzten Hauch von Roß und Mann und schimpft sich Staat . . .

Der Wachtmeister: – So! Nu verhaft ich Sie wejen Landesverrat! Abmarsch!

Der Wirt: – Hurra! Lieb Vaterland! Magst ruhig sein! Fest steht und treu die Wacht, die Wacht am Rhein!

Das Lokal ist ausgehoben. Kaftan und Müller stehen sich gegenüber.

Kaftan, mit weitgeöffneten Blicken, dreht noch die Geldtasche in Händen. Müller langsam auf ihn zu.

– Sind wohl fremd hier!

Kaftan murmelt im Sington Unverständliches.

Müller: – Wie heißen Sie doch?

Kaftan: – Kaftan!

Müller lächelt: – Kaftan? . . . *(reicht ihm eine Visitenkarte)* Berlin ganz gefährliches Pflaster . . . aber Beziehungen . . . Beziehung alles! . . . wenn Sie mal einen Rat brauchen . . . in Vertrauensfragen jederzeit zuständig *(schon von der Treppe)* N'abend!

Kaftan, einsam, besieht die Visitenkarte: – Heinz Joachim Müller, Director der Eisenbank.

Zweiter Teil
In Potsdam lebt ein General

Bei den großen ökonomischen Eruptionen von Krieg und Inflation, die das Vertrauen in die alleinseligmachende Solidität des Kapitalismus bis in die Reihen der Gläubigen und Gläubiger erschütterten, ist auch der Name Anton Eisenberg hochgekommen. Dieser Süddeutsche, Halbjude, Sohn eines Dorfschullehrers, war aus der Konfektion hervorgegangen, nach kurzer Lehrzeit im Laden seines Berliner Onkels. 1916 als 47jähriger zum Landsturm einberufen, tätig zwischen den Kommandanturen von Warschau und Berlin, hatte er sich einiges Vermögen durch die Lieferung von Pflanzenfaserstoffen erworben. Im Urlauberzuge Warschau–Berlin machte er auch Bekanntschaft des Oberleutnants d. R. Müller, den er sich später in Berlin zum Vertrauensmann nahm. Die Art seiner Geschäfte, die Gründe seines Aufstieges zu bestimmen, wird durch ihre Mannigfaltigkeit erschwert. Die kleine, aber Reichsbankdiskont-würdige Eisenbank, wo Müller herrscht; die Herren-

schneiderei Leschnitzer; sein Stammsitz, ein popliger Laden:
ANTON EISENBERG, Stoffe Engros – Endetail, an dem man – d. h. die Steuerbehörde – achtlos vorübergeht: das sind die Schauplätze seines Handelns . . .

(In Eisenbergs Laden. Lauter leere Regale. Hinter dem Ladentisch klimmt eine steile, schofele Holztreppe: »Zum Comptoire!« Ein Schild behauptet: »An Franzosen und Belgier wird nichts verkauft!«
Zwei verknautschte, stopplige Koofmichs in Bratenröcken sitzen und warten. Und warten. Jeder mit einem Musterkoffer.
Cohn dreht Daumen.
Silberstein trudelt den Schirmgriff herum. Manchmal werfen sie einen Blick durchs Schaufenster auf die öde Straße.
Sagt Silberstein: – Geschichten könnt ich Ihnen erzählen, Geschichten . . .
Sagt Cohn: – Silberstein, Sie sind doch das geborene Handelsregister . . .?!
Silberstein: – Schabbes kann ich davon machen! Ich komm auf keinen grienen Zweig! Die Tante Riekchen, Gott hab sie selig! hat immer gesagt: Moritzche, hat se gesagt, du werst doch ewig e Schlemihl bleiben! Du weißt zuviel, du weißt zuviel!
Cohn: – Sagense, Herr Silberstein, was is eigentlich hier los?
Silberstein: – Wieso hier?
Cohn: – Nu, ich meine, e Laden mit nischt drin? Nebbich eine Schreibmaschine! Das ist das Kontor vom großen Eisenberg?
Silberstein – Herr Cohn, Sie missen doch um die Ecke kukken können! Der Laden is sein Schabbesgoj – und oben, sein Telephon! das is Er! . . .

(In diesem Augenblick trampelt jemand die Treppe herunter und verläßt eilig und anscheinend sehr verärgert das Lokal . . .)

– Sehnse, der da eben fortgeht? Das is der Vertreter von Brouwers Bank Amsterdam. Und nu passense mal auf, nu will ich Ihnen eine Geschichte erzählen. Eisenberg hat doch den Litauern ein Schrottlager angeboten?! Er hat doch aber ganicht geliefert! Hat so'n Schmuh mit'n Ausfuhrschein gemacht. Die Litauer haben an Brouwers Bank auf Sperrkontochen 'n paar Milljönchen eingezahlt. Eisenberg hat sich die Provision eingesteckt! Und nu sitzt ihm jenner natürlich auf der Pelle . . .

(Währenddem trappelt die hochblonde Sekretärin die Treppe herunter, und, ohne von den beiden Notiz zu nehmen, installiert sie sich vor der Schreibmaschine.)

Cohn (leise): – Herr Silberstein, wenn Sie sowas wissen, daran allein könn'n Sie doch schon verdienen?!

Silberstein: – Was will so ä Silberstein gegen einen Eisenberg! Von meinen Bänderchen kann er doch nich leben! Ich muß froh sein, daß er sie mir für seinen Laden abkauft. Er is im Grunde ein seelensguter Mensch! . . . *(steht auf)* Ich glaube, nu sind wir dran! Fräuleinchen, sind wir nu dran?

Das hochblonde Fräulein: – Das kann ich doch nich riechen!

Silberstein: – Nu, nu, Fräuleinchen . . . *(setzt sich wieder)* Wir sind noch nich dran!

Daumendrehen – Schirmgrifftrudeln.

Zeigt Cohn: – Der da ieber die Straße lauft, das is Müller! Rechtsanwalt! . . . Eisenbergs Intimus!

Silberstein (prescht zum Fräulein hinüber): – Fräuleinchen, sind wir nu dran?

(Aber Müller flitzt an ihm vorbei die Treppe hinauf.) – Wir

sind noch nich dran! *(Daummendrehen – Schirmgrifftrudeln.)*

(Die Treppe kreischt. Zwei Stimmen: Eisenbergs und Müllers, krakeelen.)

Stimme Eisenbergs: Keinen Pfennig! Haben Sie mich verstanden? Keinen Pfennig mehr, ehe ich nicht die Ware sehe!

Stimme Müllers: – Herr Eisenberg, wenn Sie Ihren Verpflichtungen nich nachkommen können, dann machen Sie jefälligst die Bude zu!

Stimme Eisenbergs: – Sie haben mir das aufgehalst! Sie und Ihre sauberen Potsdamer!

Stimme Müllers: – An Ihrer Stelle würde ich hier gar keine Lippe riskieren und weiter zahlen!

Stimme Eisenbergs: – Ein Erpresser sind Sie! Scheren Sie sich fort, oder ich rufe die Polizei!

Stimme Müllers: – Sie rufen ja immer die Polizei, wenn Ihnen das Wasser an der Gurgel sitzt!

Und Silberstein: – Fräuleinchen! Sind wir nu dran?

Das Fräulein (steht auf): – Herr Eisenberg ist verreist ... *(verduftet über die Treppe).*

Cohn (hinterher): – Erlauben Sie mal, ich habe doch eben seine Stimme gehört!

Silberstein (zerrt ihn zurück): – Lassen Sie, Cohn! Und wenn Ihnen Eisenberg perseenlich sagt, daß er verreist is, missen se's glauben, daß er verreist is! Der Mann hat auch seine Sorgen!

Oben knallt die Tür zu.

Müller auf der Treppe: – Das werden Sie mir heimzahlen, Herr Eisenberg!

Die Sekretärin im Vorbei: – Krach mit dem Alten?

Müller: – Der is übergeschnappt ... Aber ich weiß Geschichten zu erzählen, Geschichten ... Wie war denn das mit dem Ausfuhrschein, was? ... Na, jottseidank, gibts ja noch andre Leute in Berlin ...

Cohn zupft ihn am Ärmel: – Entschuldjen Sie, Herr Rechtsanwalt! Stimmt was nicht mit dem Eisenberg? ... Ich hab doch e paar Aktien?

Müller: – Di könn'n Sie sich sonstwo ...

Cohn neben ihm her: – Gott behiete! Ich kann doch nich mein Geld ... Lieber Herr Müller, lassen Sie mich nich im Stich! Sie wissen doch immer ...

Müller: – Ach, scheren Sie sich ... Halt! Warten Sie mal! ... Vielleicht? ... Kaftan!

Cohn: – Wer is Kaftan?

Müller: – Wer Kaftan ist? Das wissen Sie nich? Kaftan ist einer unsrer Größten ... Kaftan ist ... dagegen ist der Eisenberg ein Dreck!

Wie Müller hinaus ist, Cohn zu Silberstein: – Wissen Sie, wer Kaftan ist?

– Woher soll ich wissen?

Cohn wütend: – Nischt wissen Sie!

Und läßt ihn stehen. Und einsam Silberstein: – Was hat meine Tante Rieckchen gesagt? Moritzche! Ewig werst Du eine Schlemihl bleiben! Du weißt zu viel! Du weißt zu viel!

Müllers Bureau in der Eisenbank.

Müller, am Schreibtisch, weit ins Fauteuil gelümmelt, telephoniert: – Ja, Puppe ... störst garnich! ... noch lieb? ... natürlich bleibt es bei heute abend, trotz Eisenberg ... Geld? Keine Sorge! ... Jawohl! Das kurze Blaue! ... *(es klopft. Und Müller):* Herein! *(Es ist Kaftan. Und Müller in den Apparat)* Aber selbstverständlich, Herr Minister! Ist ja eine Kleinigkeit! Auf Wiedersehen! *(hängt ab. Mit gekünstelter Fremdheit zu Kaftan)* Bitte, Sie wünschen?

Kaftan holt Müllers Visitenkarte aus der Tasche . . .

Und Müller: – Ach so, richtig! Gestern abend! . . . Die Sache hätte übrigens mies ausgehen können! Setzen Sie sich doch! Rauchen Sie? . . . Natürlich, Sie rauchen nich! Und Cognac auch nich! . . . Nun, was haben Sie auf dem Herzen . . . Wie war doch Ihr Name?

Kaftan mißtrauisch: – Simon Chajim Kaftan!

Müller: – Richtig Kaftan! *(ergreift einen Bleistift und notiert)* Simon Chajim Kaftan . . . nich schlecht . . . kann so bleiben! . . . Also, Simon Chajim Kaftan, was führt Sie zu mir?

Kaftan: – . . . Ich wollt . . . Aich bedanken!

Müller: – Und . . .?

Kaftan zieht seine Geldtasche. Doch Müller wehrt ab: – Aber nich doch! . . . Die Hauptsache is, daß Sie Ihre Dollars noch beisammen haben!

Kaftan: – Ich hab Dollars . . . Ich hab oich groiße Geschäfte . . . Tuche . . . un Seife . . . un Speck un . . .

Müller: – Is ja wunderschön, aber was tut Kaftan mit Seife! Sie haben ganz andere Möglichkeiten . . . ich bin ein alter Menschenkenner! Mit Ihnen würde ich . . . Kennen Sie Eisenberg?

Kaftan: – Ich kenn ihm . . . ich kenn ihm nischt persönlich!

Müller: – Sehen Sie! Und diesen Eisenberg hab ich gemacht!

Kaftan: – Mit was handelt Eisenberg?

Müller lächelt: – Nicht mit Seife! Eisenberg ist ein großer Mann . . . Aber können Sie auch werden! Wenn Sie nur ein paar Prozent Vertrauen zu mir haben! Wenn ich, z. B. . . . ich meine: angenommen jemand hätte jetzt drei-, vierhundert Dollars und würde es sich in den Kopf setzen . . . und jetzt ist gerade der richtige Moment: mit vier- . . . mit fünfhundert Dollars Anzahlung kauft er den ganzen Eisenberg . . . die ganzen Aktien!

Kaftan: – Und wo findt men die Aktien?

Müller: – Das is eben Ihre Findigkeit! Auf der Börse ... Bei Herrn Cohn!

Kaftan (rechnet): – Bei Cohn! Und dreihundert!

Müller: – Vierhundert

Kaftan rechnet. Dann entschlossen: – Nu, es geht!

Müller: – Geht? Also gemacht!

Kaftan: – Und ... was fardient Ihr?

Müller: – 'n paar Prozente! Merken Sie garnich!

Kaftan reicht ihm die Hand: – Herr Müller!

Müller erhebt sich: – Herr Kaftan!

Kaftan wendet sich zur Tür. Müller ruft ihn zurück: – Apropos Kaftan – ich muß Ihnen noch etwas sagen. Ich habe Verständnis für alte Traditionen. Aber man muß Rücksicht auf die Umwelt nehmen. Man muß sich akklimatisieren. Herr Kaftan, es gibt einen Mann, Leschnitzer – Herrenmoden, bei dem lasse ich auch arbeiten. Sehen Sie mich mal an *(tritt neben Kaftan).*

Kaftan (betrachtet sich. Betrachtet Müller. Lacht): – Ich versteh!

Müller: – Wir werden uns immer verstehen, Herr Kaftan.

Bei »Leschnitzer – Herrenmoden«.

Der Schneider Leschnitzer, versorgt und kümmerlich, führt Kaftan sein letztes Modell von der Stange vor, das er zärtlich glattstreicht: – Ich rat Ihnen zu dem Kompleh in Cheviot. Fühlen Sie mal an! Eine Wollust, und garantiert deutsches Erzeugnis.

Kaftan: – Zu teuer.

Leschnitzer: – Zu teuer ist heute alles! Man hat gespart auf die alten Tag. Man hat eine Frau, was leidend ist. Was ist einem geblieben von allen Notgroschen? Die Gallensteine! Zu teuer! Bei jedem Stück, lang' ichs dem Kunden hin, brecht mir das Herz: mir langts nich hin, nich her, es wiederzukaufen! Bei jedem Morgen, den Gott mir beschert, zitter ich: es wird dein letzter Rock sein. So, nu legen Sie mal Ihren ulkigen Talar ab: feine Ware! Was kost' da der Meter? . . . Probieren Sie die Hose an! Aussehen werden Sie wie'n Prinz! Wie Eisenberg persönlich!

Kaftan: – Kennt Ihr den Eisenberg?

Leschnitzer: – Ob ich ihn kenn! Ich kenn ihn doppelt! Als Soll und Haben! . . . Kneift es im Schritt? . . . Ich bezieh von ihm. Und früher hat' ich mein Kontochen auf seine Bank . . . sie beutelt sich noch im Gesäß! . . . So, beim Verrechnen, hab ich mir Aktien zugelegt, mein ganzes Vermögen in Eisenberg-Aktien! . . . Nu den Rock und die Weste! . . . Es war vielleicht falsch! Zahl ich ihm weniger, droht er, die Papiere könnten fallen, zahl ich ihm mehr, wie komm ich auf die Kosten, die neue Waren einzuhandeln? Nu, was hab ich gesagt? Ein ganz anderer sind Sie geworden! Direkt 'n Mensch! Warten Sie, da ist noch 'n Fältchen! Ich ruf den Zuschneider! Ludwig! Möchten Sie eben reinkommen?

Kaftan dreht und wendet sich vor dem Spiegel.

Kaftan: – A neier Mensch! Kaftan, a Mensch! Bald darf men reden wegen der Eisenbergs: Oissehen tut Ihr wie Kaftan persönlich!

Leschnitzer (zum eintretenden Schneider): – Ludwig, sehen Sie sich den Herrn mal an und machen Sie ihn mir fertig!

Zuschneider: – Herr Leschnitzer, Sie sind immer ein guter Chef gewesen!

Leschnitzer: – Was erzählen Sie mir für Neuigkeiten?

Zuschneider: – Aber wir können nicht mehr! Wir können beim besten Willen nicht mehr. Die Woche hat 7 Tage und am zweiten geht der Lohn betteln. Was nützt uns der Tarif? Den haben sie uns zum Inflationskrüppel geschossen, und die Preise fahren Luxuslimousine. Herr Leschnitzer, Sie müssen uns mit 'ner Zulage auf die Beine helfen.

Leschnitzer: – Da hören Sie's selbst! Leg ich zu, zeigt mich der Eisenberg an, daß ich mir nich an den Tarif halt – halt ich mich an den Tarif, verhungern mir meine Leute! Ziehen Sie sich aus! Sie sollen sich wieder umkleiden.

Kaftan: – Nein, laßt! Ihr habt gesprochen: Ihr habt Aktien von Eisenberg! Ich nehm sie Euch ab, daß Ihr kaufen könnt. Ihr habt gesprochen: Ihr bezieht von Eisenberg? Ihr könnt von mir beziehn um Eisenbergs Hälfte. Nehmt auch dem alten Kaftan aweg und macht mir den neuen fertig.

Eisenbergs Laden. Silberstein und das Tippfräulein.

Silberstein: – Mein Großvater selig war gewiß ein kluger Mann, aber so klug war er nich, zu wissen, wir würden noch mal so viel Geld haben, daß wir daran verhungern. Frollein, würden Sie so lieb sein, mich anzumelden?

Tippfräulein: – Melden Sie sich doch selbst an! Mit meiner Stellung is hier aus!

Silberstein: – Ja, Eisenberg is auch nich mehr der Alte! Wer hätte ihm gewagt an der Wiege zu singen, daß er würde Wechsel zu Protest gehen lassen!?

Tippfräulein: – Mich von Gläubigern anschnauzen zu lassen, wo ich für jeden Finger zehn Kavaliere krieg, hab ich das nötig? Ich geh!

Silberstein: – Wär ich ein Eisenberg, Sie solltens nich nötig haben! Aber wenn Sie nu in die feine Welt kommen, Fräuleinchen, ich wünsche Ihnen, Gott möge Ihnen aufwerten Schönheit und Jugend! Es bleibt noch immer die sicherste Währung.

Stimme Eisenbergs: – Frollein, Frollein! Wo bleibt meine Verbindung mit dem Ministerium? Frollein!

Silberstein: – Das Fräulein is eben e bißchen ausgegangen!

Eisenberg: – Wer quatscht denn da unten?

Silberstein: – Nu wer! Der Silberstein, falls Sie nichts dagegen haben, Herr Eisenberg!

Eisenberg: – Ich kaufe nichts mehr.

Silberstein: – Nehmen Sie nich von meinen Bänderchen, nehmen Sie wenigstens den Rat von einem armen klanen Schnorrerchen! Verreisen Sie diesmal wirklich!

Eisenberg: – Scheren Sie sich fort! Unverschämtheit! ... Herr Silberstein!

Silberstein: – Herr Eisenberg!

Eisenberg: – Warum haben Sie gesagt, ich soll verreisen?

Silberstein: Es wird so geredet von Staatsanwalt und Strafanzeige! und redet man, is schon faul!

Eisenberg: – Ja, es redet einer! Ich kenne ihn! So leicht geht Eisenberg nicht in die Falle! Und wenn ich nun doch die große Reise antrete, dann tun Sie diesmal so, als wüßten Sie nichts! Silberstein! Ich danke Ihnen!

Silberstein: – Von dem Dank kann ich mir zwar nix kaufen! Aber geht es mir einst so richtig mies und ich hab nichts zu essen, nichts mich zu wärmen, soll es mich trösten, daß der Eisenberg ist dem Silberstein einmal dankbar gewesen.

(Cohn zu Leschnitzer vor der Ladentür)

Cohn: – Mein Kompliment, Herr Leschnitzer! Eben war ich mit Herrn Kaftan zusammen. Ein Gedicht, wie Sie den Herrn ausstaffiert haben. Und was machen Sie sonst?

Leschnitzer: – Zu mach ich!

Cohn: – Sie machen zu? Dazu schick ich Ihnen Kunden wie den Kaftan?

Leschnitzer: – Ein feiner Kunde! Was mir sein Anzug eingebracht hat, ist auf die Gallensteine meiner Frau draufgegangen. Ein feiner Kunde!

Er hat mir Stoff verkauft! Und der Eisenberg hat die Zahlungen eingestellt!

Cohn: – Der Eisenberg? Erzählen Sie keine Märchen!

Leschnitzer: – 40 Jahre, drei Generationen sind die Leschnitzers in ihrer Branche gewesen, was die Hohenzollern waren unter den gekrönten Häuptern. Wär der Krieg nicht gekommen, Hoflieferant könnt ich sein. Aber Gott hat gesorgt, daß die Eisenbergs nich in den Himmel wachsen. Für jeden kommt der letzte Tag wie der letzte Anzug.

Cohn: – Eisenberg pleite? Und Kaftan? Nu weiß ich überhaupt nich mehr! Das hätt ich wissen sollen!

In Müllers Büro.

Müller (nimmt den Hörer ab): – Ich lasse Herrn Oberst bitten.

Müller (stark beschäftigt): – Mojn Oberst, nehmen Sie Platz! *(Bietet Zigaretten und Likör an.)*

Oberst (schiebt beides beiseite): – Danke! Sie können sich denken, warum ich hier bin!

Müller: – Ich kann mirs denken. Aber es walten über der schwachen Kreatur höhere Mächte, die der beste Kaufmann nich in Rechnung stellt. Und jewisse Fluktuationen im Bankjewerbe zwingen uns . . .

Oberst: – Für höhere Mächte sind die Jottesdienstbonzen zuständig. Uns interessiert bloß, daß wir seit acht Tagen von Ihrem Eisenberg keine Mark mehr für Jüterbog besehen haben.

Müller: – Herr Oberst, Sie stellen sich anscheinend die Abwicklung eines Geschäfts wie die Erfassung eines Frontabschnittes vor. Verluste an Barmitteln liquidiert man nich so leicht wie Abgang an Mannschaften.

Oberst: – Reden Sie von dem Vertrag? Zwei Möglichkeiten haben wir Ihnen gelassen: Beteiligung am Verkauf oder

Bezahlung der Truppen. Alles andere ist glatter Landesverrat!

Müller: – Verkauf is jut. Der Vertrag sieht bekanntlich so aus, daß Eisenberg Ihnen täglich zahlt –

Oberst (unterbricht): – Das tut er aber seit acht Tagen nich mehr!

Müller: – Natürlich nicht! Sie rücken ja auch nich das Schrottlager heraus, auf das er seit vierzehn Tagen Anspruch hat. Sie ruinieren ja den Mann systematisch!

Oberst: – Wichtigkeit, ob so'n Jude ruiniert wird! Können gar nich genug ruiniert werden! Hier stehen nationale Interessen auf dem Spiel, und wir behalten uns vor –

Müller: – Herr Oberst, ich bin im Bilde, was in Potsdam gespielt wird . . . kleiner Budenzauber in der Republik – und das soll Ihnen der Eisenberg finanzieren!

Oberst: – Einmal rinjeschliddert und nich wieder! Entweder weiter das Jeld auf den Tisch des Hauses, oder wir nehmen uns einen andern, einen, dem die historischen Belange näher sind als die Allüren eines Koofmichs.

Müller: – Herr Oberst, reden wir als Deutscher zum Deutschen. Reden wir deutsch. Wir stehen, wohin uns Gott beordert hat: auf Vorposten: Sie vor der Truppe und ich an der Börse. Herr Oberst, auf Tuchfühlung auch in Jeschäftsdingen, und handelseinig bis in den Heldentod!

Oberst: – Sie kennen unsere Parole: weiterzahlen! Also fix, rufen Sie Eisenberg an!

Müller (nimmt resigniert das Telefon): – Bitte, wenn Sie sich davon einen Erfolg versprechen . . . *(schaltet ein. In den Apparat)* Hallo Eisenberg? Hier Müller. Hören Sie mal, das ist ja eine verfluchte Schlamperei! Ich sitze hier mit ––– Was denn, was denn? ––– Wer ist denn überhaupt am Apparat??

Stimme am Telefon: – Ich!

Müller: – Ich? Wer is ich?

Stimme am Telefon: – Nu wer? *(Die Tür zu Eisenbergs Büro springt auf)* Kaftan!

Müller: – Was? Wer? Kaftan?! Was suchen Sie denn in Eisenbergs Büro?

Kaftan: – Ich such nit! Ich hab schoin gefunnen!

Müller: – Und wo is Eisenberg?

Kaftan: – Hier!

Müller: – Hier? Wieso! Wo?

Kaftan: – Hier is Eisenberg. Wos is Eisenberg! . . . Aktien! Und wo sennen die Aktien? Bei Kaftan. Also Kaftan ist Eisenberg!

Müller: – Die Majorität . . . Sie haben die Majorität der Eisenbank . . . einen Moment mal *(wischt sich die Stirn, kippt einen Kognak. Zum Oberst):* Herr Oberst, scheint da eine kleine Personalveränderung stattjefunden zu haben!

Oberst: – Ja aber was wird denn nun aus der nationalen Sache?!

Müller (kurz entschlossen in den Apparat): – Herr Kaftan, bleiben Sie mal einen Moment am Apparat! *(Hält die Sprechmuschel zu. Zum Oberst):* Herr Oberst, vielleicht kann ich Ihnen einen andern Hebräer für die Sache begeistern! Geben Sie mir noch acht Tage Frist!

Der Oberst erhebt sich: – Werde die Anjelejenheit seiner Exzellenz in Potsdam vortragen!

Und marschiert ab.

Müller am Telefon: – Nu, sagen Sie bloß Kaftan! Wie in aller Welt haben Sie dem Eisenberg den Laden abjeknöpft?

Kaftan: – Ich ihm? Eisenberg schloft! Un wir in Berlin hobn nit kan Zeit, sich zu beschäftigen mit schlofendicke Ssochrim! Er hot mich oich nit schlofn geloßt! Ich hob bei ihm gelernt: nit schlofn! Ich hob getan, wie ich hob gelernt beim Eisenberg, beim groißen!

Müller: – Und wieviel Dollars haben Sie dazu gebraucht?

Kaftan: – Nit Dollarn. Mit vier Millionen Mark!

Müller: – Mit vier? Erlauben Sie mal! Das sind ja heute ... das sind ja knapp vierzig Dollars ... Da kann ich nur sagen: Alle Achtung! Aber nu erzählen Sie endlich: Wie haben Sies angestellt?

Kaftan, anstatt jeder Antwort, beginnt zu singen. Er stimmt das Chad Gadjo an, das Pessachlied, dessen Text etwa lautet:

– Ein Zickelein, ein Zickelein, das hat gekauft der Vater mein um zwei Groschen. Ein Zickelein, ein Zickelein ... Da kam die Katze und fraß das Zickelein, das hatte gekauft der Vater mein um zwei Groschen.
Ein Zickelein!
Da kam der Hund und biß die Katz ...
Da kam der Stock und schlug den Hund ...
Da kam das Feuer und brannt den Stock ...
Da kam das Wasser und löscht das Feuer ...
Da kam der Ochs und soff das Wasser ...
Da kam der Schlächter und schlachtet den Ochsen ...
Da kam der Todesengel und schlachtet den Schlächter, der geschlachtet den Ochsen, der gesoffen das Wasser, das gelöscht das Feuer, das gebrannt den Stock, der geschlagen den Hund, der gebissen die Katz, die gefressen das Zickelein, das hatte gekoift mein Vater mein um zwei Groschen. Das Zickelein!
Da kam der Heilige ...

Müller: – Wat reden Sie da? Ich versteh kein Wort!

Kaftan: – Ihr versteht nit? Dos ist ein altes Lied, was man singt bei uns in derheim!

Müller: – Schön, Herr Kaftan! Ich begrüße also in Ihnen den neuen Chef! Nur eins! Ihren alten Rock haben Sie schon abgelegt! Legen Sie die Kaftangebräuche auch ab! Wir haben den Krieg vergessen! Wir haben die Revolution vergessen. Sie wissen doch: fürs Gewesene gibt der Jud nix! Lassen wir die Toten ruhn! Und nu passen Sie mal auf! Ich hab gleich ein Riesengeschäft für Sie: in Potsdam lebt ein General . . .

Potsdam, Uradelsstätte der Mark, setzte sich samt seinen Bewohnern zur Ruhe, gerade als Neu Berlin – in der Pubertät der Gründerjahre, bepickelt mit Denkmälern, belastet mit Burgenbauromantik – emporschoß. Ist Potsdam der Hort des Pruzzentums geblieben, so sind die Potsdamer waschechte Wenden bis auf den heutigen Tag, in heidnischer Hingabe an den Geist des Fridericus Rex, den sie aber mit dem Bakel des Soldatenkönigs verwechseln, geheimem Fetisch ihrer Slawenabkunft. Und »die Wenden sind ein Volk« – heißt es in einer alten Geschichte Potsdams – »das die Herrschaft des Christengottes als eine aufgedrungene widerwillig ertrug, doch äußerlich untertan, d. h. zinspflichtig den Herrschern war . . .«
Potsdam ist eine der wunderbarsten und wunderlichsten Städte Norddeutschlands; nicht: eine Tradition – eine Sammlung von Traditionen, ein Herbarium kultureller und architektonischer Assoziationen wie: Blaue Jungens (die Riesengarde Friedrich Wilhelms I.); Tabakskollegium; Tafelrunde (Voltaire, Maupertuis etc.); das Glockenspiel der Garnisonkirche (Üb immer Treu und Redlichkeit); Und: Sanssouci à la Versaille; der Isbastil der Vorstadt Alexandrowska; der Grachtenaspekt des Holländischen Viertels; das Rathaus nach dem Muster des Amsterdamer; und Kirchenimitation von San Clemente und Pantheon, und englischer Tudorstil und Zollernscher Kasernenstil. Zum erstenmal wird Potsdam in einer Schenkungsurkunde gegen Ende des IX. Jahrhunderts genannt (due loca

Poztupimi et Geliti dicta in Insula Chotiemvisles sita . . .) und nie ist sonst eine märkische Stadt so oft verschenkt und verschachert worden wie diese. Darunter einmal vom Markgrafen Friedrich I. für 400 Schock böhmische Groschen an die Stechows.
Die Stechows, wendischen Ursprungs, Strauchritterproletariat wie die Quitzows, Besitzer weniger Freihufen, tauchten in den Annalen bereits im XIV. Jahrhundert auf, wegen eines Überfalles auf Havelfischer. Unter Friedrich Wilhelm I. diente ein Stechow als Werbeoffizier, der Riesen für die Potsdamer Garde preßte – und es wäre ihm einst ein Meistercoup gelungen, wenn ihm nicht das Musterexemplar eines Tischlers, den er in einen Sarg hatte einnageln lassen, auf dem Transport krepiert wäre.
Sein Sohn heiratete eine Bürgerliche, die ihm aus einer Verbindung mit dem nachmals zu Tode gestäupten Obristen Prochaska einen Stammhalter schenkte, den Ahnherrn der heutigen Stechows.

Das Zimmer des Generals im Häuschen der Stechows, geschmückt mit einigen Trophäen: Einem Wilhelm I. in Öldruck; einem Brett:

Zu den Latrinen
Offiziere/Mannschaften.

Den großen Eichentisch bedeckt eine Generalstabskarte, von Fähnchen bewimpelt. Ein altes Scherenfernrohr äugt durchs Fenster. Der trübe Frühlingsmorgen dampft von der schwarzen Ackerscholle auf, und Nebellumpen hängen im Geäst der Obstbäume. Ein Geigensolo wimmert zum Steinerweichen.
Die Tür klappt ruck-zuck auf. Eintritt der General knappen Schlenkerschrittes mit tadellos gemachter Rüstigkeit. Schleudert die Mütze an den Kleiderhaken.

– Mojn die Herrn! Komme eben von Douai! Den Jaul zu Tatarbeefsteak geritten! Wird ein heißer Tag werden, heute! Aber meine Kerls gehen für ihren General durch dick und dünn. Und, wenn es sein muß, wissen sie auch für ihn mit einem »Gott strafe England« auf den Lippen zu sterben ... Der Kerl is verrückt jeworn! Meine Herren, das verbitte ich mir, im Angesicht des Feindes Violine zu kratzen ... Was Neues? ... Was? Regiment 332 meldet an der Aisnebrücke starke Ansammlung der Franzosen? Sehnse, da ham wir den Salat! Eine Nacht soll man sich mal amüsieren, schon is die Kiste im Dreck ...!

Er studiert die Karte: – Befehl zum Stabsoffizier der Pioniere: die Brücke bei der neuen Brückenstelle 300 m. westlich dem é von Méricourt (1 : 80000) ist um elwe fertich! Meldung sofort hierher!

Er hebt den Hörer ab: – Ist dort Artilleriekommandeur? ... Jawoll jawoll – eben eben – schön schön! Also, Herr Oberst, ich bitte, um die neue Brückenstelle beim é von Méricourt (1 : 80000) während der Nacht eine Feuerjlocke zu lejen! Wie? Sie sagen, man könne nich unauffällig schießen? Herr Oberst, es muß sein! Koste es, was es wolle! Und wenn der janze Schnee verbrennt ... Jawoll jawoll eben eben schön schön!

(Und hängt ab.)

– Diese Brüda! Die janze Innung von der Idee des Korps infiziert, die alte Brücke zu forcieren! Ist ja Wahnsinn! ... Und den Violinfritzen soll der Deubel frikassieren! ... Orrnnannz!

Schläfrig öffnet sich die Tür. Der Bursche, eine glubschende Padde, lahmt herein: – Mojn Herr Jeneral. *Blick des Generals. Der Bursche zuckt zusammen:*

– 'xellenz! Die Pijoniere meldn, daß die ersten Pontons vom Landstoß angekomm sinn! 'n Knallmaxe hat aba schon 'n paar Löcher rinjefeffert!

– Sollen sie stopfen! Brave Leute, die Pioniers! Sage den Kerls, der General is zufrieden mit ihnen! Sage ihnen, wenn was passiert, der General wird sich der Toten väterlich annehmen! ... Befehl an Regiment 332. Die Bereitstellung des Regiments zum Sturm soll mir sofort gemeldet werden ... Halt, noch eins! Wenn das Violinaas da nebenan nich sofort sein Jewimmer einstellt, fliejt es an die Front!

– Exzellenz, der hat ja sowieso schonst jekündigt! Der zieht ja übermor'n ...

– Worauf warten Sie denn? Wechjetreten!

– Ich wollt man bloß fra'n, ob Exzellenz mir noch brauchn! Es is wejn dem Einhol'n ...

– Was, Kerl! Fängst Du auch schon an? Jetzt mitten in der Schlacht! Kehrt marsch marsch weitermachen! ... Diese Jrünschnäbel! Noch nich mal reinjerochen! Dieser »Chef des Stabes« ... keinen blauen Dunst! Mit solchem Material soll man 'n Weltkriech jewin'n! Majestät! Herr der Heerscharen, erhöre mein Jebet: Wir müssen siegen! Wir müssen siegen!

Der Bursche lahmt wieder herein. Und der General: – Na, Herr Hauptmann! Alles zum Sturm bereit?

Der Bursche: – Das Korps hat eben anjebimmelt, daß ... es soll unbedingt über die alte Brücke anjejriffen werdn muß!

– Tue ich nicht! Das tue ich nicht! Melden Sie dem Chef, daß ich, ich der General von Stechow, die Verantwortung übernehme; wiederholen Sie: die volle Verantwortung!

ins Telefon: – Verbinden Sie mich mit Sr. Exzellenz dem kommandierenden General! ... Hier General von Stechow! Exzellenz, zu meiner Verwunderung meldet mir gerade mein Adjutant, daß der Chef des Generalstabes Seiner Exzellenz trotz meiner ausdrücklichen Warnung anbefohlen hat, die alte Brücke ... Nein, Exzellenz, ich bitte Ew. Exzellenz melden zu dürfen, daß ich für den Befehl allein die volle Verantwortung ... *(wiederholt ungeduldig)* die volle Verantwortung ... *(stampft mit dem Fuß; zum Burschen):* Na, los ...!

Der Bursche sagt auf: – Die Franzosen besetzen die Gräben gegenüber der alten Brücke!

– Also eben meldet mir mein Nachrichtenoffizier ... Wie? Exzellenz befehlen, daß bei der alten Brücke ...? Ich tue es nicht! Ich tue es nicht!

(er knallt den Hörer hin).

Und wieder der Bursche. Und der General: –Mojn, Herr Stabsarzt. Dem Jeneral von Quast habe ich eben vielleicht Bescheid jesacht! Einfach abjehängt! ... Was jlotzst Du denn, Du Himmelhund! Weißt Du nich, was Du zu antworten hast?

Der Bursche störrisch: – Herr Jeneral! die Jnädje schickt mir! Da is'n Mann draußen!

– Ein Mann? Ein Drückeberger! Soll sich sofort an die Front scheren oder ich lasse ihn erschießen! ...

Die Generalin und ein dienernder kleiner Mann. Die Generalin – eine fünfunddreißigjährige, energisch sinnliche Person; ihre Üppigkeit umflattert ein Morgenrock! Scharf und kurz:

– Edgar! ... Der Herr möchte sich das Zimmer mal eben ansehen!

Der General ergeben, mit einem Ruck: – Jawoll, jawoll eben eben schön schön! ... Krimchen, konntest Du nich warten ...?

Ohne ihn anzuhören die Generalin: – Sie entschuldigen! Mein Mann arbeitet morgens immer ein bißchen!

Der Kleine dienert: – Bitte bitte! Lassen Sie sich ganich stören! Ich habe ja viel mit den Herren Offizieren zu tun! ...

(Und er schreitet taxierend das Zimmer ab, öffnet und schließt das Fenster, hebt den Öldruck an und beklopft die Tapeten. Nervös folgt die Generalin der Prüfung. Und schweifwedelnd der General an ihrer Seite:

– Bejreif doch, Krimchen! Ich hatte jrade meinen Anjriff befohlen! . . . Wird mir ja immer klarer, daß es 'ne andre Lösung nich jibbt! Jeder Augenblick entscheidet!

– Du! Ich habe weißgott lange genug auf Taten gewartet! Seid Ihr noch Militärs? Der dreckigste Zivilist ist Euch über! Fünf Jahre Republik! Jetzt wird das Zimmer vermietet! Mit Deinen Spielereien können wir krepieren!

– Haben wir nicht die Pension?

– Sie ist verpfändet!

– Durch Spekulationen!

– Auf die Tips deines Vetters! Deines Vetters! Den baltischen Baron nebenan hast Du auch glücklich herausgeekelt und . . .

Der Kleine lüftet den Hut: – Frau Exzellenz, darf ich morgen nochmal vorsprechen?

Die Generalin krampfhaft charmant: – Aber bitte, bitte! . . . Möchten Sie nicht noch . . . das Gartenzimmer nebenan . . . *(sie bricht in Schluchzen aus)*

. . . Du richtest uns zu Grunde!

Der General: – Aber Mausi! Mausi! . . .

Sie knallt ihm die Tür vor der Nase zu.

Der General rast ans Telefon: – Exzellenz! Exzellenz! Wir dürfen den Kampf nicht verlieren! . . . Siegreich . . . wolln wir . . . Frankreich . . . schlagen!

Vor dem Häuschen des Generals flattern wonnekreischend zwei Vertreterinnen der Potsdamer Gesellschaft sich entgegen.

– Guten Morgen, liebste Konsistorialrätin!

– Gu'n Morchen, beste Geheimrätin!

– Wie geht's dem Gatten? Er hat ja neulich zu schön über den alten Germanenglauben gepredigt!

– Och! Männchen überarbeitet sich noch! Es ist ja heute so schwer mit der Tuchend. Und Sie?

– Leider! Leider! Die Hämorrhoiden, Liebste! Man muß es in Geduld tragen!

– Sie kommen doch heute abend in den nationalen Frauenbund? Wir wollen eine geharnischte Resolution gegen den Völkerrechtsbruch der Franzosen loslassen. Keine deutsche Frau darf fehlen.

– Ich komme! Ich komme! Aber erst so zum Kaiserhoch. Sie wissen ... *(verschämtes Kichern)*
... ich kann nicht lange sitzen!

– Sehen Sie doch, Liebste! Man trägt den Stechows die Möbel fort!

– Ein Althändler hat sie geramscht! Ein preußischer General in den Krallen des jüdischen Kapitals! Welche Schande! Und die Frau ...

Als gerade drüben die Generalin das Haus verläßt, mit flüchtigem genierten Kopfnicken ...

– Gu'n Tach Exzellenz! ... Die Ärmste! ...
Wie elend sie aussieht! ...

– Oh, bedauern Sie dieses Geschöpf nicht! Sie ist die Schuldige! Man sagt ...

– Nein! *kreischt die Konsistorialrätin.*

– Ja! Bis Potsdam ist das Gift der Berliner Unmoral gedrungen! Aber laßt uns Frauen nicht verzweifeln! Harren wir aus in christlicher Demut. Der Tag der Rache naht ...

– Amen!

Und ein Windstoß fegt die beiden davon ...

Bahnhofswirtschaft Wildpark. Es dämmert schon nach einem Tag ohne Sonne. Der Sturm speit Blätter durch die zerbrochenen Fenster.

Zwei Soldaten des »Werwolfs« beim Bier. Schweigsam, martialisch, stiernackig der eine, biderber Kassubentyp der andere. Und abseits die Generalin.

Der Martialische: – Befehl?

Der Biderbe: – Hier!

– Auto?

– Bei Rehbrücke.

– Wo?

– Jagen 17. Fünf Kilometer! Wer knallt?

Der Martialische: – Icke!

Ein Dritter, bebrilltes, piepsiges Jungchen, setzt sich dazu: – Gestatten, Kameraden? *(Keine Antwort)*

Der Biderbe: – Na, schmeißte 'ne Lage?

Das Jungchen: – Sache! Herr Ober, drei Kognaks!

Der Biderbe fragt den Jungen: – Wie bist Du'n dassu jekomm? –ck meene, bist doch was Bess'res? So'n Studierter, wa?

– Ja, ich stand kurz vor dem Rigorosum. Inflation! Kein Zaster, keine Marie! Erst Spanner in einer Diele, Kellner bei Aschinger, Dreher in einer Fabrik. Von Stufe zu Stufe. Begeistert für die nationale Sache reichte ich meinen Stammbaum ein und wurde angemustert.

– Dadruff kannste noch ne Lage schmeißen!

Das Jungchen bestellt: – Herr Ober, drei Kognaks!

Der Martialische knallt das Glas um: – Mit sonne Gehirnkrüppels trink ich nich!

Das Jungchen ist gekränkt: – Kamerad! Ich betone, daß mein Eintritt aus Überzeugung und auf Grund streng wissenschaftlicher Forschung erfolgte. Die Schriften John Retcliffes vornehmlich öffneten mir die Augen über die Agitation der jüdischen Weltverschwörer; ich denke da an den berüchtigten Sanhedrin auf dem Prager Friedhof im Jahre ...

Der Martialische stößt ihm die Faust unter die Nase: – Noch een Wort, Du Rotzlöffel, noch een' Muckser! Hast Du schon mal an det Knochenbukett jerochen?

Der Biderbe wehrt ab: – Sachte, Maxe, sachte! ... Wissense, det is ne ehrliche Haut, aba Jeist kann a nich vaknusen. Da wird a eechlich! Wenn der Ihn'n die Eier schleift, da vajeht Ihn'n das von selber.

Das Jungchen im Brustton der Männerwürde: – Glauben Sie mir, Kameraden, ich bin der erste, der ein kerniges Landsknechtstum zu schätzen weiß! Heute geht es hart auf hart! Um Deutschlands Zukunft, ohne Unterschied des Geistes. Deutsche Frauen, deutsche Treue ... *(Und mit einladender Geste zu einem Neuen, der verbiestert seinen Tornister hintöppert):* – jeder deutsche Mann ist willkommen!

Der Biderbe feixt: – Immer ran, Kamrad! Der Kamerad zahlt!

Das Jungchen schiebt ihm sein Glas zu: – Trinken Sie, Kamerad!

Aber bevor noch der Verbiesterte zum Glase langen kann, brüllt der Martialische: – Kerrel! Wie lange hast Du jedient! Siehst Du nich, daß du einen Vorjesetzten vor Dir hast? Willst Du die Knochen zusammenreißen?

– Ick scheiß auf die Ehrenbezeugung! Meinen Sold will ich!

– Sachte, Maxe, sachte! ... Keen Uffsehn hier!

... Kamerad, wo stehst Du?

– Sturmtrupp Jüterbog! Alles verlaust!

– Habt Ihr ... schon ... was ... geheert?

– Seit drei Wochen sind wir ja schonst alarmbereit! Die

mähren und mähren! ... Aba ick seh mir den Schwindel nich mehr lange mit an. Ick jeh zu die Roten ieba!

– Pfui! Pfui! *quäkt das Jungchen!* Uns jucken auch die Finger nach einem fröhlichen Festedruff! Jrade im Warten zeijt sich der echte Soldat. Und wer das nich kann, jehört nich in unsre Reihen, der jehört vor ein Standjericht und ... *(er bricht ab; denn der Martialische hat die Fäuste auf den Tisch gelegt, und indem er sich langsam hochstemmt, mit süßlicher Stimme zu dem Verbiesterten):* – Kam'rad! Ick hab was für Dich! Janz, was Du brauchst! 'ck muß Dir das ma' jenau aus'nanderpolken. Komm ma' so'n bisken mit! Na, dalli! dalli!!

Der Verbiesterte folgt ihm wie hypnotisiert.

Der Biderbe spuckt aus: – Der kommt nich mehr wieder!

Das Jungchen: – Wie meinen Sie das?

Quietschend rattert der Vorortzug ein ...

Der Biderbe richtet sich auf: – Und Sie woll'n 'n studierter Mann sein? Da kenn'nse Maxn schlecht! Wenn der een'n rankricht: Alle is der!

Das Jungchen ihm nach: – Kamerad! Kamerad!

In der Tür prallt er mit einem Herrn zusammen; mit Müller, der auf die Generalin zueilt:

– Gnädigste! ... Ich hab Sie doch nich zu lange warten lassen? ... Sie sehen ... also wirklich charmant sehen Sie aus!

– Keine Komplimente! Nicht wahr? Wir haben Wichtigeres ...

– Aber bitte, bitte, nicht so hartherzig! Gönnen Sie mir doch ein paar Minuten der Verehrung ...

– Herr Rechtsanwalt! Ich war eben Zeugin eines Soldatengespräches. Ich konnte nicht alles verstehen, nur soviel: einer darunter, von unsern Regimentern in Jüterbog ... Die Leute werden uns verdorben durch das Zaudern ... sie laufen uns davon ... Es muß etwas geschehen!

Müller ergreift ihre Hand: – Hilde, heute abend! Es ist doch versprochen; heute abend?

Sie drängt sich an ihn: – Heinz!

Und sachlich vertraulich Müller: – Also, Hildchen, Dein Mann hat ja einen Vetter im Ministerium ...

– Er haßt ihn!

– Auf die Antipathien des alten Herrn könn'n wir jetzt keine Rücksicht nehmen. Er muß ihm sofort so schreiben, daß wir den Schrott in die Hände kriegen. Schließlich und endlich ist Euch der Mann das schuldig! Biete Deinen ganzen Einfluß auf! Heute abend, im Geheimklub, will ich die Kiste schmeißen ...

– Heute abend? Heinz!!! Heute abend?

– Nicht sentimental, Hildchen!

– Aber ... Heinz ... heute ... abend, hattest Du mir doch versprochen ...

– Morgen is auch 'n ganz schöner Tag! Jeder muß sein Opfer bringen. Es geht um Deutschlands Zukunft!

Geheimklub vom »Bunde der Acht«.

Ein Zimmer, nur von Kerzen erhellt. Kerzen in einem Totenkopf. Eine Totenkopffahne. Kerzen vor einem Bildnis Friedrichs des Großen wie vor einer Ikone. Der General, in Uniform, präsidiert einer Versammlung ordengeschmückter Gehröcke, die sich in einem Zustand von Trance und Suff befinden.

Nach feierlichem Räuspern:

– Unser Freischöffe Oberst hat das Wort!

– Kamraden! Vom Bunde der Acht! Ich klage an den roten Sattlermeister von Heidelberg der Tat vom blinkenden Schein, sich durch Ränke und Tücke des Sessels unsres erhabenen Herrscherhauses bemächtigt zu haben. Ich ersuche, den Stab über ihn zu brechen.

Gemurmel zustimmend.

Und der General, geheimnisvoll heiser:

– Breche hiermit den Stab! Möge der Allvater Wotan ihm bald die Runen werfen! Prosit!

Alle: – Prosit! Prosit!

– Unser Gaubruder Gottesmann hat das Wort!

– Liebe Freunde! Im Ev. Matth. 5,30 ist gesagt: Ärgert Dich Deine rechte Hand, so haue sie ab und wirf sie von Dir! Es ist Dir besser, daß eins Deiner Glieder verderbe und nicht der ganze Leib. Liebe Freunde, auf wen sonst könnte dieser Vergleich gemünzt sein, denn auf unser Volk! Deutschland ist der Leib; und was die Hand bedeutet, die uns ärgert, kann da noch ein Zweifel herrschen?

Offiziere: – Kein Bein! Die Sozis!

– Quatsch! Die Juden!

Der Pfarrer: – Die Zuchtlosigkeit ist es, liebe Freunde, und die Sittenlosen.

Die Offiziere: – Ick jloobe, der predigt jejen die Weiber.

– Könnte ihm so passen! Wir sind doch keene jemütlichen Wallachs wie Exzellenz!

– Wie Exzellenz? . . . Ham Sie schon mal 'n Wallach mit Hörnern jesehn?

– Ausjezeichnet! . . . Meinen Sie, Exzellenz is? . . .

– Erzählt sich ja janz Potsdam!

Der Pfarrer beendend: – Mit einem Worte: Die Unkeuschen!

Der General: – Jawoll jawoll eben eben schön schön! Also beantragt der Gaubruder Pastor, den Stab über die Unkeuschen zu brechen!

Der Pfarrer erschrocken: – Gott behüte! Über niemanden!

– Denn is ja alles in Butter! Also prost! Ich erteile dem Freischöffen Magister das Wort!

– Treffliche Freunde! Ich klage an die Jüdische Internationale und die Sieben Weisen von Zion im besonderen, nach der Weltherrschaft zu trachten! Wie aber, werdet Ihr fragen, wie aber vermöchten diese sieben etliches gegen ein einig Volk von Helden? Nicht doch mit dem Schwerte kämpfen sie, wie es Recken Art ist, sondern aus dem Hinterhalt, indem sie unsere Weiber durch Wollust betören, unsre Jugend durch Üppigkeit erschlaffen, das niedere Volk zur Geldgier aufstacheln. Wahrlich, hätte ich nur die Rednergabe eines Demosthenes, die Eloquenz eines Cicero, dann wollte ich schon die Untugend und Verschlagenheit der Hebräer schildern, daß Ihr vom Entsetzen ergriffen würdet. Wahrlich, hätten mir nur die Götter Kraft verliehen, mich selbst mit Waffen zu gürten, ich würde den verhaßten Feind in offener Feldschlacht stellen und mit Stumpf und Stiel ausrotten. Aber ich will, was mir an Grausamkeit mangelt, durch Gelehrsamkeit ersetzen, und wenn nicht zum Schwerte, so doch zu Dokumenten meine Zuflucht nehmen! Nämlich zu den Protokollen dieser Weisen von Zion, die die russische Polizei anno 1901 aufgedeckt hat; da steht – in der Übersetzung des großen Orientalisten Nilus – zu lesen: Unser (scilicet der Juden!) Recht liegt in der Gewalt! Und weiter: Die Sorge um das tägliche Brot zwingt die Gojim, unsere ergebenen Diener zu sein. Und noch: Der König der Juden wird der wahre Papst des Weltalls sein!

Offiziere: – Die Rede kenn ich schon auswendig! – Olle Quasselstrippe!

Magister: – Ja, meine Herren, ich sehe Sie in Erregung, ich höre das Quosque tandem von Ihren Lippen, und glaube, das genügt für meinen Antrag: Ich bitte, den Stab zunächst über die Berliner jüdischen Bankiers zu brechen!

Drauf der General: – Jewiß jewiß! Also, ich breche . . . –

Momentchen, Exzellenz! Meine Herren, ich bin noch nicht am Ende! Heute nacht, da ich schlummerte, pochte es an meine Tür, und da ich öffnete, trat herein Fridericus Rex . . .

Es pocht. Dreimal. Die Acht fahren hoch. Erst Schweigen. Dann kurzes militärisches: Werda? Werda?

Die Tür wird aufgerissen: Müller:

– Nanu? Was is denn hier los? Ihr seht ja aus, als hättet Ihr Euch alle in die Hosen gemacht!

Keine Antwort. Dann der Major, tonlos:

– Ich beantrage, den Freifron Müller wejen unjebührlichen Benehmens zur Rechenschaft zu ziehen!

Alle acht erheben sich geräuschlos – unter feierlichem Schweigen der General:

– Jawoll jawoll eben eben schön schön! Also ich . . .

Die Offiziere: – Jetzt wirds spannend! Das is er!

– Wer?

– Na, der Beschäler von der Generalin!

Aber Müller: – Exzellenz, bitte, nur keine Umstände meinetwegen! Wir haben keine Zeit zu verlieren! Wir finanzieren Ihre Truppen! Der Geldmann is da! Hier is der Brief an Ihren Vetter im Ministerium, jleich mit Durchschlag. Wenn das Jüterboger Lager nich bis morgen in unsern Händen is, können Sie alle miteinander einpacken!

Die Offiziere: – Ich protestiere! Wir protestieren!

Müller unbeirrt: Exzellenz! In diesem Moment sind die Augen Deutschlands, die Augen der Welt auf Sie gerichtet! Denken Sie an die Heimat! Denken Sie an Ihre Zukunft! Denken Sie an äh . . . an äh . . . Ihre werte Jemahlin . . .

Ein Offizier: – Jetzt hat er sich verplappert!

Müller, hingerissen von eigener Suada: – Exzellenz! Es gilt den Kampf gegen Juda! Biegen oder brechen! Exzellenz! Im Namen des germanischen Volkes: Unterschreiben Sie!

Offiziere: – Der Junge geht ran!
– Allerlei Hochachtung!
Der Oberst tritt neben Müller: – Ich stimme dafür!
Der General: – Jawoll jawoll eben eben schön schön! Sa'n se mal, Müller, hat Mausi das würklich jesacht . . .
Alle: – Unterschreiben! Unterschreiben! Hurra! Rrra! Prosit! Prosit!
Einer umhalst Müller: – Mülla, du . . . bis'n Prachtkerl!
– Nächste Woche ziehn wir nach Berlin!
– Der Krückstock des Alten Fritz soll uns führen!
– In hoc signo vinces!
– Nieder mit Zion!
Der General, aufgereckt in Apotheose: – Siechreich . . . wolln wir . . . Frankreich . . . schlagen!

Potsdam döst im Schutze des Allfadr; Jehova der Bibel, Odin der Edda, Swantewit der Slawen dreieiniger Person. Die Dünste der Havelseen wickeln Schutzhüllen um die Denkwürdigkeiten. Es ist die Stunde, in der die verstorbene Plebs an der Bittschriftenlinde wimmert, und die historische Mühle aus dem Schlafe klappert. Die letzte erleuchtete Rokoko-Fassade erlischt, und aus dem Portal wankt, Schulter an Schulter, der Bund der Acht. Wie der Mond aus den Wolken bricht, verstummt ihr Lallen vor einem widerwärtigen Anblick.

Da stehen sieben Männer in langen Röcken, mit eisgrauen Bärten, mit hohen, gelben Spitzhüten; einer in der Mitte: Der Vorsänger; die andern um ihn im Kreise.

Der Vorsänger psalmodierend:
– Wir sennen gekummen die Sieben Weisen von Zion
Chor: – Rache nehmen an dem Christen, der uns in das Poinim spie!
– Wir hobn erwählt den roten Messias zu entfachen eine Revolut-zion

Chor: – Zion! Zion!
– Soll die Welt farsinken in der Anarchie!
(und fassen sich an den Händen zu Gesang und Reigentanz)
Auf daß unser Kol erschalle
Lechodaudi likras kalle
Alljuda über alle!
Den Datschen blutigen Zoff!
Masseltoff – Masseltoff – Masseltoff!

– Wir Sieben aus Zion wollen umzingeln die ganzen Gojim
– Ihre Kinder zu beschneiden, sind die Messer schon gewetzt
– Wir wollen oisrufn die Republik Jeruscholajim
– Le chajim! Le chajim!
– Unser Rothschild soll als Meilech sein gesetzt!
(Gesang und Tanz)
– Wir Sieben Weisen wollen nischt mehr saufen dem Brontef!
– Emmes mit den datschen Schicksen trinken echten Wein vom Rhein!
– As wir welln gesiegt, das sol sein far die Jidenheit ein Jontef!
– Gut Jontef! Gut Jontef!
– Soll das Ende von den ganzen Risches sein!

Auf daß unser Kol erschalle
Lechodaudi likras kalle
Alljuda über alle!
Den Datschen blutgen Zoff!
Masseltoff – Masseltoff – Masseltoff!

Ein fahler Blitz umflammt die Gestalt Friedrichs II. Und mit drohendem Stock der König:

Da sprach der Alte Fritz
Potzblitz
Daß diesen Spuk ich banne,
So will ich meinen Krückstock ziehn!
Wir haun sie in die Pfanne!
Nur feste druff! Die Jüden fliehn!

Die Weisen von Zion stieben auseinander:

– Waih geschrien! waih geschrien! waih geschrien!

Unschuldig klar das Glockenspiel der Garnisonkirche:

Üb immer Treu und Redlichkeit
Bis an dein kühüle-es Grab
Und weiche keinen Finger brei-eit
Vo-on Gottes Wegen ab . . .

Kaftan und Müller.

– Nein, nein, nein! Ich will nischt zu tun haben mit Schrott, nischt mit den verfluchten Soldaten, nischt mit Militär! Man hat mir geraten! IG-Farben. IG-Farben ist ein guter Wert, und Farben können nischt schießen . . . Ich koif das Jüterboger Schrottlager nicht!

– Herr Eisenberg hätte mit größter Freude zugegriffen!

– Eisenberg es kaufen . . . mit Freude! Wos, dieser Gannef! . . . Soll er es kaufen! Ersticken soll er am Schrott! Vier Jahre haben sie gewütet, diese Soldaten! Schande und Schmach! Ich hab flüchten gemußt, mit Kolbenstößen getrieben bei Eiskälte, bis mein armes Kind ist todkrank gefallen an einem Lungenübel! Ich kenn nit fargessen! Nischt fun Militärs! Man hat mir geboten 500000 Entlassungsmäntel zu einem Schleuderpreis. Und ich weiß einen Mann, der handelt mit Rußland. Und in Rußland, die Bolschewiki, brauchen Mäntel wie Brot . . . Ich koif nit!

– Herr Kaftan! Ich habe eben mit Davos telephoniert! Ihr Fräulein Tochter wird morgen eintreffen!

– Kommt sie, Jessi, meine Tochter? kommt sie? ... Ich bedank Aich, Müller! Ihr seid ein guter Mann! Ihr seid ... eppes ... besser ... als ich!
– Nicht der Rede wert, lieber Kaftan! Wenn einer Kaftan heißt – und Kaftan ist über Nacht ein Name geworden! Ein Kaftan hat heute bis zur Staatsbank unbegrenzten Kredit! Nützen Sie den Namen Kaftan! Kaufen Sie ...
– Ja, mit faulen Akzepten, mit falschen Wechseln, die mich den Gojim ans Messer liefern! Daß der Eisenberg eine nekome hat, soll ich, Kaftan, ich unterschreiben! ... Müller, Sie sind ein Jekke! Müller, Sie sind ein Betrüger! Ich trau Ihnen nischt!
– So! Dann is wohl meine Mission hier beendet! ... Das is also der Dank dafür, daß ich mit dem Davoser Arzt persönlich telephoniert habe! Und wissen Sie, was er jesacht hat? Wörtlich? Ihr Fräulein Tochter is keineswegs ausjeheilt! Und wenn die geringste Komplikation ... Jedenfalls bedarf sie nach ihrer Ankunft einer ganz besonderen Pflege bei ersten Spezialisten!
– Bei ihrer Ankunft! ... Kommst Du, Jessi, meine Tochter, kommst Du? Wie werd ich dich gefinnen? Du wirst sein geworden ein feines Fräulein, ein elegantes Fräulein. Und wirst Dich schämen Deines alten Vaters, wenn sie auf ihm mit Fingern weisen: Seht ihm, den Kaftan, den Schieber! ... Ihr sagt, sie bedarf der Pflege?
– Der Arzt hat es gesagt! Und ich kenne die hiesigen Kapazitäten ... sie kosten ein Vermögen!
– Müller! Ich kauf dem Schrott! ... Jessi, meine ... Tochter ... Jessi!

In hoffnungslos sandiger Öde, wo nichts mehr wächst als Drahtzäune und Warnungstafeln, schwimmt verloren ein ländliches Wirtshaus:

Zum Waldkater
Jüterbog Altes Lager
Inhaber B. Kalumeit

Hin und wieder, wie zur Versinnlichung der Weite, knallt
0316 *ein Schuß. Bauern, im Vorbeiziehen, rasten auf einen Blick.*
Ein Landgendarm, zwei Soldaten mit aufgepflanztem Ba-
jonett, stehen Wache neben der Tür, die in die niedrige
Wirtsdiele öffnet. Dort sitzen nebeneinander, gleich pri-
0317 *mitiven Holzplastiken, der Wirt und seine Frau, beide die*
Hände flach auf die Knie gelegt. Über die Hügelung hinter
dem Hause tauchen zwei Träger mit einem Sarge auf, den
0318 *sie zu Füßen des Paares niedersetzen; und entfernen sich*
wortlos.

Ein Stück Landstraße aufwärts stoppt ein Mercedes; ein Herr schält sich aus den Decken und strebt dem Hause zu; aus entgegengesetzter Richtung humpelt eine alte Weibsen an.

0319 *Bauern, die sich den Hals ausrenken:*
– Een Loch, so groot as meen Faust!
– Wie wir ihr uffhoben, war sie schon mausdot!
– Wer denne?
– Nu eben ihr Dochter! Doch den Kalumeitens ihr eenzichstes Kind!
0320 – Uff'm Truppenübungsplatz! Sie hat Patronenhülsen ge-
sammelt zum een Halsband von zu machen. Da muß sie
nu sonne verdeuwelte Kugel jrade mangs Jenicke ... een
Infanteriejeschoß. Man acht' ja schon janich mehr uff das
0321 Jeknalle. Dat jeht so den lieben langen Tag ...
– Da kömmt Jroßmudda ... von Jüterbog kömmt se ... to Fuß ...

Der Gendarm strafft sich in Positur: – Halt! Wohin?
0322 – Is doch man Großmudda, Herr Gendarm! Dem Kalu-
meit sin Fru ihr Mudder!

– Sind Sie im Besitz eines gestempelten Ausweises? ... Unbefugten ist der Zutritt verboten! Befehl der Staatsanwaltschaft!

Die Alte bleibt kopfschüttelnd stehn.

Ein Bauer brüllt ihr ins Ohr: – Det is nämlich vabotn, Großmudder!

Indem langt der Autoherr, mit einem Kranz bewaffnet, an und schiebt sie beiseite: – Passen Sie doch auf, Frauchen! ... *(und zum Gendarm)* Presse!

Der Gendarm salutiert! Dann zu den Bauern: – So, nu habt Ihr genug gegafft! Schert Euch weiter!

Der Journalist vor den Eltern: – Herr und Frau Kalumeit? Ich bin beauftragt, Ihnen im Namen meiner Redaktion das tiefste Mitleid zu dem herben Verluste auszusprechen! Glauben Sie, daß es im Interesse der Allgemeinheit geschieht, wenn ich genötigt bin, einige Fragen an Sie zu richten. Der Tod der kleinen Kalumeit hat weiteste Kreise der Öffentlichkeit ... wie alt war sie übrigens?

Mann und Frau stoßen sich an. Gleichzeitig: – Söwen Jahr.

– Sie jing ins achte.

– Dat war so'n ruhiges Kind! Sie hat keenem nie nischt zu Leide jetan!

– Gewiß! Gewiß! Aber eins nach dem andern! Was für ein Geschoß war es denn? ... Donnerwetter, Sie müssen doch das Geschoß bei der Obduktion gesehen haben? ... Also lassen wir das!

... Hier ... wird wohl viel geschossen auf dem Exerzierplatz?

Achselzucken.

– Mein bester Herr Kalumeit, bei allem Mitgefühl, wenn Sie mir nicht antworten ... schließlich vertrödele ich meine Zeit in Ihrem Interesse ... *(Autohupen. Ein zweiter Wagen stoppt)* ... Vaflucht und zujenäht! Kann ich ma' rasch 'n Gespräch nach Berlin anmelden? Wo is das Telephon? ... Sa'nse ma', das is woll 'ne Attrappe? Frollein, Frollein, dringend Berlin! Aber fix! Pressegespräch! Zentrum! ... Dämliche Gans, kennen Sie denn die Berliner Ämter nich? Zentrum ...

Eintritt des zweiten Journalisten

– Herr und Frau Kalumeit? Gestatten, daß ich Ihnen im Namen meines Blattes mein tiefstes Mitleid zu dem herben Verluste ausspreche, der leider janz unnötig aufjebauscht worden is. Muß daher im Interesse der Allgemeinheit einige Fragen an Sie richten! Ihre Tochter trieb sich wohl viel auf dem Exerzierplatz herum?

– Dat war so een ruhiges Kind! Sie hat keenem Menschen nie nischt zu Leide jetan!

– Bitte, bleiben Sie doch bei meiner Frage! Schließlich haben Kinder auf militärischem Übungsgelände nichts zu suchen! Ich kann Ihnen nicht verhehlen, daß die Schuld Sie ...

Aber der erste Journalist macht sein Vorrecht geltend:

– Gestatten Sie, Kollege, daß ich Einspruch erhebe! Auf diese Weise machen Sie mir die Leutchen kopfscheu!

– Das lassen Sie meine Sorge sein, Herr Kollege!

– Ich lasse das nicht Ihre Sorge sein, Herr Kollege! Wenn der Schuß nich mehr in die Abendausgabe kommt, wer is dann der Leidtragende? Ich! Mein lieber Herr Kalumeit, die Hauptsache ist ... *(das Telephon schrillt)* ... mein Gespräch aus Berlin! Mein Gespräch aus Berlin! Hallo hallo! Ja! Ich! Jüterbog! Nehmen Sie auf! Verdächtige Schießübungen auf dem Truppenübungsplatz. Unser E-Korrespondent, der soeben die tiefgebeugten Eltern ...

Ansturm neuer Journalisten und Pressephotographen.

– Bitte lassen Sie mich durch! ... In einer Stunde drucken wir ... das könnte Ihnen so passen! ...

Einen Moment mal, bütte, hierhersehen!

Magnesiumblitz.

Die Mutter schreit auf: – Min Dochter will'ck wieder hebben! Min arm Dochter!

Der Photograph: – Die janze Aufnahme vasaut ...

Kaftans Aufstieg ... Eisenbergs Platz hat Kaftan eingenommen – in vierundzwanzig Stunden – seit der Tätigung des Schrottlager-Abschlusses ist sein Name in die Öffentlichkeit gedrungen. Die gleiche Dreiteilung der Unternehmen wie bei Eisenberg bietet auch Kaftans Reich: der Laden des Vorgängers ist zur geräumigen Privatwohnung geworden; wo Leschnitzer schneiderte, erhebt sich die Kaftania-Altmetall; die Eisenbank firmiert nun Bankhaus Kaftan.

Noch ist alles im Entstehen. ...

Ein lebhaftes Durcheinander erfüllt den Vorplatz ...

Arbeiter sind im Begriff, das Schild »Eisenbank« abzumontieren. ...

Herren mit Aktentaschen, Bankiers, Makler, Kassenboten schwärmen bei den Kaftanbetrieben aus und ein. ...

(Cohn verläßt das Privathaus und trifft auf Silberstein.)

Silberstein: – Tach, Herr Cohn!

Cohn: – Ach, der Silberstein! Nu, wie geht's Geschäft?

Silberstein: – Wie soll's gehn! Mies! Und Sie?

Cohn: – Unberufen toi toi toi! Ich bin mit Kaftan liiert. Hamse gelesen im Achtuhr? »Waffenfunde auf dem Jüterboger Lager!« Gestern hat er's als altes Eisen gekauft! Für 'ne halbe Million! Mit einem Schuß sitzt er aufm Weltmarkt!

Silberstein: – Ich weiß! Ich weiß! Ich weiß auch, daß der Eisenberg heut schon Anzeige erstattet hat wegen heimlicher Waffendepots!

Cohn: – Gott behüte! Woher wissen Sie?

Silberstein: – Silberstein soll nich wissen? Viel weiß ich! Zu viel!

(Vor der Kaftania-Altmetall. Zwei Herren mit Aktentaschen.)

1. *Herr:* – Herr Geheimrat, wir haben Sie in der letzten Aufsichtsratssitzung vermißt!
2. *Herr:* – War's wichtig?
1. *Herr:* – Das Reich hat anderthalb Millionen Gold für erlittene Schäden aus dem Versailler Schandfrieden ausgeschüttet. Frage, wohin mit dem ganzen Reichtum!
2. *Herr:* – Hören Sie mal, man hört doch jetzt soviel von diesem Kaftan?

(Vor dem Bankhausportal. Kassenboten mit Waschkörben! Arbeiter mit dem Schild: Bankhaus Kaftan.)

Die Kassenboten: – Bitte, Platz, bitte!

Die Arbeiter: – Wat bringt Ihr denn Ulkiges in euren Waschkörben?

Kassenboten: – Zaster, Mensch! Wir habens eilig! In zehn Minuten können wir die Milliarden aufn Müllhaufen schippen!

Arbeiter: – Und wir könn'se da abheben! – Macht endlich Zoff mit der Papiermühle! Je mehr wir dran schuften, um so mehr Dreck fabriziert se!

(Zwei Journalisten.)

1. *Journalist:* – Tach, Herr Kollege!
2. *Journalist:* – Tach, Herr Kollege!
1. *Journalist:* – Geben Sie in Ihrer Abendausgabe etwas über den Streik der Banknotendrucker?
2. *Journalist:* – Um Gottes willen, nein! Wenn das publik würde: das würde das Ende der ganzen Inflation sein!

Haben Sie schon Informationen über das Schrottlager? Was meinen Sie, wenn man »Drohender Putsch« mit Fragezeichen fettet?

1. *Journalist:* – Um Gottes willen, nein! Das wäre Landesverrat!

(Vor dem Bankhaus. Ein älterer Herr und ein jüngerer)

Jüngerer Herr: – Das ist doch empörend, diese Affäre von Jüterbog: ein kleines Kind abzuknallen!

Älterer Herr: – Sie sind noch sehr jung, junger Freund! Wichtig an der Nachricht ist das Vorhandensein von Waffen!

Jüngerer Herr: – Es handelt sich um ein Menschenleben!

Älterer Herr: – Es handelt sich um einen Betriebsunfall der Schießsachverständigen – von politischer Tragweite.

Die Arbeiter (oben, mit dem abmontierten Schild: Eisenbank, herunterschreiend): – Obacht, da unten! *(Alles springt zur Seite ... das Schild fällt ...)*

(In Kaftans Haus.)

Müller (beglückwünscht Kaftan): – Na, das wäre geschafft mit dem Lager! Wie fühlen Sie sich nu so, Kaftan, als der neue Besitzer?

Kaftan (steht mit einem Notizbuch und rechnet): – A halbe Million in bar und füffzehtoisend a jeder Tag far die Potsdamer ... und Zinsen ... und Diskont ... Jo! Sol es sein a Geschäft, darf ich schnell verkoifn ... Müller! Sind die Ausfuhrscheine da? Reklamieren Sie im Ministerium! Ich kann nit zuwarten! 350 Milliarden heunt der Dollar! Litauen bietet schoin auf meinen Schrott! Sie hörten fun Waffen! Fragt auch bei den Sowjets an! Evadde daß sie mehr bieten!

Müller: – Immer mit der Ruhe, Herr Kaftan! Durch den einen Schuß ist ganz Berlin auf unser Schrott wild geworden!

Kaftan: – Wos far a Schuß? Wen hat man derschossen?

Müller: – Nichts von Belang! Ein kleines Mädchen . . . Es war nichts weiter! Also Ihr Fräulein Tochter trifft mit dem Abendzug ein?

Kaftan: – Jo! Sei willkommen, Jessi! Fräulein Jessi Kaftan in Berlin . . . in der neuen Heimat . . . im neien Derheim! Und a neies Lebn! Eines Jahrs Ertrag! . . . Ein hartes Jahr! Krieg un Flucht: es wär schoin genug gewesen! Gehungert und getreten: es wär schoin genug gewesen! Gesorgt um sein Kind! Nu fargessen! . . . Kommt, Müller!

(Im Moment, da beide das Haus verlassen, Ausrufe von allen Seiten):

– Das Rätsel von Jügerbog! Wer bezahlt die Truppen?
– Die Kaftanisierung des Außenhandels!
– Kaftans der Politik!
– Berlin das Eden der Kaftans!
– Kaftan, der Kaufmann von Berlin!

Ein vereinzelter Ausruf: – Schieber!

Dritter Teil

Ein neu Lied wir anheben,
Schrott, Schrott, Schrott!
Habt Gold für Waffen geben,
Geschmiedet ein Komplott.
Ihr sucht und sucht umsonst, wieviel
Profit einbringt Eur Gut.
Umsonst ist Tod, und die Waffe sucht ihr Ziel,
Das zielt auf unser Blut.
Ihr Kaufleut, Händler rechnet nur,
Euer Rechnung hat ein Fehl.
Ihr zählt nicht mit der Kreatur,
Das kost Euch Kopf und Seel!

Ein Handel ward geschlossen,
Schrott, Schrott, Schrott.
Sind Waffen draus geschossen,
Uns allen zu Trotz und Spott.

Welch blutger Handel, bittre Not,
Bekriegt Ihr uns für Geld,
Füllt unsern Magen Blei statt Brot,
Ihr zieht draus Euren Sold.
Ihr Bankherren, Kaufleut, Handelsmann,
Eur Rechnung hat ein Fehl,
An jeder Zahl klebt Leben dran,
Das kost Euch Kopf und Seel!

Am Kurfürstendamm ein Eckturm der Stuckburgen, von dessen geschwürigen Ornamenten das Frühlicht trieft. Ein Laden, von schweren Eisengittern verwehrt:
S. Ch. Kaftan.
7 Uhr Morgens bei Sprühregen und Sturm . . .
Im verwaschenen Lichtkegel der Gaslaterne taucht ein alter Herr auf – Zylinder, Gehrock, Regenschirm –, blickt sich scheu um, heftet ein Plakat an die Mauer: Kopfbild des Alten Fritz – »Berlin, erwache! Die Befreiung naht.« Dann macht der alte Herr Front und schultert den Regenschirm.
Jemand klopft ihm auf die Achsel: – Na, Jenosse, auch schon auf Tour?
Der alte Herr erschrickt und marschiert ab.
Der andere klebt ein Plakat daneben:
Ein Trommler vor roter Fahne »Prolet, erwache!«
»Die Reaktion marschiert.« Verschwindet.
Ein Schupo naht. Besieht die Plakate. Greift zum Revolver. Postiert sich davor, die Augen links, Augen rechts. Zuckt die Achseln. Und geht.
Ein Bettler kommt. Hängt sich einen Kasten mit Schnürsenkeln um. Ein Schild: Blind. Eine blaue Brille.
Eine Zeitungsfrau keucht heran: – Mojnpost! Mojnpost! *(Lädt ihren Packen ab und sieht der Prozedur des Bettlers zu):* – Jloobnse ja selbst nich!

– Wat jloob 'ck nich?
– Sieht doch'n Blinder, det Sie nich echt sind!
– Allemal! Mein Publikum will was haben fors Jeld!
– Wenn de Monarchie kommt, wernse's Ihn'n schon austreiben!
– Ick mach mir nischt wissen und seh alles blau!
– Mojnpost! Mojnpost! Sauwetter!

Ein reduzierter Jüngling gesellt sich zu ihnen. Krebst einen Zigarettenstummel vom Trottoir, liest:

– Falsche Putschgerüchte! Sie, is det wahr?
– Wie denn? Jratis mitlesen und denn: is nich wahr?
– ... frare man bloß aus Berufsgründen!
– Nich wahr! Nich wahr! ... Und wenn't nich wahr is, denn wirds ebent solange jedruckt, bis et wahr is! ... Mojnpost! Mojnpost! Sauwetter!

Ein Fräulein rauscht heran:

– Na, Emil! Haste schon was für die Monarchie ausbaldowert?
– Na, Lotte, haste noch schnell'n Republikaner hochjenomm'n?
– Ach, Mensch! Heitzutage, wo sich die Dilettanten so vordrängeln!
– Wem sachste das! Die Konkurrenz! Die Inflation! und die Schieba!

Er seufzt ...
Das Fräulein seufzt ...
Der Bettler seufzt:

– Ja, die Konkurrenz. Der Krieg und die Invaliden ...

Die Zeitungsfrau:

– Kinder, lamentiert nich! Das liebt die Kundschaft nich!

Müller mit Aktentasche, sehr eilig ...
Die Herumstehenden:

– Schnürsenkel, Herr Baron. Zwohundert Milliarden das Paar!

– Eine Prinzessin, süßer Blonder? Ich habe Roggenwährung!

– Mojnpost! Mojnpost! Herr Direktor!

Müller, der sich mit zwanzig Schlüsseln an den Patentschlössern müht:

– Ein Gesindel treibt sich hier wieder rum ...

Der Jüngling einen Schritt vor:

– Jesindel? Hat da einer Jesindel jesacht?

Müller etwas ängstlich: – Ich meine bloß ... ich sagte, die Kundschaft hat sich auch schon beschwert ...

Der Bettler stößt ihn vertraulich in die Seite: – Lieber Herr, ich bin ooch mal Kundschaft gewesen!

Die Zeitungsfrau: – Ihre Kundschaft sind meine Abonnenten!

Das Fräulein: – Deine Kundschaft sind meine Freier!

Der Jüngling schubst Müller, der endlich die letzte Stange gelöst hat: – Herr Kolleje! Unsre Kundschaft kommt ...

Fünf graue Weiberchen – bunte Umschlagtücher über scheitelten Perücken – tippeln an, bleiben stehn, begucken das Schild: – Do sennen mir!

– Jo, do sennen mir!

– Kaftan!

– Fein!

– Groiß geworden!

– Erhoibn gewordn!

– Angehoibn mit gornischt! Mit hundert Dollarn! ...

– Und emmessen is das unser Geld!

Das Fräulein: – Au Backe! Eine Ehrendeputation von de Grenadierstraße!

Der Jüngling: – Antreten zum Spalier für die Kundschaft des Herrn Bankdirektors!

Müller faucht die Frauen an: – Zu wem wollen Sie!

Die fünf Weiberchen: – Mir hobn a Geschäft zu Kaftan!

Das Spalier: – Bravo!
Müller: – Was fürn Geschäft?
Die fünf Weiberchen: – A Geschäft is a Geschäft!
– Loß mir redn!
– Willstu klüger sein als ich? Ich werd schoin machn! ... Es is doch geween Jossel Perlmann. ...
– Osser weiß er, wer Jossel Perlmann is!
– Er weeß nit? Nu, Jossel Perlmann is in Warschau, wos Kaftan is in Berlin!
– Und Kaftan hot gesogt: Men derf ihm oishelfn! Es wird sein: Perlmann a toiwe, ihm a toiwe, uns a toiwe!
– Wos haißt a toiwe? Er versteiht doch nit?! A Geschäft!
– Nit a Geschäft! A toiwe!
– A toiwe is a Geschäft! Ich, hot Kaftan gesogt, gib die Geld und kläub die Geld! Ihr welt hobn Prozente, ich well hobn a Maklerei, Perlmann wird hobn Geld ...
– Und as, wer weeß? sogt Kaftan, as Gott helft, wird es sein a Geschäft! Und Perlmann und Kaftan wellen Aich nit fargessen!
– Und tak, die erschte Zeit hat er gezohlt!
– Aber wos tut Gott? es werd a Krieg! Nischt do kain Zinsen, nischt do kain Perlmann, nischt do kain Kaftan!
– Kain Geld!
– Asoj sennen mir gekummen nach Berlin!
Müller: – Hoch erfreut! Und was suchen Sie hier?
– Mir suchen!
– Mir hobn gedenkt ... Kaftan hat doch bakummen die hundert Dollarn ...
– Und mir hobn nischt! arm! Und Kaftan!
– Gott hat Dir geholfn, Kaftan! ... und ...
Müller: – Gott hat geholfen? Herr Kaftan is eben tüchtjer als Sie jewesen! Wenden Sie sich an den lieben Gott ...
und retiriert in den Laden, denn es hat sich einiges Publi-

kum: Bollejungen, Postbeamte, Litfaßsäulenkleber, angesammelt:
– so'n Gauner!
Die fünf Frauchen: – Men sogt, er is geworden ein harter Jid!
– Schnell fargessen!
– Det is Berufskrankheit bei denen!
– Denn missen wa se kurieren!
Die fünf Frauchen erzählend: – Mir hobn doch noch die Tochter zu ihm gekennt – hot bei uns im Hoif gespielt ...
– A golden Kind ...
– A bissel krank auf die Brust ...
– Sie wolt uns schoin gegeben, wann sie noch lebt ...
Ein Fenster öffnet sich. Eine Stimme ruft: – Fräulein Jessi! Fräulein Jessi!
Die fünf Weiberchen: – Jessi! Nu Jessi!
Das Fenster wird geschlossen.
Der Jüngling: – Eine feine Kundschaft!

Kaftans Erkerzimmer, dem ein prominenter Architekt die »persönliche Note« lieh, ist von dem neuen Besitzer schon zerwohnt; ein Nest aus Papieren: Zeitungsfetzen, Kontoauszügen, Briefumschlägen. Über die kubistische Plastik – unter dem großen Kalender – ist ein seidener Lüsterrock gehängt, und die Medusa stört die Harmonie der weißlakkierten Schiebetür. Der Schein einer Stehlampe wehrt sich gegen das erste Tageslicht über den Dächern.
Kaftan, mit Thefillim und Thallis, versunken ins Morgengebet, in brüsken Verneigungen; ein orientalischer Zauberer, der sich nach Berlin verirrt hat. Eine Hausglocke zerschrillt seine Litaneien. Man klopft. Kaftan beendet, stopft Thefillim und Thallis in die Schreibtischschublade. Und öffnet Müller.

Und Kaftan: – Scht! Scht! Stört, bitte, nit! Sie schlaft!
Müller legt die Aktentasche ab, reißt ein Kalenderblatt ab – 13. Oktober 1923 – und fragt: – Wer?

– Jessi, meine Tochter Jessi!

– Darf man sich nach ihrem werten Befinden erkundigen?

– Nun danke, danke ... sie wird, wie hot geredt der Rebbe, besser, bald besser ...

– Was? Der Medizinalrat Asch is 'ne Kanone? ... Sie is übrigens ein bezauberndes Geschöpf!

– Wer?

– Jessi! Ihr Fräulein Tochter Jessi!

– Müller! Ich hab Sie nicht herbestellt wegen meiner Tochter! Ich hab Sie herbestellt wegen Geschäften ... Habt Ihr Antwort?

– Man wird telephonieren!

– Man wird! Daran verlier ich Tag für Tag. Geld wartet nicht! Und nicht die Krankheit! ... Habt Ihr sonst Neues?

Müller hat sich umständlich das Monokel eingeklemmt, entnimmt seiner Tasche eine Anzahl Briefe und beginnt sie zu sichten:

– Der Verein deutschvölkischer Juden wünscht Sie als außerordentliches Mitglied aufzunehmen!

– Wos sennen das: datschvölkische Jidlach?

– »Zweck des Vereins ist die Wahrung nationaler Belange zur Respektierung des Eigentums und des Glaubensbekenntnisses.« Aus Prestigegründen würde ich Ihnen zuraten ...

– Nun, wenn es darf sein, und es ist ohne allzu große Spesen, so – akzeptier ich.

– Annoncenofferte einer Berliner Zeitung. Die gestern die ersten Enthüllungen über die Erschießung der kleinen Kalumeit und die Waffenfunde brachte.

– So geben Sie ein ganzseitiges Inserat.
– Ein Bettelbrief.

Kaftan mit heftiger Gebärde: – Ich kann nicht! *(geflüstert)* Sie hat gehatt einen Anfall ... *(mit den Fingern am Mund)* Blut ...

– Wer?
– Nu, Jessi!
– Ja, hier sind die laufenden Abrechnungen von unsern Freunden aus Potsdam!
– Ich kann nicht! Ich zahl und zahl! Das Lager schnorrt! Ärger fun toisend Bettler! Far einen Dollar koif ich ganz Berlin. Und zahl far ... Nischt. Far Schrott ... Far jeden Tag füffzehntoisend Gold ... zwei Monat füffzehntoisend Goldmark jeden Tag ... Aber Litauen bietet doch! Farwus noch zögern?
– Herr Kaftan! So schnell schießen die Preußen nicht! Litauen braucht Munition, um den inneren Frieden herzustellen. Munition ist stark gefragt. Und ein solches Millionenobjekt zu verschleudern, wäre Landesverrat am eijenen Jeschäft!
– Aber Litauen bietet! Krieg und Frieden kost asach Geld! Und braucht Litauen Waffen far den Frieden: ich brauch Bar-Geld far meine Munition! ... Zahlt Litauen, so fardien ich ... laßt sehn! ... füffzehntoisend zwei Monat ... laßt sehn! ... Wann können wir liefern?
– Na, in zirka 14 Tagen! Bis zur Instandsetzung der Waffen!
– Dreimalhünderttoisend ... und Zinsen ... und Transport ... so fardient ich ... Nu, es sei genug! ... so fardient ich: an acht Millionen ...
– Elfhundert Prozent! In Friedenszeiten ein ruhiger, runder Wucher! Aber, Jott sei jepriesen! is Inflation, es jibt andere Interessenten! Und wir ha'm Zeit!

Kaftan trommelt nervös gegen die Fensterscheibe: – Zeit! Die Zeit hat mir reich gemacht! Ich trau ihr nischt! ...

Das Telephon klingelt.

Und Kaftan schnell: – Zahlt Litauen: der Handel ist perfekt ...

Müller zuckt die Achseln und nimmt lässig den Hörer: – Tjawoll? Kaftanbank! Litauische Gesandtschaft? ... Wer? ... Achso, Herr Cohn! Tjawoll, Sie stören! ...

Jessi steckt den Kopf durch die Türspalte: – Tatuśek?

Müller am Telephon: – Mojn, Fräulein Jessi! ... Cohn bietet uns Kredit! ... Sehr freundlich, Herr Cohn! Sowie die Mark wieder goldwert is, werden wir von ihrem Angebot Gebrauch machen! Auf Wiederhören, Herr Cohn!

Müller lacht: – Cohn bietet Kredit! Wenn die Mark wieder goldwert is! Was der Himmel verhüten möge.

Jessi, schmal und überzart, transparente Haut, goldroter Bubikopf und große dunkle Augen. Immer mit dem verdächtigen trockenen Hüsteln, das sie mühsam unterdrückt. Hellgraues, elegant einfaches Straßenkostüm.

Jessi, energisch wiederholt: – Tatuśek?

Kaftan erwacht aus seinem Rechnen: – Jessi! ... Jak się czujesz córeczko?

– Dziękuje, tatuśek!

Müller mit knapper Verbeugung: – Jnäjes Frollein! Jestatten auch meinerseits der Freude Ausdruck zu geben, Sie so wohl und munter zu sehen.

– Ich dank Ihnen, Herr Sekretär!

Kaftan: – Nit Sekretär! Herr Müller ist mein Freund!

Müller: – Lassense man! Wir werden auch gute Freunde werden! Was, Fräulein Jessi! Wenn ich Ihnen erst das Berliner Nachtleben in natura vorführe.

Jessi: – In der Schweiz erzählen sie sich, daß man hungert da in Berlin?

Müller: – Aber nich, wenn man Fräulein Kaftan ist und mit Müller ausgeht!

Jessi: – Ich danke Ihnen! Aber der Arzt hat verboten!

Kaftan beunruhigt: – Nun, was will mein Töchterchen? Du sollst ruhen ... Dich gesund ruhen ... Der Morgen ist far die Alten, die bald Muße auf ewig hobn welln. Du mußt sparen, Töchterchen, sparen a jede Minut! Ich hob mein Kapital an Schlaf gehäuft, ich kenn nit oifzehren die Zinsen meiner Kräfte. Nun wos begehrst Du, Töchterchen?

– Ich muß Dich um etwas Geld bitten, Väterchen!

– Geld! Mein Geld! Es ist schoin deine ...

– Papa ... ich brauch ... 100 Dollars ...

– 100 Dollarn? Weißt Du, was heißt: hundert Dollarn? Mit hundert Dollarn ist dein Vater geworn: reich und angesehen! Mit hundert Dollarn bin ich geworden der Kaufmann von Berlin!

Und Müller sittlich entrüstet: – Gnäjes Fräulein! ... Als Untergebener ... Ihres Herrn Papa muß ich Ihnen sagen, daß ich es bodenlos leichtsinnig und unsozial finde, in diesem Augenblicke ...

Jessi, ohne ihn zu beachten: – Papa, ich sehe natürlich ein ... wenn es Dir Schwierigkeiten macht, 100 Dollars für Dein Töchterchen zu opfern ...

– Nein, Jessi, nein! Es ist eine groiße Summe! Ober weil es ist eine groiße Summe, sollst Du sie hobn! ... Die Waffen werden schoin bringen! ... Soll Jessi daran teilhaben!

– An Waffen? Handelt mein Vater mit Waffen?
Wer wird Ihm schoin abkaufen, jetzt, im Frieden?

Müller lacht: – Gegenteil, gnä' Fräulein! Jerade im Frieden is Kriegsgerät stark jefragt für Ernstfall! Besonders in östlichen Randstaaten, Polen, Litauen und so! Wissen Sie doch selbst!

Jessi schauert: – Jo! Ich weeß! Jidn zu schächten! ... Also, Vater, sein Geld sind Waffen?

Müller frech: – Richtig! Und das Geld ist für Fräulein Kaftan! Denn Fräulein Kaftan hat auch nich gratis in Davos gelebt!

Das Telefon klingelt.

Müller (am Apparat): – Ja? ... Soll warten *(zu Kaftan)* Litauen sitzt im Vorzimmer. Also, Herr Kaftan, sind Sie noch entschlossen, für ein Butterbrot ein Waffenlager zu verschenken?

Kaftan: – Ich verkoif!

Müller: – Kaftan! Ich habe Ihnen immer gut geraten! Erinnern Sie sich! Ich als Ihr Freund, ich rate Ihnen: warten Sie!

Kaftan: – Ich als Ihr Chef, sag aich: ich verkoif!

Müller: – Herr Kaftan, das ist Wahnsinn! Das ist ein Rückfall in Ihre früheren Handelsmanieren! Aber es ist unwürdig eines Kaftans, unwürdig des Kaufmanns von Berlin, mit einem solchen Kleinstaat zu handeln!

Jessi: – Ach, bitte Herr Müller! Wollen Sie es mir ... als Freund erklären: warum, wenn mein Vater verkaufen kann, wollen Sie es nicht?

Müller: – Jnäjes Fräulein! Ich bin gern bereit, mit Ihnen über nettere Themen zu sprechen, aber nicht über so schwierige Finanzoperationen!

Jessi: – Herr Müller! Ich will wissen, warum warten Sie?

Müller: – Weil die Großmächte in diesen faulen Zeiten sich die Finger lecken nach dem Schrott! Weil wir spielend 20 Millionen rausschlagen, wenn wir bloß noch die fünf, sechs Wochen durchhalten!

Kaftan: – Müller! Ihr habt doch gesprochen: zwei ...

Müller: – In vierzehn Tagen können unsere Soldaten unmöglich ...

Jessi: – Soldaten?

Müller: – Aber bitte, Fräulein Jessi ... kann unser technisches Personal unmöglich diese Riesenmunition sortieren!

Kaftan: – In zwei . . . in sechs Wochen . . . Was? Vielleicht in einem Jahr! Nein! Nein! Nein! Sie sollen können! Ich zahl nicht länger!

Müller: – Herr Kaftan, dann muß ich Sie noch darauf aufmerksam machen, daß wir von den Herren Litauern keinen Pfennig vor Lieferung ab Grenze besehen . . .

Kaftan (rechnend): – Litauen zahlt nicht ab Lager! Gut! Wenn Litauen zwei Millionen mehr zahlt ab Grenze, ruft Litauen! Ich verkoif!

Müller: – Wie Sie wünschen! Schließlich muß jeder nach seiner Fasson pleite machen! Und außerdem – Sie wissen: 100 Tausend Dollar sind morgen sowieso nach Potsdam fällig!

Jessi: – 100 Tausend? Nach Potsdam und für wen?

Müller: – Für das Offizierskorps, das nicht wartet.

Jessi: – Wohin treiben Sie meinen Vater? Offiziere und Soldaten und Munition . . . das endet bei Krieg und bei Pogrom. Mein Kranksein hat sich rentiert! *(Sie schreit auf)* Ich will nit *(und läuft zur Tür).*

Kaftan: – Jessi!

Müller: – Eine feine Mischpoche! *(er geht ans Telephon)* Herr Direktor läßt Herrn Attaché bitten, sich heraufzubemühen! *(Zu Kaftan)* Nun sehen Sie zu, wie Sie ins reine kommen!

Jessi auf einem Liegestuhl, in Decken eingepackt. Und stumm die Krankenschwester.

– Wenn es aus Davos telephoniert, geben Sie mir sofort den Apparat . . . wir brauchten heut garnit zu messen, ich fühl mich ganz wohl . . . nu, emmes . . . ach, ist das langweilig, Schwester, stellen Sie das Grammophon . . .

nein! ... aber wenn es telephoniert ... man sollt nicht soviel davon hermachen, davon steigt nur das Fieber. Für was pfleg ich mich, daß ich lieg und lieg. Für was die Geld! Für was die Geschäft; Allis zur Pflege – allis für die Krankheit ... In mein Städtel die orme Leut wären froh – zehn Familien könnten leben von dem, was mein Kranksein kost ... man steckt sie in die Gefängnis, weil sie sind arm ... so arm ... und uns auf den Liegestuhl, weil wir sind krank ... Geborn krank, geborn arm, was hobn mir gesindigt ... weil ich reich bin, poussiert man mich ... Kaftans Tochter ... und hübsche Beine hab ... *(sie streichelt sich)* Farliebt? In meine hübsche Beine! In mich ... Schwester, nehmen Sie mir den Brief – nu vorwärts ... aus der rechten Schublade ... er schreibt, er wird bestimmt telephonieren ... er schreibt, um zu hören wieviel ... Nein ich hab doch kein Fieber ... es ist nur sein Brief ... er hot mich begehrt, weil ich reich bin ... und hübsch ... und krank ... wie er, ... ich hob ihm angehört ... es blieb uns doch kein Zeit zum Leben ... arm und arm, krank und krank: gehört es nit zusammen? Es ist gewiß nit mein, nit unser Schuld! ... Wer will es ändern, Gott im Himmel! nicht unser Schuld! ... nein, ich deck mich schon zu ... ich will schon abwarten ... wenn er nur anruft ... Geben Sie mir den Apparat, es ist für mich! ... Hallo! ... Hallo! Ich höre nichts! ... es saust nur ... es ist das Fieber ... Hören Sie! Nein! Lassen Sie mich! ... Hallo! Hallo! ... Ich höre ... Ich höre Dich! ... nicht! Hör mich! Glaube mir doch ... Ich glaube Dir ... Hallo! Hallo! Ich bin es ja! Ich hab kein Fieber ... ich fühle Dich ... hörst Du mich nicht? Nichts! Es ist niemand! ... Doch! Er war es! ... Ich hab es durch und durch gefühlt ... Schwester, ich fühle es, ich fühle mich gesund ... in seinen Armen! Ich bin ja gesund! Er rief ja an! Schwester?

Die Krankenschwester nimmt das Thermometer: – 38,8! ...

Es dunkelt ...
In Kaftans Arbeitszimmer.
Müller sitzt und rechnet.
Kaftan sieht ihm über die Schulter und spricht die Ziffern leise nach.

Müller: – Achtunddreißigacht-achtundsiebzig Kaftania Altmetall-Treibriemen zwei vierzig – und Bankhaus-Eingänge Null ... *(zuckt die Achseln, steht auf und reißt ein Kalenderblatt ab: 19. Oktober 1923)* ... Wie man es dreht und wendet, wir müssen den Kredit aufnehmen!

Kaftan blättert erregt im Hauptbuch: – Ihr habt doch geraten, Müller! Es war ein ehrlicher ... ein christlicher Handel ... nach Airem Gesetz! Ich hab gekoift Schrott. In dem Schrott men gefunnen: Waffen ... Sennen es nit meine?

– Ja! Falls sie nicht vorher losgehen!

– Ich hab gelernt rechnen mit Prozent und Zinseszins, kalkulieren Gewinn und Verlust aus toter Ware, nicht von Soldaten, von lebedicken Menschen ...

– Ihre Ware ist Militärgut, und das Militär will leben! Wenn Sie die Liquidationen des Röntgeninstitutes begleichen, kalkulieren Sie ja auch die Krankheit Ihres Fräulein Tochters ein! Kurz und schmerzlos: wir müssen.

– Wu ahin führt Ihr mich? Bis ich, mein allis, Jessi ... verpfändet ist diesem Betrüger!

Müller: – An einem kleinen Pump ist noch niemand gestorben ... *(er telephoniert).*

– Herr Direktor Kaftan bittet Herrn Cohn, sich heraufzubemühen ... Und, im Vertrauen, Kaftan! in zwei, drei Wochen is unser Geheimrat vom Urlaub zurück, dann wird bei der Reichsbank ein neuer Kredit gelockert, und wir liquidieren den ganzen Schwindel in Papiertrillionen!

Cohn ins Zimmer: – Tach, Kaftan! Tach, Müller! Na, alles wohlauf? Fräulein Tochter? Ein Bild von einem Mädel! Eine Partie für 'nen Baron! Zigarre? Was haben Sie da? Probieren Sie mal meine!

Kaftan und Müller zugleich: – Herr Cohn!

Cohn: – Wem sagen Sie das? Wer hat heute Geld? An der Reichsbank stehen sie Schlange wie die Armen nach Brot! Nachts, wenn ich mir so Gedanken mach, denk ich mir aus, wie das aussehen würd, wenn mal gar kein Geld da wär! Wenn Geld mal nichts wert wär! Nicht auszudenken!

Kaftan: – Cohn! Ihr seid mein Freund! Meine Unternehmen – dem Oiberschten sei Dank – sie stehen gut! Ich braucht Euch nit, wärt Ihr nit mein Freund! ... Nur mich auf Tage zu entlasten ...

Cohn: – Aber, bester Kaftan, wenn wir nicht zusammenhalten: wo ist da noch Verlaß in der Welt! Sie sind ein solider Kaufmann! Mit Munition! Und in Zeiten solcher Not: ich weiß doch, was Waffen bedeuten! ... Sie sind mir gut für jede Summe! ... Geben Sie mir die Tinte! Also wieviel?

Kaftan: – Füffzehntoisend zwanzig Tage ... dreimalhünderttoisend ...

Müller macht zu Kaftan heftige Zeichen.

Kaftan verbessert sich: – Viermalhündert ... viermalhündertfüffzig ... Gold!

Cohn: – Vierhundertfumfzig is'n bißchen happig! Aber weil Sie's sind, runden wir nach unten ab auf 100000 Dollar ...

Kaftan: – Zu füffzehntoisend Mark täglich ...

Cohn: – Mark täglich zum Mittagskurs ... fällig, sagen wir in einem Monat ... den wievielten haben wir? den 19. ... das heißt: den 19. November und 30 Prozent natürlich!

Kaftan: – Dreißig? Ist Eure Freundschaft 30 Prozent? Ein Feind ... ein Antisemit könnt nicht mehr nehmen!

Cohn: – Herr Kaftan, Sie verkennen den Ernst der Zeit! Ich verstehe, daß Sie als Ausländer ... Aber weil ich Sie nu mal so gern hab, sag ich: fünfundzwanzig! Zahlbar in guten Devisen ...

Kaftan: – Weil ich Aich gern hab, geb ich gern Aich dreiundzwanzig! Und in Devisen! Gut! Nur Aire Regierung hat verboten! Und was Gesetz is Airer Heimat, respektier' ich! Far Air Gesetz, pro forma, setzt: in daitscher Mark.

Cohn: – Wissense, ich werd das offen lassen! Ich glaub Ihnen! Und Müller; Sie sind Zeuge!

Müller: – Ehrensäbel, Herr Cohn!

Kaftan greift nach dem Wechsel: – Einig?

Cohn: – Einig! Adjö, Kaftan! Adjö, Müller! Wenn Sie wieder was brauchen! ...

Kaftan: – Gannef!

Müller: – Der wird Bauklötzer staunen!

In Kaftans Arbeitszimmer.

Müller sitzt und rechnet. Kaftan wandert auf und ab.

Jessi tritt ein: – Er hat mich rufen lassen, Vater?

Kaftan schweigt.

Müller steht auf und reißt ein Kalenderblatt ab: 20. November 1923.

Jessi unsicher: – Ich wollt gerad fortgehn?! ...

Müller an ihrer Seite, leise: – Rendezvous, was?

– Ja und?

– Mich haben Sie gestern versetzt! Zwei Stunden vergeblich gelauert!

Jessi zuckt die Achseln: – Ich wundere mich, daß Ihnen im Dienste meines Vaters soviel freie Zeit bleibt ... Nu, Tatuśek?

Kaftan schweigt.

Und Müller scharf: – Fräulein Kaftan! Im Dienste Ihres Herrn Vaters habe ich Ihnen die Eröffnung zu machen, daß Ihre Ausgaben in keinem Verhältnis zur finanziellen Situation stehen. Mein Vaterland, das mir teuer ist über alles, befindet sich in einer schweren Krise ...

Jessi: – Ja! Aber was hab ich mit Politik zu schaffen?

Müller: – Sehr viel! Es sind Nachrichten über Waffengeschäfte des Herrn Papas an die Linkszeitungen gelangt.

Jessi: – Von wem?

Müller: – In Anbetracht Ihres großen Freundeskreises läßt sich das schwer kontrollieren. Jedenfalls: Die Presse hetzt. Wenn der Pöbel sich rührt, zieht das Militär blank, und die janze Kaftan-Herrlichkeit ist zu Ende!

Jessi: – Und was gedenken Sie, Herr Müller, als ... Sekretär meines Vaters dagegen zu tun?

Müller: – Zunächst mal schleunigst die Verhaftung von ein paar K.P.D.-Führern zu veranlassen!

Jessi: – K.P.D.? Was ist das?

Müller: – Eine Partei, die ... jewissermaßen ... das Jeld der andern will!

Jessi: – Das wollen wir doch alle? Deswegen können Sie die Leute doch nicht einfach verhaften lassen?

Müller: – Fräulein Jessi! Bitte, nehmen Sie meinen Platz ein! Morgen ist entweder Ihr Herr Papa oder die andern im Gefängnis!

Kaftan ist dieser Unterredung wie einer fremden Sprache gefolgt, voll Vaterstolz bei jedem Satz Jessis; dann in gesteigerter Ungeduld:

– Jessi! Jessi! Heerst Du? Ich oder jenne! Ich oder jenne!

Ich will Dir alles opfern! Ich und mein alles ist Dein Eigentum! Aber, wenn ich nicht mehr bin, wenn Kaftan nicht mehr Kaftan ist: wer sorgt um Dich? Wer gibt Dir hundert Dollar? . . . Müller, lassen Sie verhaften! . . . Jessi, meine Tochter, Du darfst Herrn Müller dankbar sein! Sehr dankbar!

– Danke, Papa! Ich bin Herrn Müller dankbar, schrecklich dankbar! Ich versteh! . . . Behalt die Geld! Ober nit far mir! Nit far mein Leben! Far die Fremden!

Müller: – Wir sprechen uns nachher! Jetzt, im Interesse des Geschäftes: Schluß damit!

– Vater! Du bist reich! Vater, Du hast bakummen, was Du begehrt hast! Aber ich . . .

Müller: – Sie werden sich endlich fügen, Fräulein Jessi!

Jessi läuft zur Tür: – Tatuśek! Hat Müller Euch geholfen – ich will nit der Preis sein! Und geh! Und ist meine Krankheit schuld, daß Müller Euch in Händen hat, daß Müller Euch vor Gefängnis bewahren muß – ich will nit schuld sein! Und geh!

Kaftan heiser: – Jessi! Du bleibst! . . . Müller! Ich dank Aich . . . Aber ich bitt Aich . . . Geht!

Müller rückt sich den Schlips: – Ach! Ich bin entlassen! Ausjezeichnet! Herr Kaftan entläßt mich, mir nichts, dir nichts! Aus diesem Hause, das ich gebaut hab, auf Kredit! Die Möbel! Der Rock am Leibe: alles auf Kredit! – der Berliner Gesellschaft! Menschenskind, bilden Sie sich ein, ich geb das alles preis vor der Gesellschaft so mir nichts, dir nichts? Der Berliner Gesellschaft werde ich erst Herrn Kaftan vorführen, auf einem Fest in diesem Hause!

– A Fest? Bei mir? Ich ohne Geld? Die Tochter krank? Zur Schau far die Schmarotzer? Zum Purimspiel far die Datschen! Daß sie sich satt fressen fun mein Eigentum, was mir geheert?

Müller: – Ihnen? Ein Dreck gehört Ihnen! Der reiche Ostjude und ein verwöhnter Backfisch sind meine Zinsen! Wer ist Kaftan? Ein Name! Der Name ist meine Erfindung. Der Name ist mein Kapital! Morgen präsentier ich meine Erfindung der Berliner Gesellschaft!

Kaftan: – A Gesellschaft ... zu essen ... zu trinken ... Von welchem Geld?

Müller: – Von welchem Geld? Von dem Sie bisher immer existiert haben! Von Pump, Herr Kaftan!

Jessi ist während der Auseinandersetzung beiseite geschlichen, ist in einem Anfall von Schwäche am Schreibtisch niedergesunken, hat den Kopf in die Arme vergraben ...

Kaftan blickt auf Jessi ...

Kaftan legt Müller die Hände auf die Schultern: – Sie dürfen uns nicht zürnen, Müller! Retten Sie die Hundert! Retten Sie mir Jessi! Es ist doch mein Fleisch!

Und er verläßt das Zimmer ...

Müller verlegen: – Fräulein Jessi! ... Ich bin vorhin gegen meine Gewohnheit etwas heftig geworden ... habe da von Vaterland und so geredet ... aber im Grunde hab ich natürlich Sie gemeint ...

Jessi blickt auf ...

Müller: – Jefühle sind meine schwache Seite. Wir haben dergleichen längst auf Konto Krieg abgeschrieben. Aber wenn ich Sie so vor mir sehe, Jessi ... *(er versucht sie zu streicheln)*

Jessi fährt auf: – Was verlangen Sie?

Müller: – Sympathie, Sympathie!

Jessi vor ihm: – Warum sprechen Sie von Sympathie, wenn Sie etwas anderes meinen! Von meiner Sympathie: sie gilt nicht Ihnen!

Müller: – Ich weiß! leider! Ihr alter Davoser Flirt spukt noch bei Ihnen! Sehen Sie, ich habe immer Glück bei allen

Weibern gehabt! Aber Sie sind für mich etwas ganz anderes ... etwas Höheres! Etwas wie ...

Jessi: – Sie wollen sagen: wie Ihr Vaterland!

Müller: – Richtig! Es trifft sich ja eben so glücklich, daß sich die nationalen und die persönlichen Belange begegnen! Fräulein Jessi! Sie merken doch, welchen unauslöschlichen Eindruck Sie auf mich gemacht haben! Daß Sie von mir haben können, was Sie wollen! Wirklich mehr als ... hundert Dollars! ... daß Sie bloß zu fordern brauchen!

Jessi: – Ich fordere von Ihnen eine Antwort: mit meines Vaters Hilfe finanzieren Sie Ihre Soldaten! Gegen wen sollen sie kämpfen?

Müller: – Das hängt nicht von mir ab!

Jessi erstarrt: – Also wovon!

Müller geht auf Jessi zu. Sie bleibt reglos. Er nimmt ihre Hand und küßt sie gierig: – Ich danken Ihnen! *Und eilt hinaus.*

Jessi wirft sich schluchzend über den Tisch ...

Die Bahnhofswirtschaft »Wildpark«.

Aber sie ist in ein Soldatenquartier gewandelt. Tornister mit aufgeschnallten Stahlhelmen liegen sauber aufgeschichtet.

Müller läuft Bogen um diese Requisiten, zückt jede Sekunde die Uhr und betrachtet ein Plakat, das ihn bittet, die Baumblüte in Werder zu besuchen; vielleicht wäre er nicht abgeneigt, aber sowie er sich der Tür nähert, erschrickt er vor dem Anblick eines Stahlhelmmannes draußen.

Endlich macht der Stahlhelmer »Männchen« vor der eintretenden Generalin. Sie ist als Rote-Kreuz-Schwester gekleidet.

Müller ihr entgegen: – Hilde!

– Was wünschen Sie von mir?

– Du bist also doch gekommen! ... Ich danke Dir! ... Ich war sehr in Sorge um Dich.
– So! Um mich!
– Ich habe erfahren, daß Dein Mann im Begriff ist, eine Mordsdämlichkeit zu begehen ...
– Ich verbiete Ihnen, in diesem Tone von dem kommandierenden General zu reden!
– Ich wollte Dir nicht weh tun ... Ich meine ... will der alte Herr ernsthaft mit seinen Bleisoldaten losmarschieren?
– Hüten Sie sich, Herr Rechtsanwalt! Jedes Wort könnten Sie morgen bereuen!
– Berlin ist gerüstet!
– Berlin wartet auf die Befreiung von der jüdisch-sozialistischen Fremdherrschaft.
– Jewiß, jewiß! Darauf warten wir ja alle! Bloß ... wenn nu die Kiste schief jeht? Dein Mann ... Exzellenz is ja'n kreuzbraver Kerl, aber doch nich jrade mit Intelligenz jesegnet!
– Der General ist vielleicht weniger – weniger gerissen als Sie! Aber eine Memme ist er nicht – wie Sie!
– Nu mal offen, Hilde! Ihr lebt hier in Potsdam wie die Juden im Ghetto. Ich wollte sagen, so abgeschlossen! Die Weiber schwärmen für den Alten Fritz – den großen König in allen Ehren ... heute würd er lieber'n Ammoniakabkommen mit den Produits chimiques schaukeln, anstatt die Welschen bei Roßbach zu vertöppern. Eure Männer laufen rum wie Börseaner auf'm Maskenball. Dieser mittelalterliche Mumpitz wird sich an der Wirklichkeit die Köppe einrennen ... Hilde, pardon! Exzellenz! Macht mir hier keinen Umschlag! Verschiebt die Befreiung noch'n paar Tage, bis ich im Reinen bin. Schließlich hab ich doch Eure janze Vaterlandsrettung

saniert ... – Ja, Sie haben sich in unsere Reihen eingeschlichen! Sie haben ... sich ... bei mir ... eingeschlichen! Aber ich sehe jetzt klar! Ich weiß ...

Müller packt sie brutal am Handknöchel und reißt sie herum: – Was weißt Du?

Die Generalin entwindet sich ihm. Eine Staffel bis an die Zähne Bewaffneter marschiert an. Und die Generalin:

– Grüßen Sie Fräulein Kaftan!

– Ach so! Schön, ich gebe zu, ich habe mit dem kleinen Judenmädel poussiert. Aber, sieh mal, Hilde, ich kann doch nich wie'n Mönch vegetieren, wenn ich Dich nur einmal pro Woche treffe! Ja, hätte ich Dich immer bei mir! Hildchen, hast Du unsere Spaziergänge im Park von Sanssouci vergessen? Unsere Abende im Einsiedler? Unser ... *(er flüstert ihr ins Ohr, sie bedeckt ihr Gesicht)* Hilde! liebst Du mich nicht mehr? Antworte!

Eine Kolonne Stahlhelmer unterbricht polternd das Tête-à-tête. Die Generalin reckt sich auf:

– Die Truppen marschieren! Hier ist meine Antwort!

Gesang der marschierenden Soldaten:

Die Vöglein im Walde, die singen singen so wunder-wunderschön,
In der Heimat, in der Heimat, da gibt's ein Wiedersehn, siehste woll ...

Die Generalin schreitet durch ein Spalier, das sich vor Müller schließt.

Der Martialische tritt vor, Hand am Revolver:

– Nnna? Was biesterst Du denn hier rum?

Müller monokelt ihn an, greift in die Tasche und streift eine Armbinde mit weißem Totenkopf über:

– Parole: Berlin!

Der Martialische gibt verdattert den Weg frei.

Gesang der marschierenden Soldaten:

Wer weiß, wann wir uns wie-dersehn
Am grü-nen Strand der Spree-e-e . . .

Halbdunkel.
Jessi im Abendstilkleid aus gelbem Chiffon . . . Sie kniet vor ihrem Schreibtisch und kramt in einem Päckchen Briefe . . .
Kaftan zur Tür herein auf leisen Sohlen, wie einer, der herumspioniert . . .
Beide erschrecken . . .

– Jessi!
– Vater?
– Is . . . Müller nit do geween?
– Nein?
– Nit – do – geween!
– Farwus fragt er, Tate?

Kaftan mit dem Tone schärfsten Mißtrauens:

– Bist erschrocken geworn?
– Als der Tate herumschleicht wie ein Dieb . . .
– Jo, wie ein Dieb! Wie ein Dieb in mein Haus! Sei willn mir barauben! Ober noch sind mein der Vertrag, meine die Dollarn, meine die Waffen! Und wos Gott mir baschert hat, muß ich obhietn! Ich bin nur sein Wächter! Noch leb ich . . . Liebst Du ihn?
– Du hast gesagt, ich darf Herrn Müller dankbar sein . . .
– Es heißt: Dank! Und Du verschenkst Dir! Sie nennen es: Zinsen! und wollen mir ans Fleisch! Ich hab es geschafft! . . . ich hab es gezeugt! . . . und es geht, um gegen mich zu zeugen . . . Liebst Du ihn?
– . . . er hat mich genommen!
– Es ist asoij! Er hat genommen, weil er bakummen hat. Wir geben – und sie zahlen in Schande zurück. Wenn sie leben von uns, sind sie Gäste – und wir Schieber und Wucherer . . . Liebt er Dich?

– Ich bin Eur Eigen . . . Vater, nehmt mich zurück! . . .
– Wem gabst Du die hundert Dollarn?
– Es kamen aus der Grenadierstraße von unsern Städtel . . . Sie meinten, wir schulden es ihnen . . . – 100 Dollarn. Meine Hundert! Sie kämpfen gegen mich! Es war Geld und sind Waffen geworn . . . Es war mein Vermögen far meine Tochter – nit far mir . . . – und hat mich zu den Feinden verlassen . . .
– Ich will zurück! Ich will zurück! . . . Vater! Ich will bei den Fremden nicht leben . . . nit sterben . . . *(sie nestelt einen Ring vom Finger)* Vater, wir haben noch den Schmuck . . . fliehen!

Kaftan am Fenster horcht: – Heerst Du sie? Sei kummen! . . . Nein nit fliehen! Hier steh ich, um zu fordern! Das Meine hat mir verlassen! Ich verlaß mir nit! Du sollst Dich schmücken, daß es ihnen in die Oign sticht! Sie sollen kummen um mein – um ihr Geld und sollen mit mir farsinken! Ich will sei bei mir, hier obn, empfangen die Gäst, und sie sollen mit mir stürzen!

Jessi: – Bleib nit! Hit sich far Fremde! Hit sich far die Gäste! Hit sich far . . .

Müller: – Nabend, Herrschaften! Wir haben den Reichskredit! Cohn wird staunen! Der kann sich sein Geld mit der Müllabfuhr einziehen! Kaftan, nu sagen Sie noch, daß ich nich wie ein Vater für Sie sorje!

Kaftan: – Ich dank Aich, Müller!

Müller: – Nabend Jessi! Was macht unser Kindchen! Jöttlich sehen Sie aus! Sie werden ja bei den Gästen direkt Furore einlegen! . . . Darf ich bitten, Kaftan?

Müller öffnet die Tür zu Kaftans Zimmer, wo sich das Geld zur Decke stapelt: – Das können Sie nich nachzählen, und wenn Sie alt wie der Ewige Jude werden, was da aufjespeichert is! . . . *(er bietet Jessi den Arm, leise)* Darf ich bitten, Jessi?

Kaftan, vor der Wand aus Papierscheinen, steht und klärt: – Aufgespeichert! Aufgespeichert! Auch Joseph in Ägypten hat aufgespeichert – ober Broit . . . zum essen . . . ober dos is Papier . . . Mit Massel hot es eppes einen Wert! Mit Massel kann es eines Tages wieder Broit sein. Jo! . . . Ober ich bin nit Joseph in Ägypten . . . ich bin bloiß Kaftan . . . Kaftan fun Berlin.

Das große Berliner Zimmer in Kaftans Hause.
In drei Etagen steigt der Raum zu einem Erker, der von schwarzen Vorhängen abgeschlossen ist.
Zur Rechten, auf der zweiten Etage, ist das kalte Buffet aufgebaut . . . Zur Linken hält Jessi Kaftan Cercle . . .
Zwei Smokings, im Vordergrund, beobachten: – Alles da! Ein richtiger Minister . . . ein Herr von der Reichsbank! . . . Offiziere vom Reichswehr und die Presse! . . . Der Chefredakteur is der links! Neben dem litauischen Gesandten. Und tout Berlin!
– Wo?
– Ganz Berlin is bei Kaftan!
– Achso! Hähä! Sehr hibsch!
Der Chefredakteur und der Gesandte löffeln Eis.
– Von einer akuten Gefahr durch den Militarismus kann gar nicht die Rede sein, Herr Minister! Und wenn unsere alten Beziehungen zu Litauen weiter ausgebaut werden, brauchen wir auch den Bolschewismus nicht zu fürchten!
– Quelle est cette jolie petite brune, à gauche, devant le trumeau?
– C'est Mlle Kaftan, Monsieur le Ministre!
– Mais elle est charmante! . . . Excusez-moi!
Und mit eleganter Verbeugung retiriert der alte Herr zu Jessi . . .
Die Smokings: – Der Lange neben der Dame in Blau ist

der bekannte Verteidiger Bloch. Der jetzt für Kaftan die Lederaffäre und die Schrottsache bearbeitet.

– Den möcht ich mal kennenlernen! Juristen muß man sich warm halten! Für alle Fälle!

– Wie Sie neulich die Verteidigung mittendrin niederlegten, fand ich wirklich zu schick!

– Der Vorsitzende hatte mich ja himmelhoch angefleht, weiterzuführen! Aber ich konnte mir im Interesse meines Mandanten diese Suggestivfragen an die Gegenzeugen nich gefallen lassen!

– Wieviel hat er eigentlich bekommen?

– 10 Jahre Zuchthaus! Das war vorauszusehen!

– Ach, könnten Sie mich nicht mal verteidigen?

– 'nä Frau, Ihre Sünden sind so reizend, daß Sie jeder Gerichtshof freispricht!

Die Smokings: – Hiller vom Staatstheater!

– Ne! Ich meine die Frau!

– Eine gewisse Marcuse!

– Na, hinreißend waren Sie als Shylock!

– Was? Den habe ich Ihnen hingelegt!

– Besonders in der Rialtoszene! Mit der ganzen Ekligkeit des galizischen Juden!

– Sie müßten mich jetzt mal als Moltke sehn!

– Gott, spreizt sich diese Jessi Kaftan!

– Ganz hübsches Mädel!

– Frisch aus'm Ghetto, und schon hat sie was mit ganz Berlin gehabt!

– Und ich hab ihr noch nich mal die Hand geküßt! Entschuldigen Sie mich, gnä Frau!

Und Hiller enteilt zu Jessi . . .

– Der Frack mit weißer Binde ist der Innenminister!

– Wo bloß der Hausherr bleibt?

– Ich glaube, der läßt sich noch rasch taufen!

– Und die Tochter?

– Die Kleine dort mit dem Pleureusenfächer!

– So! Das ist Jessi Kaftan! Sie, der müssen Sie mich mal vorstellen!

Essende rund um den Minister am kalten Buffet.

– Exzellenz, am Schönhauser Tor waren Zusammenstöße!

– Nu, diß macht nichts! Gibts denn hier keene Schinkenbemmchen?

– In dem Hause? Nein!

– Gukke, fromm is er ooch?

– Sehen Herr Minister die Lage für bedrohlich an?

– 'chab nämlich 'n Machenleiden! Da gann'ch bloß Schinken vertrachn!

– Man munkelt was von Generalstreik?

Ein Schwarm junger Damen: – Ach bitte, bitte, lieber Herr Minister! Keine Revolution! Wir haben am Sonntag unser Turnier!

– I geene Ahnung! Da brauchen Sie sich ganich zu färchtn! Da passen mir in dr Regierung schon höllsch uff, daß die Arbeeder keen Stunk machn!

Die beiden Smokings: – Das Huhn is zäh!

– Eben erzählense, die Freikorps haben den Zoologischen Garten besetzt!

– Machense keine Witze! . . . Dann sind wir doch alle ruiniert!?

– Ausgerechnet heute, wo man in so'nem jüdischen Hause sitzt!

– Und ausgerechnet ich mußte mich mit Kaftan einlassen!

Cohn langt sich einen Teller.

Müller klopft ihm auf die Schulter: – Haben Sie auch alles, Herr Cohn?

Cohn: – Ich muß schon sagen: lumpen läßt sich der Kaftan nicht . . . auf meine Kosten! . . . 'n Stückchen Hummer möcht ich!

Müller: – Sowie Sie fertig sind, hab ich eine erfreuliche Mitteilung für Sie!

Cohn: – Danke! Kein Alkohol! Für anderer Leute Risiko Gott und die Welt einladen, das lieb ich!

Müller: – Herr Cohn! In meinen Kreisen pflegt man nich den Jastjeber zu beleidigen!

Cohn: – Wenn er so feinfiehlig is, soll er mir mein Geld zurückgeben! Hunderttausend Dollars. Seit gestern is der Wechsel fällig!

Müller: – Ach, Sie sprechen von der kleinen Ehrenschuld! Eben wollte ich Ihnen sagen, daß die Summe bereitliegt!

Cohn beunruhigt: – Bereit? Wo?

Müller: – Zwei Möbelwagen haben wir mobil gemacht!

Cohn läßt die Gabel fallen: – Möbelwagen? Sind Sie meschugge? Wollen Sie mich in alten Hufnägeln ausbezahlen?

Müller: – Vierhundertfünfzigtausend Billionen Mark! Fein jebündelt! Ein Anblick für Jötter, Herr Cohn!

Cohn tobt: – In Papier! Sie Gauner! Betrug! Betrug! is das!

Ein Gast: – Was schreit der Cohn so?

Müller: – Weil er Geld bekommt!

Der Gast: – Und darum schreit er so?

Cohn wütend: – Geld? Papierdreck dieser verkrachten Falschmünzerrepublik!

Müller: – Herr Cohn! Vorsicht! Es sind Regierungsvertreter anwesend! *(Laut)* Also nehmen Sie die deutsche Mark oder nich?

Cohn: – Schiebung! . . . Ich nehm!

Flirtende um Jessi.

– Gnädiges Fräulein, werden Sie uns etwas vorsingen?

– Wenn Sie sehr bitten?

– Ich bitte Sie von Herzen! Was wird es denn sein?

– Etwas aus meiner Heimat! Ein Pogromlied!

– Sehr interessant!

– Ja, es ist sehr interessant! Besonders, wenn man es miterlebt hat!

– Himmel, sind diese Jüdinnen sentimental!

– Fräulein Jessi! Hören Sie mir zu! Dieses Milieu ist Ihrer doch unwürdig! Eine Bande von Schiebern und Geldraffern ohne Sinn für Höheres, ohne Sinn für Schönheit! Hören Sie auf mich! Kommen Sie zu mir!

– Ich verstehe Sie nicht?

– Verstehen Sie mich doch! . . . Denn nich! Wer nich will, der hat schon!

– Fräulein Jessi, wollen Sie morgen in meinem Wagen nach Potsdam?

– Ja, gern!

– Können Sie sich nicht den ganzen Tag frei halten? Bis zum Abend?

– Das heißt: Sie möchten mit mir schlafen?

– Na, ich wollte das ja nich so direkt sagen! Aber es wär ja furchtbar nett von Dir!

– Warum nicht? Wenn Sie mir gefallen!?

– Also morgen! . . . So eine schamlose Person!

– Fräulein Jessi! Ahnten Sie, wie ich Sie liebe . . .

– Sie auch? Gehen wir lieber trinken!

Müller vertritt ihr den Weg: – Jessi!

– Herr Rechtsanwalt Müller?

– Ich muß mit Dir sprechen!

– Sind Sie vielleicht eifersüchtig?

– Mach die Zigarette aus! Was soll dieser Unfug?

– Ich amüsiere mich!

– Bist Du Dir klar, was auf dem Spiel steht?

– Für mich: nichts mehr! ... Ich habe es heute dem Arzte angesehen!

– Hysterisch! Weiter nichts! ... Nimm Dich zusammen! Denk daran, was Du Deinem Vater schuldest! *(Jessi sieht zu Boden.)* Ich als Fremder denke mehr an ihn! Das Waffenlager marschiert gegen Berlin!

Jessi erschrickt: – A Pogrom? ... Wer hat uns verraten!

– ... Keinen Ton jetzt. Nichts läßt Du Dir anmerken! Kümmre Dich gefälligst um die Gäste ...

– Ich kann nicht! Ich habe Fieber! Ich bin krank!

– Das ist im Augenblick gleichgültig! Wichtig ist der Vertrag! Ich habe Kaftan eine Rede eingepaukt! Ich brauche Stimmung für Kaftan! Du wirst Deine jüdische Sache singen! Ich brauche Stimmung für die Juden! Stimmung und Betrieb! ... Los! Mach Dich niedlich! ... Dein Vater!

Alles wendet sich Kaftan zu.

Auf der obersten Stufe vor dem schwarzen Vorhang Kaftan im Frack, den seine Mächtigkeit zu sprengen droht. Breitbeinig. Ein wenig wüst von Trunkenheit. Mit der Rechten ein Sektglas umklammernd, mit der andern Worte suchend:

– Willkommen! ... Willkommen! ... af Aich ... Willkommen, maine gute ... meine Gäste — Ich ... Kaftan, Herr Kaftan bagrieß Aich —— Kaftan bagrießt Berlin – Aich, fardus, wos er geworden is. Jo! ... fun ormen jid ... fun ... fun ... *(Erinnernd)* Ai! hot mer mich gehetzt! Unter Nicolai, kein ruhigen Tag gedenk ich nischt, nicht ich, nicht Voter, nicht Sejde! Ai! Ai! Ai! Unter Poilen Pogroms! melchome Krieg! Jidn! Jidn! Jidn! gefallen! gefallen! gefallen! ... *(Gebärde)*: Loifn! ... *(Besinnend)* Man muß ehrlich sein! Jo! ehrlich! Is man ehrlich wie Joissiph in Ägypten: dann werd ich Kaftan ... tja fun Ägypten!

dann werd ich Kaftan wie Joissiph in Mizzrajim, der Aich bringt Wohlstand und Reichtum *(sein Glas erhebend)* . . . Ich der Herr! Ich der Herr! . . . *(Unruhe unter den Gästen)* Seid Ihr unzufrieden, meine Gäste? Hot Ihr nischt? *(befehlend)* Alle fischen – alle fleischen – alle äpfelsinen – wein mit Champagner – mit Lekkach: Eßt und trinkt! Ich hob gesogt: Ihr solt sein reich! Und Ihr wart reich! Ich sog: Ihr solt trinken! Ich sog Aich: Lechajim! Prosit Lechajim! Ich sog: Musik soll spielen! Ich sog: Jessi, main Tochter soll Aich singen!

Ein Quartett intoniert die Paraphrase über das Volkslied. Kaftan dreht sich zum Vorhang, den Rücken gegen das Publikum gekehrt.

Die Gäste: – Na, das ist doch der Höhepunkt . . . Haben Sie das gehört? . . . Jüdische Chutzbe!

Müller umherlaufend: – Bitte, meine Damen und Herren, behalten Sie doch Platz. Herr Kaftan is'n bißchen anjeschickert! Meine Damen und Herrn! Das verehrte Fräulein Tochter unseres verehrten Herrn Gastgebers wird sich erlauben, unsere verehrten Gäste mit einem jüdischen Couplet zu erfreuen.

Die Gäste: – Bravo! Bravo! Silentium für Fräulein Kaftan!

Der Vorhang öffnet sich.

Jessi. Sie hat einen kostbaren Bauernschal über das Abendkleid geworfen.

Jessi singt:

Die wilden Katzapes
Mit ihren Lapes
Sie hobn uns alle vardorben,
Die Haiser erbrochen,
Die Mutter derstochen,
Der Voter fun Zores gestorben.

Kaftan mit vorgestreckten Armen lauscht. Leise singt er die Endzeilen mit.

Gemurmel der Gäste: – Dolle Sprache! ... Ulkig, was? *Musik.*

Kaftan, während des Folgenden immer lauter mitsingend, tänzelt rückwärts die Stufen herab.

Jessi singt:

Der Bruder is geworen
Entbrännt fun Zorn,
Er hot den Merder derstochen;
Nor ein Jid muß Schmach tragn,
Er tor nit Rache wagn,
Men hot ihm in Eisen geschlossn!

Kaftan schon im Saal, immer heftiger, immer schmerzlicher tanzend ... Gekicher der Gäste.

Ein Reichswehroffizier nimmt Müller beiseite:
– Müller! Befehl von Potsdam: Alles alarmbereit!

Müller, Hände an der Hosennaht: – Zu Befehl, Herr Oberleutnant!

Der Offizier: – Sie sorgen für Ruhe und Ordnung.

Müller: – Zu Befehl, Herr Oberleutnant!

Jessi singt:

Die wilden Katzapes
Mit ihren Lapes
Sie haben die Jidn derschossen ...

Fernes Maschinengewehrknattern ... Erstarren der Gäste.

Müller hinaufrufend: – Vorhang! Vorhang! ... Herr Kapellmeister, einen Foxtrott. Na, Mensch! Beeilen Sie sich doch! ... Meine Damen und Herren! Das Tanzvergnügen beginnt!

Die Musik spielt Foxtrott. Gewehrsalven näher.

Jessi schreit: – Vater, Deine ...!

Ein Gast schreit: – Waffen!

Ein zweiter Gast: – von Jüterbog!

Panik der Gäste: – Die Spartakisten! Die Hakenkreuzler!

Putsch von rechts! Nein, von links! Spartakisten! Hakenkreuzler! Spartakisten! Hakenkreuzler!

Man belagert die Fenster.

Putsch in Berlin.

Mörtelstaub raucht aus den Häuserblocks.

Die Dornenhecken spanischer Reiter wuchern als Dickicht in den leeren Straßen.

Zwei Zivilisten – Stahlhelm, umgeschnallt – rechts und links von einem Schilde:

Halt! Wer weitergeht, wird erschossen!

Und eine weiße Fahne, Aufschrift: Bürgerwehr.

Das trockene Geknatter unsichtbarer Maschinengewehre scheucht eine Menge Flüchtender vor sich her.

Der Bürgerwehrmann fällt das Gewehr: – Halt! Wer weitergeht, wird erschossen!

Einer aus der Menge: – Seid Ihr für die neue oder die alte Regierung?

Der Bürgerwehrmann: – Wir schützen den Staat!

– Keene Menkenke! Der alte Staat hat Leine jezogen und sitzt in Dresden, und der neie is noch nicht injetroffen! Jetzt heißt's: Farbe bekennen!

Der Bürgerwehrmann: – Wir stehen für Ruhe und Ordnung!

Maschinengewehrsalve. Stürzende. Flüchtende!

Silberstein verstört: – Lassense mich durch, Herr Soldat, um Gottes . . . Ach, Herr Eisenberg! Ich hätt'se beinah nich wiedererkannt!

Der Bürgerwehrmann weist auf das Schild.

Und Silberstein: – Ich bin doch der Silberstein! Mir kenn'nse doch nebbich durchlassen!

Der Bürgerwehrmann: – Ich kenne keine Silbersteins mehr! Ich kenne keine Eisenbergs mehr! Ich kenne nur noch Soldaten!

Maschinengewehrkanonade.

Schreie: – Mörder!

Bismedresch in der Grenadierstraße.
Das Gesumm und Gewühl im verschwelten Raume erhitzt zum Siedepunkt.
Aufgestört der Schwarm der Gläubigen.
Nur um den Rabbi die Talmudeifrigen in unveränderter Gelassenheit.
Der Rabbi singend: – Asoj vil wi samt beim jam und wi stern afn Himml . . . Wos haißt . . . asoj groiß die Zuol wi samt beim jam und wi stern afn Himml . . .
Fragen die andern: – Is doch die kasche: farwus samt un jam?
– Wenn die Jidn sennen kille sake, sennen nit – sindig, demolt sennen sei verglichen zu die Stern am Himml; sennen die Jidn ober sindig, demolt is: k'chol hajom geglichen zu samt, wos jeder kenn tretn af ihm . . .
Und der Stadtmeschuggene auf seiner Wanderung: – Itzt kummen sei, Aich tretn!
Mendel: – Hot ihr geheert, wos er redt, der Meschuggene? Sei kummen, uns tretn!
– Loß ihm redn! Gojim schießn Gojim! Wos ahrt uns die Revolutzje?
Ferne Schüsse. Stille im Raum; nur das Murmeln der Talmudeifrigen.
Und leise: – Men derzählt schoin!
– Wos derzählt men?
– Jidn geschlogn! . . . Jidn derschossen! . . . Meschiachs Zeitn!
Und lauter und lauter: – Meschiachs Zeitn! . . . Meschiachs Zeitn!
Einer herein: – Sei kummen! Sei kummen!
Gekreisch und Gebete: – Meschiachs Zeitn! . . . Rebboinoi schel oilim . . . Derbarm Dich, Voter im Himml! . . . Aschre ho isch . . .

Der Stadtmeschuggene wandernd: – Hit sich far Fremde!
Die andern: – Hit sich far die Gojim!
– Hit sich far die Jahudim!
Mendel schreit: – Hit sich far Fremde! Mir wellen bazohlen far Kaftans Sindn!
Schüsse ganz nah. Flüchtende, Frauen und Kinder herein. Alles drängt zum Tisch des Rabbi. Der Stadtmeschuggene stellt sich mit ausgebreiteten Armen entgegen: – Fremde! Jahudim! Gojim! *(mit einer Gebärde des Wegwischens)*: – ... Oisstehen ... wellen ... die ... orme ... Lait! ...

Die Gesellschaft noch in Erregung: – Gott im Himmel! Was müssen wir ausstehen!
– Meine Nerven! Meine Nerven!
– Das Schrott! Das Schrott!
– Das Schrott! marschiert! Wo ist der Minister?
– Futsch das Schrott! Futsch das Geld! Wo ist Kaftan?
Müller packt den flüchtenden Cohn: – Wohin, Herr Cohn?
– Raus aus der Konkursmasse!
– Und der Kredit?
– Der war für die alte Regierung!
– Herr Cohn, eine Bitte noch! Nehmen Sie mich in Ihrem Wagen mit!
– Nich in die Lamäng!
Müller streift sich die Armbinde mit Totenkopf über:
– Herr Cohn, ich rate Ihnen! Mit mir fahren Sie gut!
– Müller, Sie sind ein Köppchen! Steigen Sie ein!
Jessi tritt Müller entgegen: – Müller! was ist geschehen?!
Müller in Heldenpose: – Was geschehen ist? Das Vaterland ist befreit! Sieg den Waffen von Jüterbog!
Ein Gast ruft aus: – Der Putsch stockt!
Müller: – Was sagen Sie? Der Putsch stockt?

Ein zweiter Gast: – Rückzug der Truppen!

Ein dritter: – Da kommt der Minister!

Ein vierter stellt den Minister: – Herr Minister! Was ist geschehen? Im Namen der Republik! Sagen Sie uns die Wahrheit!

– Äh, gar nichs! In dr Grenadierstraße ham sie e bißchen geplündert!

– Wichtigkeit! Und weiter?

– Nu, das is äbn allis!

– Idiot!

Eine Dame: –Weiter nichts? Da können wir ja weitertanzen!

Die Tanzmusik setzt wieder ein.

Jessi steht starr: – A Pogrom?

Müller verbeugt sich: – Fräulein Jessi, ein Foxtrott?

Jessi blickt ihn an.

Müller: – Verzeihung! *(Er streift die Armbinde ab.)*

Eine Gruppe von Geschäftsfreunden umringt Kaftan:

– Kaftan! Kaftan!

– Kaftan! Sie haben eine Schweineglück!

– Prosit, Kaftan!

Ein Herr im Frack: – Prosit! Herr Kaftan! Einen janz Speziellen im Namen der Reichsbank!

Die Gruppe umdrängt den Frack: – Ist es wahr, Herr Geheimrat?

Der Frack: – Keine Sorje, meine Herren! Jeder Umsturz von rechts oder links is sozusagen automatisch abjedrosselt infolge Jeldmangels! Wir haben stabilisiert!

Ein Gast: – Was bedeutet das?

Der Frack: – Das bedeutet: Die Inflation ist zu Ende!

Cohn tritt vor: – Entschuldigen Sie, Herr Geheimrat! Und was bedeuten dann vierhunderttausend Billionen?

Der Frack: – Den realen Jejenwert in juter . . . deutscher . . . Währung!

Cohn bricht in ein irrsinniges Gelächter aus . . .

Im Zimmer des Generals von Stechow.
Die große Generalstabskarte von Berlin und Umgegend bedeckt eine ganze Wand. Anwesend drei Offiziere vom Bund der Acht in schweren gelbzottigen Pelzen. Stahlhelme mit Totenköpfen; Handgranaten am Gürtel.
Der Leutnant mit schallendem Gelächter ins Zimmer:
– Die Rejierung is ausjekniffen!
– Olle Kamellen!
Der Leutnant: – Heute abend wird in Berlin vielleicht was jefällig sein! Solennes Siegesessen bei Hiller!
Offizier I, weniger optimistisch: – Noch sind wir nich da, Kamrad! . . . Exzellenz wird die Sache schon vasieben! . . . der olle Büchsenhummer is ja lebendem Menschenmaterial absolut nicht mehr jewachsen! Zum Einmotten!
Das Telephon schrillt.
Oberst am Hörer: – Hallo hallo! . . . Jawoll! Redense doch schon! . . . *(hängt ab)* Na ja! Endgültig Essig! Regiment Niederbarnim, zwei Kompagnien Jüterbog bereits zu lohnenderem Zivilberuf übergegangen. Und unser Riesenroß läßt erst noch in aller Gemütlichkeit bei Pfaueninsel 'ne Brücke schlagen!
– Wozu das?
– Aus Jründen der Unzweckmäßigkeit!
– Wir Rindviecher, wir Rindviecher! Sechs Monate in Jüterbog Sand gelatscht, daß einem die Industriebonzen zurückpfeifen wie 'ner Koppel Hunde. Wenn's ihnen in den Valutakram paßt.
– Von wem reden Kamerad?
– Riecht doch 'n Blinder, woher der Wind weht! Als Meute für die Proletariertreibjagd sind wir gut, bis Schlotbarone ihren Rebbach im Trocknen haben. Dann kommt das große Halali. Und wir sitzen im Zwinger mit Zivilversorgung!

Der General. Vergreist. Verbissener und unsicherer als einst: – Na, meine Herren, heute nacht stehn wir, so Jott will, in Berlin ... Oder ... meinen Sie nich ...?

– Mit'm kleinen Ausflug über die Pfaueninsel!

Der General: – Wird ein heißer Tag werden! Aber meine Kerls gehen für ihren General durch dick und dünn ...

– Die Truppe weiß überhaupt nischt von Exzellenz!

Der General: – Aber die Leute müssen doch merken? ...

Offizier I leise: – Wir haben ooch schon verschiedenes gemerkt!

Der General zieht den Leutnant ins Gespräch: – Sehnse ma, Herr Leutnant, meine Idee mit der Umgehung bei der Pfaueninsel, jenau wie seinerzeit bei Méricourt ...

Der Oberst antwortet: – Zu einer Umgehung, Exzellenz, gehören zwei! Wen solln wir denn umgehen? Vielleicht die Pfauen und die Wasserhühner?

Der General: – Jawoll jawoll, eben eben! Aber man muß die Chose doch taktisch richtig ...

Der Oberst: – Seffaständlich! Warum denn einfach, wenns auch kompliziert jeht! Mojn, Exzellenz!

Haltung. Hackenknallen. Ab.

Der General: – Da soll doch der Deibel ... Herr Major! Telephonieren Sie an Regiment Niederbarnim, zwei Kompagnien sofort sturmbereit Richtung Heerstraße ... Worauf warten Sie denn noch?

Der Major (widerwillig, doch mit einem Rest von Subordination, schlenkert zum Telephon, das im gleichen Augenblick losbimmelt): – Hier Jefechtsstand Oberleitung!? *(horcht, pfeffert den Hörer hin)* Exzellenz! Janze Aktion bereits seit zwei Stunden abgeblasen! Sämtliche Soldzahlungen höheren Orts beschlagnahmt! – Jetzt könn'n wa uns auf der Pfaueninsel 'n Sommerhäuschen mieten! ... Ich hab die Neese plein! *(Hackenknallen,*

Haltung. Dann zum Leutnant) Sie bleiben wohl noch 'n bißchen? *(Ab.)*

Wie der Leutnant seinem Beispiel folgen will, der General: – Halt! Sie bleiben! Ich, General von Stechow, trage die Verantwortung! Wenn Tausende fallen zu meiner Rechten und Tausende zu meiner Linken: ich stehe da! Verstehen Sie, Herr! Die Verantwortung für mich und meine Truppen! Voll und ganz!

Der Leutnant an der Tür: – Wir erwarten auch nischt andres mehr von Ihnen!

Haltung. Hackenknallen. Ab.

Der General von Stechow allein: – Wech! Alles wech! Allein! . . . Feiges Korps! Arschkriecher! Feiglinge! . . . Ich trage die Verantwortung . . . *(Er hockt am Tisch, sein Finger fährt über die Generalstabskarte. Die Tür öffnet sich lahm).*

Der Bursche sagt verblödet auf: – Die Franzosen haben die Brücke gegenüber von den alten Gräben besetzt!

– Is jut, Jungchen! Jeh nur raus! ich will allein sein! . . . Weitermachen! *(nimmt die Pistole vom Tisch; entsichert sie umständlich, richtet sie gegen die Brust genau über dem Stern des Roten Adlerordens. Vor dem Bilde Wilhelms I.)* – Majestät! General von Stechow meldet sich nach erfüllter Pflicht . . . *(drückt los)* . . . Weitermachen!

Cohn brüllt vor Lachen.

Das Gerücht durchläuft die Gesellschaft: – Es wird stabilisiert! Mark gleich Mark! . . . Schulden sind Schulden! . . . Lieber Gott! Lieber Gott! Gib uns unsere Inflation zurück!

Die Tänzer verlassen die Partnerinnen und strömen zur Kaftangruppe.

Cohn: – Ach bitte, eine kleine Information noch, Herr

Geheimrat! Bloß daß man weiß, wie man liegt! Was schuldet z. B. Herr Kaftan jetzt so der Reichsbank?

Der Geheimrat: – Die ganze Summe natürlich! 450000 in Gold!

Cohn prustet los: – Denn is er ja pleite!

Geraun der Umstehenden: – Kaftan pleite! Kaftan geplatzt! . . . *(und der Name macht die Runde in allen Betonungen):* – Kaftan! Kaftan! *(Und kurz hinterdrein):* – Pleite!

Kaftan blickt um sich: – Nein! Nein! Noch bin ich Kaftan! Ministoren! Bankdirektoren! Meine Gäste! Ihr seid mir Schuldner! Ihr sollt bazohlen!

Er stürmt die Treppen hinauf.

Der Geheimrat zu Cohn: – Lachen Sie doch nicht immer! Ich finde es höchst traurig!

Cohn: – Ich find es auch sehr traurig! Aber es ist zu komisch! zu komisch!

Der Geheimrat: – Der Staat ist betrogen, und Sie lachen!

Ein Gast: – Wir sind betrogen, und Sie lachen! Ehrbare Kaufleute betrogen vom Staat. Wir alle!

Echo der Gesellschaft: – Wir alle!

Die Gesellschaft steht mit einem Schlage verarmt und grau: eine Schar von Bettlern –

Kaftan mit dem Hauptbuch: – Ihr alle seid schuldig! Hier steht es Zahl um Zahl! 150000 zu Lasten des Bankhauses Israel und 60000 Bethlehem Kupfer . . . 73000 in fälligen Wechseln der Altmetall Leder und Munition und 85000 der Brotfabriken G.m.b.H. und 34000 . . .

Die Angerufenen, einer nach dem andern, stehlen sich schleichend fort . . .

Kaftan: – Helft mir, Gäste! Meine Gäste! Helft mir, Menschen! Helft mir, Jidn – Jidn – Jidn! – *(Schleudert das Hauptbuch in den Saal. Zwei kurze Aufschreie)* Ai! Ai! . . . Meine Gäste! . . . Tellerlecker! . . . Feiglinge! . . .

Jessi: – Müller! Helfen Sie doch! Helfen Sie meinem Vater! Ihrem Freunde!

Müller: – Der Herr ist mir unbekannt! Kommen Sie, Cohn! Wir schleppen den Zaster ab!

Cohn: – Was heißt: wir?

Müller: – Cohn, ich rate Ihnen! Wenn ich nicht bürge, haben Sie nicht acceptiert!

Cohn: – Sie Gauner! Kommen Sie!

Jessi: – Müller! Pogrom und Putsch! Mein Vater und ich! Ihr seid schuldig! Ihr sollt ... *(Ein Anfall durchschüttert sie.)*

Müller stößt sie zur Seite: – Schert Euch nach Galizien, verdammte Judenbande!

Jessi, das Taschentuch vor dem Munde, greift nach ihm. Silberstein steht vor ihr, sieht sich um: – Verßeihn Sie! Ich bin zwar nicht eingeladen! Aber könnt ich vielleicht Herrn Kaftan ...

Jessi mühsam: – Was wollt Ihr fun mein Vater?

Silberstein: – Ich wollt ihm sagen, er soll e bißchen verreisen! Man redt so von Staatsanwalt und Strafanzeige! Und wenn man redt, is schon faul!

Jessi: – Mein Gott! Woher wißt Ihr?

Silberstein: – Woher? Silberstein weiß doch nebbich immer! *(Er verschwindet.)*

Jessi reißt die Tür zum Comptoir auf, wo das Geld sich stapelt: – Vater! Vater! Sie kommen, Dich ... fliehen ...! *(Der Stapel scheint einzustürzen – Jessi hält sich die Augen zu. Jessi wankt und schlafft, in kreiselnden Schwindeln, nieder.)*

Straße.

Der Straßenkehreroberaufseher mit zwei Straßenkehrern, Besen, Schippe und Karre.

Der erste Straßenkehrer fegt einen Haufen Papier zusammen:
– Mensch, das war mal schwerreich gewesen!
Wenn das mal alles einer besessen,
Wies nischt zu fressen gab – dafür gab es zu essen!
Der Aufseher: – Kommt alles untern Besen! Kommt alles untern Besen!
Der Erste: – Dafür warn wir mal
Alle zu haben,
Weil man dafür alles
Haben konnte,
Weil das mal Geld war,
Weil man dadafür stritt!
Der Zweite: – Dreck!
Der Aufseher: – Weg damit!
Der erste Straßenkehrer fegt einen kullernden Stahlhelm: – Mensch! Das war mal die Macht gewesen!
Das hat mal auf einem Koppe gesessen!
Und dafür gab man dem Kopp was zu fressen!
– Kommt alles untern Besen! Kommt alles untern Besen!
– Das hat mal den
Stahlhelm getragen,
Weil der mal an der
Macht gewesen,
Weil das mal Geld war,
Weil man dadafür stritt!
– Dreck!
– Weg damit!

Kaftan, in seinem Turmzimmer, mit Schlüsseln rasselnd, öffnet den Geldschrank, kramt, reißt einen großen Vertrag aus dem Innern, hält ihn: – Hundert Dollarn! Hundert Dollarn! Den Dollar zu zehntoisend Mark . . . Scht scht!

stört, bitte nit! Kaftan rechnet! Kaftan spricht! *(zählt an den Fingern)* Mit einem Dollar kenn ich abkoifn Haiser! Und Menschen! Zu essen un zu trinkn! ... mit einem Dollar kenn ich abkoifn ganz Berlin ... un es werd Meine ... Meine ... meine Flaisch! meine Menschen ... meine Gäste! Mein Berlin! ... Gitn Tog! Gitn Tog! Gitn Tog! ... Wu bist du, Berlin? Fun Himmel hot sich a nebeldick Tuch vor meine Oign arubgeloßt ... und ich seh Dich nischt Jessi, wu bist Du Jessi meine Dollarn? Wu werd ich Dich gefinnen, as der Oiberschter sich hot areingemischt ... Du west besser, bald besser besser besser *(und im Tonfall des Nigen)* besser ... Lign! Lign! Talmud aweg! Farwus lernt Ihr Gemore, farwus Talmud? Lign! Lign! Scheker! ... Hit sich far Fremde? Ich will Aich helfn, Jidn! Hungert Ihr? Ich will Aich speisen! Alle fleischen! alle fischn! Alle Äpfelsinen! Wein mit Champagner,mit Lekkach! Eßt und trinkt. .. Ich will Aich lehren, Menschen! Aier Talmud, Aier Thefille soll sein: Geld, Geld, Geld! Ruft Ihr: Schieber! Kaftan ein Schieber!? Seit wann sennen Prozente christlich, sennen Prozente jidisch? Seid Ihr nit zufrieden? Bin ich nit Kaftan? Herr Kaftan? und hob gekoift far hundert Dollarn ganz Berlin – und hett Aich hobn gekunnt far einen allein? Und hot Ihr nischt genummen meine Tochter Jessi? Handelt Ihr mit Leichen! Wos tu ich mit Airer Liebe, wos tu ich mit Airem Brot, wos tu ich mit Airen Dollarn? Ich will hobn, wos ich kenn fordern far mein gutes Geld! Ich will nit begehren Aire Dollarn, nit toit, nit lebedick! Git mir ob, wos Ihr mir seid schuldig: Aier Fleisch! Dollar far Dollar! Fleisch far Jessi! es ist eine groiße Summe, aber weil es ist eine groiße Summe, sollst Du sie hobn! ... *(Es klopft an den Türen. Gestalten erscheinen in allen Türen.)* Richter, kluger Richter, kluger gerechter Richter! Ich fordere meine Tochter, mein Fleisch! Git mir ob mein Tochter! Git mir ob mein Fleisch! ...

Während er, den Vertrag schwingend, mit diesen Worten schon die Treppe hinabeilt, graut der Morgen in den Saal. Und im Saale latschen von allen Seiten graue welke Frauen hervor: die Chewra Kaddisha verrichtet ihr Amt. Sie hüllen Jessi in ein Tischtuchlaken, sie verhüllen die Spiegel, sie zünden die Kerzen!

Ein Alter sitzt und verrichtet das Totengebet.

Kaftan jubelnd von der Treppe: – Jessi *(verstummend und aufschreiend)* Jessi?

Die Frauen schaffend:

– A bissl Maschke möcht ich itzt hobn!
– A weiter Weg! Und es fohr nit ka Bahn!
– Oijoijoi! Zerbrochen wie a Scherben!
– Borech dajen emmes ...

Kaftan, verhüllt, folgt abseits hockend der Zeremonie ... Bis man Jessi senkt in den Sarg, anhebt und hinausträgt. Wie der Sarg, gefolgt von Kaftan, gefolgt von den Frauen, die Straße erreicht, zieht ihm entgegen in militärischem Gepränge, beladen mit Kränzen, mit schwarzweißroten Fahnen der Leichenkondukt des Generals, geleitet von Offizieren. Leichenzüge aus allen Windrichtungen. Alle treffen sich in einem Punkt, wo ein Schupo placiert ist. Der Schupo gibt ein Zeichen.

Alle Leichenzüge rückwärts vor dem einen des Generals, der siegreich hinüberzieht ...

Vierter Teil
Mah nischtaneh . . .

. . . In des Festes heilgem Banne
Übernahm ich meine Rolle,
Hocherglüht das Mah nischtaneh
Sprach ich, das geheimnisvolle:

Warum ist nicht gleich den andern
Diese Nacht? Und woran mahnen
Diese Bräuche? Warum wandern
Wir nicht heim zum Sitz der Ahnen?

Antwort kam von bärtgen Lippen
In der Kehllautsprache Mosis,
Und die Gäste durften nippen
Ihres Weins gemessene Dosis.

Unberührt nur blieb ein Becher!
Furchtsam sperrt ich auf die Türe,

Daß ein Pfad den Segenssprecher
Gottes leise zu uns führe.

Doch kein Geist stieg zu uns nieder,
Und der Wein blieb ungenossen,
Und der Vater goß ihn wieder
In die Flasche unverdrossen –

Mah nischtaneh? Andre Fragen
Sind es, die die Welt bewegen!
Laß den Traum von dunklen Sagen,
Heller Zukunft wach entgegen!

Längst schon in verlorner Gasse
Folgst Du falschem Ahnenruhme –
Heb Dich über Stamm und Rasse
Auf zu reinem Menschentume!

Lockt der Passahbecher wieder?
Klafft die Türe? Tönt das Singen?
Ach, es steigt kein Geist hernieder,
Und Du mußt empor Dich ringen!
(Sigmar Mehring)

Auf dem konkursgedüngten Boden der Inflation ist über Nacht das neue Berlin ins Kraut geschossen: mit Überboulevards, mit Superbrodways. Abrasiert die Ornamente in neuer Sachlichkeit. Aufgestockt die Gebäude zu Wolkenkratzern in den Grenzen baupolizeilicher Vorschriften. Großstadtverkehr, so preußisch geregelt, daß er das Durcheinander aller Metropolen übertrifft.
Der Kurfürstendamm, in Spitzenleistung zum Zentrum sich wandelnd, birgt seine Fassaden noch hinter Baugerü-

sten wie eine Weihnachtsüberraschung. Wie der Kriegsgewinnler dem Inflationsgewinnler: unterliegt dieser dem Deflationsgewinnler.

Ein knallbunter, künstlerischer Bretterzaun cachiert Kaftans Haus.
In leuchtenden Lettern:
Dies alles wird Bankhaus Cohn & Co.

Neu-Berlin, Müller und Cohn an der Spitze, zieht ein.
Als Gott uns beschert die sieben Hungerjahr,
Da haben das Korn wir gescheuert –
So teuer das Wohl unsrer Heimat uns war,
So haben das Korn wir verteuert.
So zehrten wir Magern vom Fette uns feist,
So schwoll uns der Mut – so glaubten wir dreist,
Daß auf den Glauben – der andern noch Verlaß ist.
Wir hielten durch,
Jetzt sind wir dran!
Wir beten, daß der arme Mann
Stets in unserm Besitze zu Gast ist.
Was ist der Unterschied,
Was unterschied die fette von der magern Zeit?
Zu jeder Zeit – sind wir bereit,
Wir bauen auf!
Wir bauen auf die Gläubigkeit
Und tuen recht – recht spekuliert,
Was auch regiert:
Wir tragen stets die Fahne!
Kaftan: – Mah nischtaneh? Mah nischtaneh?
Der neue Besitzer Cohn, geleitet von seinem Sozius Müller, betritt Kaftans Turmzimmer. Und schaut sich um: – Das is also der Rest von der ganzen Herrlichkeit?

– Tja, Herr Cohn!
– Und das war sein Schreibtisch?
– Tja, Herr Cohn!
– Silberstein will ich heißen, wenn ich hier keine Geschäfte mach'!
– Jewiß, Herr Cohn! Und da ist der Geldschrank!
– Aha, der Geldschrank! Wolln mal sehn, was er uns übriggelassen hat! Gutes System! Verflucht, geht der schwer auf! Da klemmt sich was! Was klemmt sich denn da? wirst du aufgehn, du Biest . . . *(reißt ihn auf. Ein Strom von Papieren ergießt sich aus dem Innern)* . . . Himmel, Arsch und Wolkenbruch! Sehen Sie, ich hab Ihnen immer gesagt, man soll nich gegen die gute deutsche Valuta spekulieren! Sowas rächt sich. Was ist das? Ein Vertrag mit dem geplatzten Eisenberg! Ein Dreck! . . . Was ham Sie da? Ham Sie was gefunden?
– Hundert Dollars!
– Ein Dreck! Aber behalten Sie sie! Sowas kann man immer brauchen!
– Danke, Herr Cohn!
– Hibsch eingerichtet sonst! Bloß zu sehr Parvenu! Lieb ich nicht! Bestelln Sie dem Architekten, daß er das wegmacht! Keine Erinnerungen!
– Und prächtige Aussicht, Herr Cohn, über ganz Berlin!

Und sie treten ans Fenster.

Kaftan vor dem Hause: – Fargessen! Farloren! Wu ist der Weg, wu bin ich gekommen zu gehn? Wu is mein Eigen? Mein Haus? . . . Mein Eigen!!

Es sammeln sich Leute: verhärmte Kleinrentner, Bettler und Krüppel.

Ein nobler Portier tritt aus dem Eingang: – Sie, Männeken, wen suchen Sie denn hier?

Und Kaftan, die Stirn sich hämmernd: – Ich such . . . ich such . . . nit . . . fargessen! . . . Aber wer wohnt hier?
– Sie kenn' wohl nich lesen? Steht ja jroß und breit dran: Bankhaus Cohn!
– In . . . mein . . . Haus?
– Wat heißt: Ihr Haus? Bei Ihn'n is noch nich ma im Oberstiebchen richtig! Schern Sie sich fort!

Kaftan gegen den Zaun trommelnd: – Macht Platz! Ich fordere!

An allen Fenstern Neugierige.

Die Menge unten formiert sich. Einer:
– Macht Platz! Wir legten sieben Jahre Hunger an!
Wer zieht Profit? Wer ist jetzt schuld daran?

Müller am Fenster: – Kaftan!
– Wenn wir am Krieg verloren – wer gewann?
– Kaftan! Kaftan!
– Wer soll jetzt bluten – und wen klagen wir jetzt an?

Aus allen Fenstern unter Gelächter: – Kaftan! Kaftan! Kaftan!
– Was zahlt Ihr uns – uns allen – für den einen Mann?

Müller: – 100 Dollars für Kaftan!

Die Menge: – Schiebung! Schiebung *(und zieht weiter.)*

Und oben Cohn: – War das?
– Kaftan! Ich hab schon'n Haftbefehl durchgedrückt!
– Haftbefehl? Pollezei? . . . Hörnsema! Ich will Ihnen gleich was für den Beginn Ihrer Tätigkeit einschärfen: Handeln Sie! Mich lassen Sie aus dem Spiel! So! Und nu ran an den Aufbau! Vorwärts!

(Sirenentuten.)

Müller: – Feste druff!

(Fabrikschlote-Sirenen.)

Kaftan: – Wu ahin?

Militär schwärmt von den Fabriken aus.

Der Zug der Verarmten und Kleinrentner:
– Wohin mit uns? Wer herrscht jetzt hier?
Das Militär: – Wir!
– Ihr triebt uns – Wer vertreibt uns hier?
– Wir!
– Wir gingen drauf – Was bleibt bestehn?
– In Reihn gesetzt! Marsch! Marsch! Weitergehn! Weitergehn!
Der Zug der Bettler und Krüppel treibt Kaftan mit sich fort:
Als die Erde schlugen die sieben Hungerjahr,
Da waren wir Armen wohl gelitten!
Da schlug unsre Stunde – die Stunde der Gefahr
Und wir haben gekämpft – und gelitten!
Aus Blut ward Gold – aus Gold ward Schrott!
Wir versoffen im Geld! – Das Geld war der Gott,
War der Gott, der der andern Verlaß ist!
Wir hielten sie durch!
Wann sind wir dran?
Solange noch der arme Mann
In fremdem Besitze zu Gast ist?
Was ist
der Unterschied?
Was unterschied die magre von der fetten Zeit?
Zu jeder Zeit – sind wir entzweit!
Man baut uns ab!
Man baut auf unser Not und Zwist!
Was ist uns Gott? – Ob Jud – ob Christ,
Wenn es ein armer Teufel ist!
Wann tragen wir die Fahne?
Stimmen des Ghetto: – Mah nischtaneh! Mah nischtaneh!

Die Grenadierstraße.
Schußwunden an den Mauern wie weiße Riesenspinnen . . .
Ein Volltreffer legte ein Haus mittendrin in Schutt . . .
In den obern Etagen fetzen noch die Tapeten, hängen noch Bilder, pendelt noch ein Kleinbürgertisch . . .
Ein Berg von Talmudfolianten. Irgendwer, dahinter verborgen, schleudert immer neuen Plunder darauf . . . Aus dem Gerümpel ragt allein der Misrach, mirakelhaft . . .
Kaftan irrend: – Nit do kain Haiser . . . Nit do kain Gassen . . . Allis zersteert . . . chorew allis . . . *(ruft)* Jidn! Jidn! . . . *(Stille)* . . . Wu is Bismedresch . . . Und welche die Schul . . . Me heert . . . *(horcht. Stille)* . . . me heert . . . nit kein jidisch Wort . . . Schweigt Ihr? Farwus kehrt Ihr sich ob fun mir? . . . Rebbe! Ich bedarf hubn far mein Tochter. Is nit far mir, is nit far mir! Jidn! Jidn! Ich hob Aich gewolt helfen! Rebboinoi schel oilim, helf mir! . . . Wu . . . gefinn . . . ich . . . mein Weg?
Der Stadtmeschuggene mit einer Hacke springt hinter dem Talmudberg hervor: – Hot Ihr nit kain Oign,
Rebb Jid? Seht Ihr nit, daß ich schaff do?
– Ihr schafft? Wos schafft Ihr?
– Chorew machn! Zersteeren! Zersteeren!
– Zersteeren? Is nischt genug zersteert? Farwus farstellt Ihr mir mein Weg?
– Aier Weg? Ich soll Aich Platz machen . . . dem Herrn? . . . Hot Ihr hundert Dollar? A Tochter bei mir . . . sie is krank . . . und arm . . . Nit far mir! Geld hat doch Geld gebracht! A Dollar arof, a Dollar arub . . . nu . . . hundert Dollarn!
Kaftan ihn beiseite schiebend, immer suchend:
– Hundert Dollarn! Wu? Do bin ich doch gegangen! Do bin ich doch gekummen? Allis chorew! Allis fremd! . . .

hit sich far Fremde! Wu hab ich Aich farloren Jessi, meine Dollarn?

Der Stadtmeschuggene, eilfertig, beginnt zu wühlen, als suche er: – Rebb Jid, eppes farloiren? Ich soll Aich helfn? . . . suchn helfn? . . . *(wühlt)* neinnein! Nit do, Rebb Jid! . . . *(kehrt sich die Taschen um)* ich hob nit zugenommen . . . *(wühlt und wirft Bücher)* . . . Do oich nit! . . . Do? nein! is die Thoire! . . . Aweg! . . . Und do, wus is geween Bismedresch! Nischt! Aweg! Gojim! Aweg! Jahudim! Aweg! Menschen! Dollarn! Eigens! Dein Eigens! Mein Eigens! Aweg! . . . Ober effscher is do Aier Geld? *(Nähert sich dem Misrach! Sucht. Schlägt ihn mit einem Axthieb um)* . . . Nein! Aweg dem Misrach!

Kaftan schreit: – Wu ahin itzt? Wu ahin zurück?

Der Stadtmeschuggene: – Nit do kein Zurick! Es soll sein ahi oder aher!

– Wu ahin soll ich, Kaftan! Herr Kaftan! Kaftan der Jid?

Der Stadtmeschuggene: – Aus Kaftan! Aus Zurick! Aus Allis! *(läßt sich fallen)* Kaftan ist toit!

Stimmen: – Omen! Omen!

Kaftan irrend: – Farloren! Fargessen! Hundert Dollarn!

Bahnhof Alexanderplatz.

Am Stadtbahnpfeiler ist ein Steckbrief angeschlagen:

450 Mark Belohnung! Flüchtiger Bankier!

Und darunter lebensgroß: Kaftans Bild . . .

Gaffer stehn herum . . .

Kaftan tritt heran: – Farwus bazohlt men die Hundert?

– 'n flüchtjer Bankier! Det is jetzt schon an de Tagesordnung!

– Die Herren, die kenn'n sich drücken, wenn't mulmig wird! Unsereens fliejt ins Loch!

– Det stinkt aus allen Löchern! Und die riechen nischt!
– Mensch! Wenn man den in die Finger krichte: von det Geld könnte man 'ne Woche Fettlebe machen!

Kaftan schiebt alle beiseite, betrachtet sein Photo, wendet sich an den Kreis der Gaffer: – Hundert! Hundert Dollarn! Wollt Ihr sie hobn? Ich kenn ihm, dem Kaftan! Ich weeß, wu er sich varborgen hält! Ihr sollt fordern die Hundert far Kaftan! Ihr sollt fordern die Schuld far mir! Far Kaftan! Ich bin Kaftan, der Kaufmann von Berlin!

Die Gaffer: – Der is knille!

Einer zeigt ihm den Vogel: – Mensch! Du und 'n Bankier! So siehste aus!

Ziehen lachend ab.

Kaftan am Eingang.

Oben poltert der Fernzug in die Halle.

– Wu ahin geh ich? Ich kenn gehen rechts ... und ich kenn gehen links ... und werd nischt gefinnen: kein Menuche! kein Gefängnis! kein Toid! ... Kein Zurick! ...

Aus dem Bahnhof tritt ihm jemand entgegen – ein Kaftan – ein anderer Kaftan – ihm gleich ... schaut sich um: – Kennt Ihr mir sogn, Rebb Jid, wuhin ich darf gehn nach de Grenadierstraße?

– Wer ... seid ... Ihr ... Wos sucht Ihr?

– Es lebt do in Berlin a Jid, wos hot verlossen unser Städtl mit hundert Dollarn. Fun unser Geld. Hot gefunnen Gold un Silber un derhoibn zu groißem kowet. Far unser Geld! ... Un mich hot men geschickt ihm oifsuchn!

– Kaftan lebt? ... Geht nit! Kaftan is toit!

– Kaftan toit? Blotte! Wie kenn er toit sein, as er is schuldig? Un as er is jo toit, is doch sein Schuld nit gestorben! Und as es is jo asoj: so well Ich Kaftan sein un fordern unsere, Kaftans hundert Dollarn! ... Nu, macht Platz! Ich gefinn schoin mein Weg! Aweg mit Aich!

– Kaftan ist nischt toit?

Der neue Kaftan beginnt stadteinwärts zu wandern . . .

Stimmen um ihn herum: – Streichhölzer! Streichhölzer!

– Komm, Süßer! Komm!

– Mojnpost! Mojnpost! Neue Börsenkatastrophe! Mojnpost!

Ein Kriegskrüppel läßt sich nieder: – Eine kleine Gabe, der Herr!

Kaftan ahmt ihm nach.

Der neue Kaftan gehend und singend: – Da kam der Heilige, gelobt sei er, und schlachtete den Todesengel, der geschlachtet den Schlächter, der geschlachtet den Ochsen, der getrunken das Wasser, das gelöscht das Feuer, das verbrannt den Stock, der geschlagen den Hund, der gebissen die Katz, die gefressen das Zickelein, das hat gekauft der Vater mein um . . . *(wendet sich noch einmal zurück)* Hundert Dollarn! Hundert Dollarn!

Von links und rechts tritt Polizeimannschaft an und formiert sich zu einer Wand, die beide trennt. Im Augenblick, da sie sich schließt, streckt Kaftan eine Bettlerhand aus: – Hundert Dollarn!

Oratorium von Krieg, Frieden und Inflation

Rezitativ:

So begann es: Im Jahre des Herrn 1914 schien des Wohlstands kein Ende und Mehrwert lohnte die Herren in solchem Überfluß, daß sie sprachen: unsere Kräfte erlahmen, und es sprach das Militär: Man achtet unsrer nicht mehr – und es sprach die Geistlichkeit: Amen!

Chor:

So zogen wir mit der eisernen Ration,
Um im Stahlbad vom Wohlstand zu gesunden –
So zogen wir, von der Mordkommission
Zum Erschießen tauglich befunden –
So zogen wir durch das Brandenburger Tor
Mit Haubitzen, mit Tanks und Granaten –
So zogen aus allen Winkeln von Europa hervor
Soldaten – Soldaten – Soldaten –
So stampfte ein Erdteil in gleichem Schritt und Tritt
Und es zogen Seuchen, Mord und Hunger mit uns mit –

In der schönen, in der neuen, in der schönen, in der neuen
In der schönen, neuen, grauen Felduniform. –

Rezitativ:

Da jammerten die Bürger, wir gaben Gold für Eisen, aber die Herren antworteten: Gott wird es tausendfach vergelten und die Feinde es zurückzahlen milliardenfach. Da weinten alle Mütter: Unsere Männer sind erschossen, unsere Kinder sterben unterernährt! Aber die Herren antworteten: Wir liefern! Da begehrte das Volk auf: Wie lange noch? Aber der Kaiser antwortete: Bis Gott mir den Endsieg beschert.

Chor:

So zogen wir Helden, auch das Frontschwein genannt,
In die Siegfriedsstellung ein.
Des Kaisers Rock verwanzt und die Lungen gasverbrannt,
Und die Krüppel gruben ihre Kameraden ein.
So zogen wir herrlichen Zeiten entgegen,
Um drei Millionen Tote in das Massengrab zu legen
In der schönen, in der neuen, in der schönen, in der neuen
In der schönen, neuen, grauen Felduniform.

Rezitativ:

Aber im Jahre des Heils 1918 geschah es, daß die Generale sprachen: Die Partie ist verloren! Da liefen die Bürger zum Feinde und bettelten: Frieden! Da revoltierte das Volk und die Matrosen und das ganze Heer: Her mit den Schuldigen! Aber die Herren sprachen und antworteten nicht mehr!

Chor:

Die roten Fahnen in Prothesen,
So zogen wir zum Schlosse ein.
Die Lungen, kaum von Gas genesen,
Die konnten nicht mehr Freiheit schrein –
So kamen sie, den Weg zu sperren,

So hat die Heimat uns bekriegt,
Der Krieg besiegte unsere Herren,
Das Vaterland hat uns besiegt!

Rezitativ:

Da erschien der Feind und sprach: Ihr müßt zahlen! Aber da war alles Gold gewandelt zu Papier. Da besetzte der Feind das Land und sprach zum zweiten Male: Ihr müßt zahlen! Und da waren alle Nahrung, alle Kleidung gewandelt zu Papier. Und alles Volk litt Hungerqualen. Da erschienen die Herren der Feinde und die Herren der Heimat Hand in Hand und sprachen zum Volke: Ihr müßt es zahlen! Zahlen müßt Ihr!

Chor:

Da fuhren die fremden Valuten,
Die toten Stationen durchbrausend,
Von Schiebern geschoben, geplündert,
Und wuchsen papieren die Fluten,
Und der Dollar sprang hundert und tausend
Millionen, Milliarden,
Sprang zur Billion.

Rezitativ:

Und soweit der Hunger reichte und so hoch der Dollar stand, bedeckte Öde und Inflation das Land,

Chor:

Da fuhren mit Notenmaschinen
Die Völker der Erde auf Reisen,
Da fuhren auf toten Geleisen
Waggons voll verschobener Schienen,

Rezitativ:

Da hielt der Zug, wo hoch der Dollar schien,
Da stieg der Mann aus, denn da lag Berlin.

Ende